法學的經濟思惟

熊秉元

法學與經濟學共通？

黃有光

新加坡南洋理工大學經濟系 Winsemius 教授
（澳洲 Monash 大學榮譽教授）

早在 1998 年，我就與著名法律經濟學家熊秉元教授結識，而且過從甚密。當年，我與夫人在臺大經濟系訪問教學。我參加了熊教授的研討會，而且作了很直接的評論。熊教授的研究生為他辯護，而熊教授認為我的評論正確。之後，他接二連三地請我吃午餐、晚餐、甚至早餐。可見得熊秉元是有雅量，能夠接受評論的學者。

2001 年，香港信報社長林山木先生，宴請到香港城市大學訪問的熊秉元教授，邱翔鐘先生和我是陪客——信報和明報同為香港公信力最高的報刊，邱翔鐘是當時信報總編輯，林山木更是「香江第一健筆」。我也聽過有「香港三支筆」一說，指的是寫武俠小說的金庸，寫科幻小說的倪匡，和寫評論的林行止（林山木的筆名）。

我先問熊秉元，如果一座鐘的長短針都一直指著 12 點（零時零分），是否可以說：此鐘秉元。熊教授說可以，因而對聯是：

熊林邱黃，山木有光，翔鐘秉元；
馬關李白，漢卿居易，鴻章致遠。

上聯是我們四人的姓名，而又有一般性的意義；例如，

第一句是說：樹林中藏有熊的土山是黃色的。下聯也有一般性的意義，如第一句是說：在有馬匹的關上，李子是白色的。而且，依據上聯的姓與名的次序，嵌入了馬致遠（對熊秉元）、關漢卿（對林山木）、李鴻章（對邱翔鐘）、白居易（對黃有光）的姓名。馬對熊，白對黃，等等，可算工整。

熊秉元戲稱我為「大俠」。我說，「如果我是大俠，那你就是巨俠！」十多年後的現在，我們電郵來往，彼此寄發文章與相互評論等，還是以「大俠」與「巨俠」相稱。熊秉元能在小事中存論大道理，有兩篇文章被選為臺灣中學生的課文。至少在這些方面，我肯定比不上他；稱他為巨俠，並非全是客氣。

法律經濟學，是經濟學帝國主義的豐碩成果。而《法學的經濟思惟》闡釋經濟學在生活上的應用，特別注重經濟學和法學之間的關聯。熊秉元認為，這是由於法學與經濟學之間，研究主題與分析方法的共通性。這個共通性，可以從其中的一個大斑來窺全豹。「法律經濟學第一發言人」Posner 認為：法律的制定與案件的裁決，應該依據財富極大化的原則。對於有平等觀念的人，這好像是過分著重效率而忽視平等。我於 1975 年左右證明，（在個別措施上）應該採用「一元等於一元」的效率掛帥原則；在這之前，我也曾極力反對財富極大化的原則。

我於 1974 年到 Monash 大學任副教授，聘請我的 Parish 教授告訴我：一元就是一元。我向來有左傾的思想，極力反對，試圖證明：富人的一元不等於窮人的一元。然而，證來證去，得出：在個別措施上，應該採用「一元等於一元」的效率掛帥原則！此文寫於 1975 年左右，但由於觀點很右，

比右傾的經濟學者還右，所以很難發表；經過多次退稿，到 1984 年才發表於《美國經濟評論》，但我在 1979 年的《福祉經濟學》書中就有一些論述。

在個別問題上，以效率掛帥，而平等的目標，則是由整體的政策來達致。所謂以效率掛帥，並不是不考慮公平，而是對公平的考慮，必須以不違反效率為原則。如果一項措施能提高效益，但會對某些人造成損失，以效率掛帥的原則並不排斥對這些人補償；而是不允許為了公平或其他原因，不採取能提高效益的措施。即使由於補償的困難，使這項措施會對某些人造成損失，也不可以用平等上的顧慮來反對這措施。

提高效率而增加了不平等，社會福祉未必會增加。通過增加總體政策的強度（增加對富人的稅與對窮人的補貼等），這個問題可以解決。不過，這會打擊誘因，而造成效率上的損失。為了減少這損失，多數經濟學者反對增加平等政策的幅度，而容忍、支援、甚或鼓吹在個別問題上的平等措施；例如，在成本效益分析上，以收入加權，把富人的一元算成五毛，把窮人的一元算成二元。雖然有效率上的損失，卻因為在平等上的考慮而被接受。

人們決定是否多工作、多掙錢，是根據多掙得錢的總購買力。因此，平等政策對誘因的打擊，是根據所有平等政策的總和而定。把平等政策分散到多方面，只要是對平等的達致是一樣的，對誘因的打擊也一樣，並不能減低。相反地，在個別措施上的平等政策，除了對誘因的打擊外，還會在不同物品之間造成扭曲。因此，會在效率上造成更大的損失。對平等的追求，應該由總體的平等政策來達致。在個別措施

上，應該以效率掛帥，這就是我「一元就是一元」的主要論點。(詳見我的《效率、公平與公共政策》，經濟文獻出版社，2003 年，第六章。)

那些造成總體平等政策不完善的因素，大都也會在個別措施上起作用。因此，如果因為總體平等政策的不完善，而想通過個別措施來促進平等，除了會大量犧牲效率外，也未必真能達到平等的目的。例如，如果某些掌握權力的人，能夠避免受總體平等政策的影響，他們也能利用權力來避免受個別措施的影響。因此，在個別措施上以效率掛帥的原則，是支持 Posner 的財富極大化原則。法學與經濟學的共通性，這應該是一個重大的層面。

在本書第一篇第一章，熊秉元提出關於倫常的五個問題，在第二篇又提出法學與經濟學之間的十個問題。愛因斯坦說過，提出一個問題，往往比解決一個問題更加重要。解決問題可能只是技術上的處理而已，而提出一個問題卻需要新思惟，而且標誌科學的真正進步。

十個問題中的問題六，是關於生命的價值。我也曾經在與 Parish 教授爭論後，論證出原來想不到的結論：即使給定已知的終生收入，而且可以自由借貸，一個人生命的金錢價值，可能隨年齡增加而大量增加十多倍，愈老愈值錢！本書探討很多重要而有趣的問題，有理論探討，也有問卷調查等實證研究。我讀了本書的篇章，覺得獲益匪淺。相信絕大多數讀者，如果用心細讀，也會有很大的收穫。

不過，對本書的論述，我也有一些不理解或不同意的地方。例如，「市民社會（第六倫）的概念，和五倫（君臣、父子、夫婦、兄弟、朋友）支撐的社會，是直接而明顯的抵

觸」（頁 10）。我認為由五倫支撐的社會，也能夠發展出市民社會。我也認為，倫常關係雖然包含競租，但超越競租。我看不出，為何莫斯科關門的店鋪，是「可貴的資源已經消失」（頁 93）。我也看不出，莫斯科關門的店鋪，與印第安保留地有何不同，為何後者是「有效率的情形，沒有出現」。莫斯科的店鋪還在，只要突破「逆式公地」問題，隨時可以開店，也是有效率的情況，還沒有出現。熊秉元說鄧小平確定走資本主義的大方向，我認為應該稱為「市場經濟」，而不用「資本主義」。市場經濟不但惠及資本家，也惠及全社會絕大多數人民；叫做資本主義，可能有很大的誤導性。

　　我雖然不完全同意本書的論述，卻確認本書的貢獻，這更加肯定本書的學術地位。我向讀者強力推薦本書！

2013 年 1 月 6 日於南洋理工大學

自序
貼上一片磁磚

　　這是一本由經濟學的角度寫成的論文集,而重點則包括經濟學和法學這兩部分。

　　站在社會科學研究者的立場,總是希望自己的所思所得,不只是象牙塔裡的益智遊戲,而能呼應社會的脈動。因此,由過去的作品裡,經過再三的斟酌,我選了以中文寫成的十六篇文稿,並且刪去部分的注釋和參考文獻,以增加可讀性。

　　對於一位學者而言,每一篇作品就像是一小片磁磚;而一生的論著,則是希望能拼湊成一幅有意義的圖樣。就一個學科而言,每位學者一生的貢獻,也像是學術版圖上的一小塊磁磚;當然,有的磁磚是居於畫龍點睛的關鍵地位,有的是像孔雀開屏裡耀目的圓點之一,而大部分則是屬於那些不知名、不起眼的千萬片之一。想來雖然有點冷酷,不過這卻是文明累積的真實寫照。

　　另一方面,我約略記得,美國有位參議員曾表示:「在考慮各種政策和法案時,我先想到的是,我是一個人(a human being);而後,我會考慮我是一個美國人;最後,我才斟酌我是 ×× 州的參議員」。這段話很有啟發性,我也可以大致呼應:「在落筆為文時,我最先想到的是,我是一個經濟學者,而不是老師或其他身分;而後,我會意識到,我是一個華人經濟學者;最後,我才會考慮,我是一個在臺灣

出生成長、工作生活的經濟學者」。書裡的篇章，就涵蓋對應這三種問題：經濟學和法學的問題（公地和逆式公地、基準點和經濟分析等）、兩岸問題（寇斯定理和兩岸關係等）、以及臺灣本身的問題（修憲和法律經濟學的發展等）。其中的〈寇斯定理與我〉一文，回顧學術探討的歷程，希望留下經濟思想（史）上的材料。

　　這些論文的中文稿，曾先後發表在《台大法學論叢》、《經社法制論叢》、《土地金融季刊》和《法令月刊》等刊物；有幾篇論文的英文稿，則是發表在國際性的學術刊物。

　　好友黃有光教授慷慨作序，我很感激。他優遊於經濟學和其他學科之間，揮灑自如，有「經濟學裡的周伯通」之譽——還曾在物理期刊上發表論文，探討宇宙的起源！此外，華藝方文凌小姐在編排上付出的心血，我也深深感謝！

目錄

推薦序　法學與經濟學共通？　黃有光 i
自序　貼上一片磁磚 vii

第一篇　倫常關係和公共財

第一章　經濟學和社會學的關係 2
第二章　倫常關係乃競租 29
第三章　關係、民主和法治 50
第四章　公地、逆式公地、和兩者之間 73

第二篇　法律經濟學

第五章　十問：向法律學者請益 98
第六章　法律的經濟分析：方法論上的幾點考慮 131
第七章　法律的經濟分析：本質上的釐清 146
第八章　「法律經濟學」在臺灣的現在和未來 174

第三篇　寇斯和寇斯定理

第九章　寇斯、凱克斯和英式風格 192
第十章　寇斯的英式風格和張五常的中國風味 216
第十一章　寇斯定理和臺海兩岸衝突 238
第十二章　寇斯定理與我 249

第四篇　經濟學 012

第十三章　經濟分析的智慧結晶 274
第十四章　基準點和經濟分析 300
第十五章　財政學、憲法經濟學和憲政改革 324
第十六章　經濟學對《金剛經》的闡釋 344

參考文獻 373

第一篇
倫常關係和公共財

第一章
經濟學和社會學的關係
(Guanxi in Economics and Sociology)

「經濟學和社會學的**關係**」，至少有三種含意。第一，這篇文章探討的主題，是**關係**（Guanxi）；而且，是由經濟學和社會學這兩種角度，探討這個主題。第二，透過對這個主題的探討，希望能闡明經濟學和社會學這兩門學科，各自的特殊視野；此外，還希望能進一步闡釋，這兩門學科之間的關聯——至少在這個問題上，嘗試建立這兩門學科之間的**關係**。第三，眾所周知，**關係**是華人社會廣為人知的特色之一；這篇文章，就是由社會學和經濟學的角度，探討華人社會裡這個重要的特色——**關係**。[1]

當然，這三種含意在智識上的興味（intellectual interest），值得進一步說明。首先，社會學和經濟學這兩門學科，都探討人的行為和社會現象。可是，對於萬物之靈，兩個學科卻有截然不同的刻劃。經濟學者眼中的經濟人（the homo economicus），是以血肉之軀這個物理／生物單位（a physical/biological unit），來認知並分析人的行為。相形之下，社會學者眼裡的社會人，是由各種社會關係（social

---

[1] Luo（1997, p43）文章的第一句話就是："Guanxi is one of the major dynamics in the Chinese society where business behavior revolves around guanxi." Wikipedia: "Guanxi is a central concept in Chinese society."

relations）來界定。

換句話說，對經濟學而言，人是一種物理／生物結構（a physical/biological construction）；對社會學而言，人是一種社會結構（a social construction）。探討不同的問題時，這兩種認知當然各有所長；針對**關係**這個主題，剛好由經濟人和社會人的角度，作比較、對照式的分析。一方面，這是由不同的角度，對**關係**打出不同的鎂光燈，希望能烘托出問題的各個面向。另一方面，也希望能反映出，這兩門學科在分析上的特色。

其次，就**關係**這個主題而言，智識上也有特別的興味。中國大陸即將成為世界最大的單一經濟體。對華人社會的研究，在學理和實務上，顯然都非常重要。因緣際會，華人社會的主要地區（中國大陸、香港、臺灣和新加坡（？）），各自經歷了不同的軌跡；在經濟、社會、政治、法律等方面，各自處於不同的情境，也展現了不同的樣貌（configurations）。**關係**，是華人社會的重要特質之一，中外皆知[2]——當然，要把「**有關係就沒關係、沒關係就有關係**」這句話，翻譯成其他語言，恐怕要費一番心思！不過，「沒關係」；對關係的探討，有助於了解華人社會。譬如，在不同的華人社會裡，**關係**是一樣重要嗎，還是有相當的差別？[3] 經濟發展之後，**關係**的重要性又是

---

[2] 關係有很多種意義，Fan（2002）仔細列舉並對關係分類。至於關係的來源，只有簡單帶過："Guanxi is considered as a unique Chinese construct (*The Economist*, 8/4/2000) and a product of Confucian values and the contemporary political and social-economic systems" (p.553).

[3] Fan (2002, p.556): "There is no B2G guanxi network that is not tinted by corruption and no corruption without using guanxi."—B2G 是指企業對政府（business to government）。Davis et al. (1995, p.210): "The [Hong Kong Chinese business executives] almost unanimously (98%) confirmed that 'personal

如何變化呢？在實證研究上，又要如何捕捉**關係**這個概念？

再其次，在華人社會科學界，一直有人主張：華人社會，和西方社會不同；因此，研究華人社會，要發展出本身的分析概念和分析架構。[4] 這種觀點的是與非、得體與否，遠遠超過本文的範圍；本文的立場，是援用目前（西方）社會科學裡，眾所接受（經濟學和社會學）的概念和架構，來探討華人社會。對於華人社會的特殊現象，提出完整、嚴謹的理論解釋。如果這種探討力有未逮，至少可以反映出，現有理論的盲點所在。

此外，對於華人社會裡的**關係**，文獻裡已有很多的討論。和現有的文獻相比，本文至少有兩點明顯的差異。首先，文獻裡對關係的理論和實證研究，多半是針對商業活動（Davis et al., 1995; Guthrie, 1998.），本文則是探討**關係**在正常人際交往中的意義。而且，雖然在文獻裡，學者認為**關係**和孔孟思想有關（Hwang, 2005; Luo, 1999; Yeung & Tung, 1996）；可是，卻沒有進一步解釋，為什麼華人社會裡，會發展出孔孟思想？孔孟思想為什麼成為主流思想，社會大眾一體運行？[5] 其次，本文嘗試闡釋，**關係**在華人社會裡廣泛的含意，特別是和民主發展以及司法獨立之間的關聯。也就是，透過這種闡釋，本文希望論證：**關係**在華人社會的重要性，要超越過去研究所涵蓋的範圍。關於華人社會（特別是中國大陸）民

---

connections with local Chinese organizations' were a highly rated-factor in their business life."

[4] 譬如，Hwang（2005）分析，「本土心理學」的狀況和潛在的問題。

[5] Yeung & Tung （1996, p.58）: "why does guanxi assume such central importance in the Chinese society? The answer lies in Confucianism." Guthrie (1998, p. 257) 提出類似的說法。

主和法治的發展,**關係**將具有關鍵性的影響。

本文對**關係**的探討,將著重在三個方面,也就是試著回答這三個問題:華人社會裡的**關係**「是什麼」?「為什麼」?以及「將如何」?對三個問題的處理,以下的分析將有輕重多少之分。而且,在有些環節上,本文所提出的觀點,合於情理,也呼應一般的常識(所見所聞);可是,在性質上,還是揣測(conjectures)而已。實證檢驗的部分,將是後續研究的重點;不過,本文的附錄,將提出實證檢驗的初步結果!

壹、五倫與關係

對於**關係**,前面提到三個問題:是什麼?為什麼?將如何?在此只處理第一個問題。華人社會裡,**關係**到底是什麼?

就一般的了解,**關係**是指人脈(personal connections)或人際網絡(interpersonal networks)。而且,通常是指家庭之外的社會關係(social relations)。[6]對於**關係**的研究,已經有很多文獻。Landa(1994)深入探討,在東南亞社會裡,華人往往透過親戚朋友宗族鄉親等網絡,把交往對象分成「圈內」和「圈外」。生意往來,圈內人可以賒欠,而圈外人則必須用現金。社會學者費孝通(Fei, 1948),以「差序格局」的概念,描述華人社會的人情結構是一個同心圓,由裡往外擴充。心理學家黃光國,以一系列的文章分析華人社會裡,

---

[6] Luo(1997)裡論證,**關係**的特質:"Transferable, reciprocal, intangible, personal; it operates on the individual level; it is utilitarian rather than emotional."

面子、孝道、仁義等概念（Hwang, 1987, 1999, 2000, 2003a, 2003b）。相形之下，對於**關係**的探討，本文將另闢蹊徑，從華人社會的「五倫」著手。原因所在，等描繪了五倫之後，自然會豁然開朗。

一、五倫

傳統華人社會裡，普遍重視五倫關係；五倫，是指這五種人際關係：君臣、父子、夫婦、兄弟、朋友。五倫關係，有兩種特質：首先，五倫裡的每一倫，都有上下、從屬、尊卑的關係。也就是，對每一個個人而言，五倫意味著人際關係不是平等的。即使是「朋友」見面時，也立刻會以年齡或輩分，分出兄弟長幼。其次，五倫的彼此之間，也有尊卑之分；位階最高的是君臣之分，其餘依次而下。

五倫的結構，有幾點重要的含意，值得闡明。最明顯的，在一般人生活裡，觸及君臣倫常的機會不大；君臣之倫，只有間接的，反映在對官員和官僚體制的尊重和服從。五倫的重點所在，還是以家庭為重心：父子、夫婦、兄弟；以這三者為核心，可以延伸出各種親戚關係。至於第五倫的朋友，與其看成是獨立的關係，不如看成是血緣關係的延伸。因此，在家靠父母，出外靠朋友。對子女而言，父母的朋友是以伯伯、叔叔、阿姨、嬸嬸等概念來認知和對待。相形之下，西方世界的教父、教母，是以宗教為基礎；華人社會的乾爸、乾媽，則是以倫常為基礎。

換句話說，華人社會裡人與人之間的**關係**，可以分成兩大部分：家庭內的人際交往，是倫常；家庭外的人際交往，

是**關係**。倫常是核心，而**關係**則是倫常的延伸、比擬和拓展。[7]一般人對人際關係的認知，是以倫常的概念為基礎、為參考座標。「家天下」的說法，對皇帝而言，是把天下看成自己的家，愛民如子；對一般社會大眾而言，則是由家的概念，去認知並面對世界。為了雕塑和操作倫常關係，華人社會發展出「孝」的概念——百善孝為先，天下沒有不是的父母，等等（Hwang, 1999）。同樣的，為了雕塑和操作家庭外的**關係**，也發展出相關的概念：人情、面子、節義等等。家庭內的倫常，可以為個人帶來溫飽、親情；同樣的，家庭外的關係，也可以帶來各種有形無形、直接間接的好處。

一言以蔽之，華人社會裡的人際關係，可以以兩點特性總結：一、人與人之間的互動，有兩大類；家庭內是倫常，家庭外是**關係**。二、家庭外的**關係**，是家庭內倫常的擴充和翻版。這種特殊的結構，可以表示成「家—倫常—**關係**」。當然，無論是倫常或**關係**，要能有效發揮作用，必須發展相關的概念和思惟，作為支持和操作的配套措施。

二、小哉問

前文描繪了華人社會的人際網絡：家庭內是倫常，家庭外是**關係**；而且，家是一切的起點和核心。這種描述，回應了華人社會人際網絡「是什麼」的問題。在此則是提出一連串的問題，也就是一連串的「為什麼」。具體的回答，則是後面分析的重點。

---

[7] Lin（2001）也強調家庭外的人際關係，往往比擬家庭內的關係。

問題一：華人社會的人際之間，為什麼形成「家—倫常—關係」這種結構？

這個問題，當然包括很多小問題：華人社會裡，為什麼特別強調家庭？孝道和家庭倫常的關係，是什麼？為什麼家庭外的**關係**，是倫常的翻版和擴充？

這些問題的意義，可以藉著一個參考座標來反映。在《菊花與劍》這本經典名著裡，作者 Ruth Benedict（1946）指出日本人性格裡的重要特質——忠（loyalty）：忠於君主，也忠於天皇。相形之下，華人社會裡，孝的重要性遠高於忠——所以才有「移孝作忠」的說法！那麼，為什麼日本人強調忠，而華人重視孝呢？對於這些根本而重要的問題，利用社會學和經濟學的分析架構，總要能提出合情合理的解釋。

問題二：「家—倫常—關係」的結構，是由哪些力量雕塑而成？又受到哪些因素的支撐？

「家—倫常—關係」的結構，如果看成是一種均衡（equilibrium），一種穩定而重複出現的現象。那麼，兩個相關的問題，自然而然的浮現。一方面，華人社會已經延續發展幾千年；在這個漫長的過程裡，是哪些力量使然，雕塑出以家為核心的人際網絡？另一方面，當「家—倫常—關係」的結晶體形成之後，又是由哪些條件的支持，使這個結構能夠延續流傳？換句話說，到達均衡的過程是什麼？而均衡本身的特質是什麼？支持條件又是什麼？

問題三：科技和經濟發展，會不會影響「家—倫常—關係」的結構？

眾所周知，科技和經濟發展，都是影響社會的主要驅動力（major driving forces）。這兩股力量，對於古老文化裡淵遠流

長的結晶體,會不會帶來影響?[8]如果有,變動的方向又是什麼呢?援用均衡的觀念探討變遷,性質上就是經濟學裡的「比較靜態分析」(comparative static analysis)。此外,這個問題,還隱含一個比較抽象的質疑:各個文化之間,是否會逐漸趨近(converge)彼此;或者,像李光耀等人所主張的:東方(華人)社會有自己的特色,東西之間未必會慢慢融合?

具體而言,科技和經濟發展帶來都市化,市場規模隨之擴大;如果這些因素使「家─倫常─關係」發生變化,而變化的方向,是和華人社會之外的其他地區一致。那麼,即使最後的結果如何,還難逆料;在各個文化之間,顯然還是有某種程度的共通性、規律性。對於華人社會未來的大致走向,也可以有某種程度的掌握。[9]

問題四:由五倫如何發展出第六倫?

第六倫的概念,是由李國鼎所提出。他認為,傳統的五倫**關係**,都有從屬和尊卑的成分。可是,現代工業社會,人與人之間的關係,是建構於平等的基礎之上;彼此之間,並沒有從屬或尊卑的成分。換句話說,五倫和**關係**,是**人情式關係**(personal relations);而現代社會裡,主要是**非人情式關係**(impersonal relations)、是**契約式關係**(contractual relations)──買日常用品時,傳統社會街角的雜貨店、和現代社會的 7-Eleven,是明確而精緻的對比!

在五倫的基礎上,華人社會能不能發展出第六倫──

---

[8] Ramseyer(1997)以實例說明,經濟發展之後,日本傳統的倫常(父母子女)關係,有重大的轉變。

[9] Kuran(2004)論證,回教世界的少數民族,援用不同的司法體系;在長期的經濟表現上,就有不同的結果。

稱為「**群己關係**」?這個問題,固然有學理探討上的興味,在實務上更是重要無比。原因很簡單:現代民主社會,是一群沒有從屬關係的市民,在彼此平等的基礎上所組成。市民社會(第六倫)的概念,和五倫支撐的社會,是直接而明顯的牴觸。華人社會,能不能走上民主的康莊大道,關鍵就在能否發展出平實穩健的第六倫。這個問題的重要性,無與倫比;但是,在中外的社會科學界,似乎一直沒有得到應有的重視。[10]

問題五:五倫關係,和法治的關聯為何?

第四個問題,是探索華人社會裡,人際網絡和民主的關聯;第五個問題,則是進一步追究,傳統華人社會的人際網絡,能不能支持獨立運作的司法?

前面曾經提到,「家天下」是皇權專制下,統治者的中心思想。根據這種思想,行政權為主導,而且為皇帝服務;司法體系,只是附著於行政權之下,而不是和行政權分庭抗禮、彼此制衡。相對的,獨立司法的基礎,是非人情關係(impersonal relations);這和傳統的五倫以及**關係**,也是扞格對立。事實上,**關係**的重要性質之一,就是在正式的體制之外,透過灰色區域裡的運作,可以交換利益。華人社會的**潛規則**(shadow rules),表示正式規則和另一套規則,同時存在、並行不悖。

由傳統的五倫關係,能不能孕育出非人情的、單軌制的獨立運作的司法,顯然是涉及華人社會長治久安的大哉問;

---

[10] Putnam et al.(1993)仔細論證,民主政治和文化背景之間,有密切的關係。

而問題的源頭,就在人際網絡的性質、以及操作人際網絡的思惟和觀念。

三、小結

「家—倫常—**關係**」的結構,前文提出了五個問題。五個問題涉及的範圍和性質,各有不同。在下面的論述裡,因為篇幅的限制,也將有長短和深淺不一的處理。不過,由這五個問題,也反映了兩點重要的體會(insights)。首先,社會的幾個主要因素(major factors),有點像是聯立方程式(simultaneous equations);彼此之間,環環相扣,互為因果。要了解華人社會的過去、現在和未來,人際網絡顯然是一個重要的課題。

其次,傳統華人社會裡,家是一切的源頭,也是社會結構的中心。當科技和經濟發展的巨輪迎面而來時,「家—倫常—**關係**」的結構,可能有根本的變化。這種變化,固然影響了家庭這個古老的組織;同時,也可能會影響華人社會民主和司法的發展。因此,探討華人社會(特別是中國大陸)的民主和法治,如果不了解人際網絡的結構和性質,不但難窺全貌,而且無法得其精髓。

貳、理論回顧

由經濟學和社會學的角度,可以對「家—倫常—**關係**」的結構、以及引發出的問題,作理論和實證的探討。在此將提出相關的理論架構和分析概念;以下則是根據理論,嘗試對問題作出回應。而後,將進一步考慮,實證上如何嘗試作有意義的探索。

一、總體和個體（Macro and Micro）

華人社會「家—倫常—**關係**」的結構，涉及總體和個體的層次。Coleman（1990, chapter 1）的分析架構，剛好提供一個清晰的脈絡：

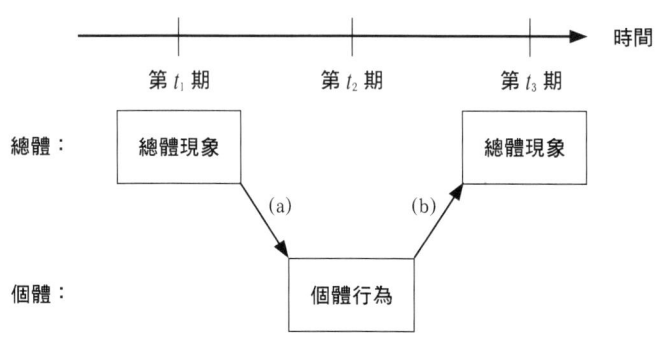

圖 1-1 總體和個體的互動

在此簡單交代圖形的意義：最上面的時間，列出不同的時點；左邊的總體和個體，反映了體系（system）和組成分子（entities）之間的差別。Coleman 認為，在 t_1 這個時點，由過去經驗裡，一個體系已經累積了許多特質，包括文化、思想、觀念、典章制度；這些總體層次的特質，會在下一個時點 t_2 上，影響組成分子的行為，也就是由箭頭（a）所表示的影響。而後，組成分子的行為匯集加總之後，在下一個回合 t_3 時點上，呈現出總體的現象；由個體到總體的加總，就是箭頭（b）所表示的過程。這裡所指的「總體」，不一定是社會，而可以是其他的體系；即使小至一個家庭，也可以利用這個圖形來分析。

對於社會現象的解釋，就是由動態的角度，考量「總體到個體」（macro-to-micro）以及「個體到總體」（micro-to-macro）的過程。而且，社會學所強調的，是社會對個人的影響，也就是（a）所表示的；經濟學所強調的，是人的選擇行為和後果，是（b）的部分——（a）和（b）這兩部分，呼應了 James Stemble Duesenberry 的名言：「經濟學探討人如何做選擇，社會學探討人為什麼不能做選擇！」[11] 此外，總體和個體的概念，未必限於「社會」和「個人」，主要是反映體系和組成分子的關聯。

如果把箭頭（a）和（b）部分，進一步放大，可以利用圖 1-2 來說明：

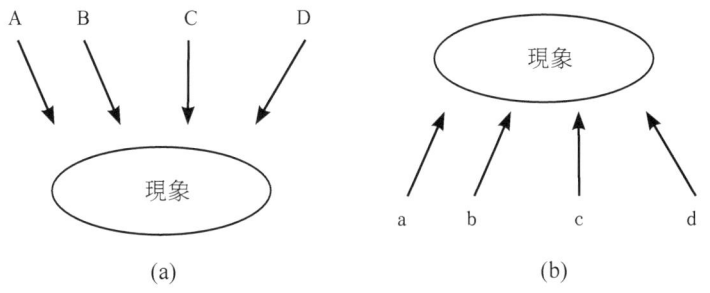

圖 1-2　由下而上和由上而下

圖形左邊的（a），就是圖 1-1 裡的（a）：體系（總體）的因素，形成對組成分子（個體）的影響和限制。右邊的（b），就是圖 1-1 裡的（b）：組成分子（個體）行為加總之後，

---

[11] Granovetter (1985, p.485): "Economics is all about how people make choices; sociology is all about how they don't have any choices to make."

形成體系（總體）的現象。當體系達到均衡時，圖 1-1 的總體和個體層次上，同樣的現象會重複出現。一旦如此，在圖 1-2 的（a）和（b）裡，就值得探討，這個均衡是如何形成，又是由哪些條件所支持。

二、交易成本和鑲嵌

交易成本（transaction costs）和鑲嵌（embeddedness）這兩個概念，和 Coase 以及 Granovetter 密不可分。Granovetter（1985）指出，人是鑲嵌於一張人際網絡之中；在找工作、貸款、購屋等事項上，人自然而然的透過網絡，蒐集資訊、取捨舉止。鑲嵌的概念，精緻傳神的反映了「社會人」的中心思想。而且，Granovetter（1973, 1983, 2005）所探討「弱鍊的優勢」（the strength of weak ties）和「強鍊的弱勢」（the weakness of strong ties），則是捕捉了人際網絡的某些特質。對經濟學者而言，Granovetter 提出的分析性概念，有相當大的啟示——當然，Coleman「總體—個體—總體」的模型，也是如此。

另一方面，Coase（1937）的經典論文，在產業組織和廠商理論的領域，引發諸多後續研究。一般的討論，是由交易成本的角度來論述；然而，Coase 的這篇論文，卻可以由一個稍稍不同的角度來闡釋。具體而言，Coase 所提出的問題很簡單：運用資源時，有兩種方式；利用市場，或者自己組成廠商。因此，市場和廠商，可以看成是兩種工具（tools）；根據主觀和客觀的條件，運用資源時自然要選擇較好的工具！[12]

---

[12] Xin & Pearce （1996, p.1642）: "Guanxi [can be seen] as a substitute for formal institutional support." 關於 Coase 的論述方式，參考 Hsiung（2001）。

Granovetter 和 Coase 的分析性概念之間，可以略作比較。毫無疑問的，鑲嵌和工具（交易成本）這兩個概念，運用的範圍都非常廣；透過這兩個概念，幾乎可以直指兩個學科的核心——鑲嵌，反映了社會學裡「社會人」的基本概念；工具，則呈現了經濟學裡「選擇」（choice）和「取捨」（trade-off）的基本精神。進一步揣摩，鑲嵌和強鍊弱鍊等概念，可以說是對事實的描述（factual descriptions），性質上是靜態的、被動的；不過，人們實際上會如何取捨行為，並不明顯。相形之下，Coase（1937）在市場和廠商之間的取捨，一方面反映了成本這個驅動力，一方面也隱含動態的考量：當運用市場和廠商的相對成本變化時，企業家會主動的調整取捨。

三、小結

在此簡單地回顧一下社會學和經濟學的相關理論。Coleman 的「總體—個體—總體」模型，提供了體系的思惟；Granovetter 和 Coase 的理論，則是針對個體行為者，提供了描述與分析行為的概念。大致來說，Coleman 的模型，是屬於總體層次的論述；而 Granovetter 和 Coase 的理論，則是屬於個體層次的論述。在探討華人社會的關係時，兩方面的理論都不可或缺。

參、理論解釋

根據前文的理論，這部分將試著回答前面所提的問題。因為問題涉及的層面廣、時間長，所以有些論點只能看成是合理的揣測（reasoned conjectures）或假說（plausible hypotheses）。以下將從實證面（empirical side），作進一步的論述。

一、總體因素

地理上，中國大陸是面積遼闊、平坦完整的一大片土地。南方的寮越高棉等，有丘陵峽谷高原等相隔，歷史上從來沒有北侵、造成困擾過。左邊有沙漠阻絕，形成天然的屏障；零星的商旅僧人，可能往返跋涉，但是大規模的軍事行動，卻鞭長莫及。右邊是大海，十八世紀船堅炮利之前，不成問題。剩下的，只有北方來的強敵。舉世聞名的長城，迤邐於北方，是最好的佐證。因此，只要能擋得住北方的威脅，「中原」大地自成體系，唯我獨尊。

在這種特殊的地理條件下，只要交通工具（舟船車馬）進步到一定的水準，這個完整的地理區塊，容易形成單一的帝國。大一統的思惟，應運而生；歷代朝廷無不自視為「中土」，皇上自居為「天子」。這種總體上的特徵，有兩點明顯的含意：第一，因為自然條件使然，形成單一權威，形成中央集權，也形成大一統的思想。第二，基於朝代更迭的忌憚和權力獨享的考量，中央政權有意識的排斥地方勢力；地方自治和公民社會，是華人文化裡不存在的概念，因為並沒有孕育滋長的條件。

二、個體因素

在個體的層次上，華人社會的歷史經驗，主要是綿延數千年的農業活動。絕大數民眾，以農耕自給自足；地理遼闊，帝力於我何有哉。然而，朝廷皇上也許遠在天邊，蟲旱水災和瘟疫卻常在左右。而且，農事耕作上，需要人手；生老病死、婚

喪嫁娶,最好能互通有無。因此,大家庭、數代同堂、姻婭宗親等,目的都在發揮保險互助的功能。也就是,農業社會裡,人口流動性不高,一般民眾自給自足;農業是主要的經濟活動,工商業不是重點。在生產、消費、儲蓄和保險上,家庭都能發揮適切的功能。因此,在這種環境之下,「孝」的功能顯然非常重要——一旦把孝內化為價值觀,自然可以有效支持家庭這個組織。所以,表面上這是倫理道德,實質上則是成本效益的力量作祟。

在家庭之外,沒有其他的工具可以依恃,自然而然的援用已有的工具——倫常。因此,關係,是家庭內倫常的延伸和擴充;倫常和**關係**,都是一種工具性的安排,希望能發揮某種功能【問題一】。由此也可見,Granovetter 鑲嵌的概念,是描述人際網絡這個事實;而華人社會的**關係**,則有濃厚的工具性、功能性意味(functionally oriented)。在面對生存和繁衍這兩大挑戰時,人發展出因應的工具;**關係**,是由血肉之軀的萬物之靈,由家庭倫常延伸而出的社會結構(social construction);不只是社會化的產物,更是趨吉避凶的途徑和手段。

三、結合

總體考量,是圖 1-1 和圖 1-2 裡的(a)——總體因素如何影響個體(組成因子)。個體考量,是圖 1-1 和圖 1-2 裡的(b)——個體行為如何加總匯集而成總體現象。兩者一結合,就可以編織成一個完整的故事。

在完整的地理區塊上,形成單一的政治體;中央集權,排斥地方勢力。然而,要統治幅員遼闊的帝國,畢竟不容易。

交通不便、人口眾多、各地民情風俗迥異；在中央集權之下，要用同一套具體明確的規則，操作上很困難。最好的辦法，是發展出一種抽象的規律；簡單易懂，但是在解釋和運用上有很大的彈性，可以因地制宜。仁義道德，正好具有這些特質；四書五經成為聖人教化（孔孟學說），朝廷再以這些道德理念操作官僚體系；官僚體系，以同樣的道德理念治理政事。[13] 形式上，由中央到地方，似乎有一以貫之的遊戲規則；實質上，道德理念有太大的闡釋空間，好惡繫於一念之間。

在這種情形下，五倫的思惟，剛好可以充分發揮功能。對中央而言，民眾服膺於君臣的從屬關係；對民眾而言，以家庭為核心，能安身立命、自給自足。而且，不致於形成公共領域、形成力量，對中央政權產生威脅。「日出而作，日落而息，帝力於我何有哉？」和「天高皇帝遠」的諺語，平實的反映了一般民眾的思惟。五倫的教化和統治所依據的道德倫理，剛好彼此契合，互相支持【問題四】。[14]

另一方面，中央是單一權威的皇權，地方則是一盤散沙的民眾。兩者之間的公共領域，基本上是中空、不存在。因此，內在和外在的條件，都不足以形成三權分立、抗衡的狀態；「權稅交換」（No representation, no taxation）的思惟，無從產生。革命的思想，則是朝政腐敗之後的產物。一旦革命成功，也只是有了新的朝代和皇帝，如此而已；單一權威，道德治國，五倫思惟，依然存在延續。華人文化裡，缺乏民

---

[13] 在《萬曆十五年》裡，黃仁宇一再提到，帝國以道德來處理政治；公共政策出問題時，是道德問題，而不是公共政策失靈。

[14] North（1990）論證，社會大眾的思惟（mental construct），是影響社會長期經濟成果的根本因素。

主和獨立的司法,以及對應的思惟,可以說是歷史的產物,是自然而然的結果【問題五】。

因此,經過長時間的醞釀雕塑,華人社會逐漸形成「家—倫常—關係」的特徵;而且,也發展出道德、孝道和孔孟學說等思惟,剛好成為支持「家—倫常—關係」的配套措施。只要農業社會的性質不變,這種結構就是一種均衡,世世代代延續下去【問題二】。

肆、實證摸象

上述的論述是針對本文所提出的問題,自問自答。雖然自成一說,但是有兩點潛在的弱點:一方面,涉及的層次太高、範圍太廣;另一方面,涵蓋的時間過長。這兩種因素,都使得前文的論述比較像是揣測;如果要增強說服力,必須進一步由史料中搜尋更明確的證據。

在此放下前文「回頭看」(backward looking)的論述方式;把焦點轉向眼前,讓證據來說話。具體而言,前面曾經提到,華人社會目前主要是由中國大陸、香港和臺灣所組成。這三個社會之間的差異,有兩條明顯的軸線。第一,就經濟發展的程度而言,香港最先進,臺灣其次,中國大陸殿後;2006年的國民所得,分別是香港 26,603 美元,臺灣 16,030 美元,中國大陸 1,983 美元。[15] 第二,香港的法治程度超過另外兩地;民主政治,臺灣要領先另外兩者;中國大陸人口最多,社會結構也最接近傳統的華人社會。

---

[15] 資料來源:IMF International Financial Statistics(IFS, 2007)、行政院主計處國民所得統計(2007)、日本經濟企畫廳經濟社會總合研究所(2007)。

因此,針對這三個華人地區,如果做實證研究、比較分析,既有橫斷面的意義,又有縱斷面的成分。因為都站在廿一世紀初,在同一個時間點上,所以是一種橫斷面(cross-sectional)的分析。不過,因為經濟、政治、社會發展程度不同,三個社會等於是處在不同的時間點上;因此,又有縱斷面(longitudinal)的意味。

一、問卷測試

兩岸三地的實證研究,可以利用問卷來進行。藉著廿到三十個問題,針對有社會經驗的成年人,直接或間接的測試關係在生活裡的意義。測試問卷的內容,可以包含下列問題:

1. 如果親人生病,必須住院,找醫院和病床時會不會透過人際關係?
2. 開車違反交通規則,被開罰單;會不會透過關係,取消罰單?
3. 去年春節時,自己有沒有送禮物給上司?
4. 自己求學過程中,在高中階段,關於入學和就讀班級等事項,是否曾經透過請託、幫忙安排?
5. 最近一個月內,在公共場所(例如:地鐵上、馬路、商店內)有沒有看過陌生人吵架對罵?

二、假說

問卷的問題,包含生活裡的諸多情境;在面對同樣的情境時,兩岸三地受測者的回答,卻可能有明顯的異同。透過這些問題和答案,希望能夠烘托出關係的不同樣貌(configurations)。根據前面的論述、以及兩岸三地(兩條軸線上)的差異,可以試擬一些假說,以待檢驗:

假說一：人際關係很重要，對三個地區都成立。

雖然沒有其他地區作為對照，但是由問卷的作答裡，可望反映出這點特質；這是華人社會共同的特色，即使三地之間有諸多差異。

假說二：人際關係的重要性，在中國大陸、臺灣、香港三個地區之間，依次遞減。

這個排序，和所得（經濟發展）的排序，剛好顛倒；也就是說，經濟發展程度愈高，傳統關係的重要性，逐漸下降。

假說三：臺灣和中國大陸比較相近，香港和兩者距離都遠。

如果成立，主要的原因，可以說是法治因素。在港英治理近一世紀之後，香港有獨立運作的司法；民眾守法、不依賴關係的程度，高於臺灣和中國大陸。

假說四：在三個地區裡，學歷所得職業等條件，都不是主要的解釋變數。

重視關係，是華人社會的特質；也許有區域性的差異，但是在各個區域裡，重視關係、運用關係的程度相近，並沒有明顯的差距。

除了針對兩岸三地測試之外，中國大陸本身也可以做進一步的探究。譬如，北京、上海等大城市，武漢、西安等二線城市，紹興、宜昌等三線城市；在經濟發展和所得水準上，都有明顯的差別。這三種區域之間，人際關係的樣貌如何、差異如何，都是有興味的研究課題。當然，理論上的考量，只是學理上的揣測；實際情況如何，最好讓證據來說話【問題三】。初步問卷調查，已經在香港和臺灣測試；測試結果和相關說明，都在本文的附錄。

伍、延伸思考

前面曾經指出,由 Coase(1937)的角度,**關係**可以看成是一種工具;隨著時空條件的變化,對這種工具的運用,也會與時俱進。

以中國大陸而言,哪些因素會影響**關係**這種工具呢?有兩種因素,至少可以作為思索的參考座標。首先,有一個明顯的因素,可能不會影響關係的變化。具體而言,大家庭變為小家庭,加上一胎化,是家庭結構明顯的變化。家庭結構簡單,人際網絡簡化,對關係的需要,自然而然的減少。但是,小家庭和一胎化,表示資源更為集中,對王子公主的呵護,比以前更盡心盡力。因此,至少在養育教育方面,對關係的重視,可能更甚於以往。[16]

其次,經濟活動蓬勃發展之後,對**關係**的影響,也有消長起伏。就廠商和生意人而言,賺錢的機會增加,更需要透過人際網絡來經營和拓展。[17] 可是,對廣大的消費者而言,便利商店、大型超市和百貨公司,都已經是生活裡重要的部分。在這些地方買東西,不像在傳統街角雜貨店,人際網絡(**關係**)不太重要,也幾乎沒有用武之地。因此,至少在經濟生活這一塊,關係的性質,已經由人情關係(personal relations)逐漸轉變為非人情關係(impersonal relations)。

對中國大陸來說,這種發展正是臺灣經驗的翻版,而且

---

[16] 資料來源:IMF International Financial Statistics(IFS, 2007)、行政院主計處國民所得統計(2007)、日本經濟企畫廳經濟社會總合研究所(2007)。

[17] Yeung & Tung(1996, p.58)引述,上海地區的實證資料顯示,年輕人比年長者更重視關係。

有兩種明確的含意:第一,傳統關係的重要性下降,非人情交往增加。第二,經濟活動裡的權利意識,逐漸轉化為政治活動裡的權利意識。而且,經濟活動裡得到的資源,剛好成為要求政治權利的基礎和憑藉。一言以蔽之,經濟活動層面的擴充,不知不覺的改變了五倫;五倫的重要性下降,而第六倫則自然萌芽,悄然而至【問題四】。

陸、結論

這篇文章探討的重點,是華人社會的人際**關係**。在試著回答「是什麼」、「為什麼」和「將如何」這三個問題時,援用的理論,則是經濟學和社會學裡的模型以及分析概念。和其他論述相比,問題涉及的層面廣、時間長。由總體(宏觀)的角度,本文把關係看成是演化過程(an evolutionary process)中的產物,是一種工具性的安排。

這篇文章也可以看成是一種嘗試,由社會學和經濟學的角度,探討華人社會的特質。後續研究,有幾個方向。首先,在理論方面,本文是以「工具」來闡釋**關係**;也就是,探討交易成本這個概念時,不是由交易成本這個概念本身的內涵著手。而是間接的,面對交易成本造成的問題、引發的行為、以及形成的現象和樣貌;在這三者之間,針對最後的現象和樣貌加以探討。對於交易成本、鑲嵌、工具和**關係**的連結,理論上還有進一步分析的空間。

其次,本文由歷史的角度,對**關係**提出大膽的揣測。分析的方式,有點像是國畫裡的潑墨。以大筆(in broad strokes)勾勒出大致的圖樣;在歷史中找到具體的材料,以

驗證本文的論述，需要更深入細微的努力。再其次，在實證部分，本文透過問卷，測試兩岸三地的實際情況；這種測試，值得每隔三五年，定期進行。希望能捕捉不同華人社會裡，**關係**變化的蛛絲馬跡，也希望能探究變化的走向和去處。如果在三地之間，各自的軌跡有共同的歸宿；那麼，最終歸宿所反映的均衡，將是華人社會和其他社會的基本差異。（當然，最後的均衡，也可能和其他社會不分軒輊。）相對的，如果兩岸三地沒有共同的歸宿，表示傳統文化的力量，已經被近代經濟發展和民主、法治等因素所超越；兩岸三地雖然有共同的源流，卻已經步上截然不同的軌道。

華人社會裡的**關係**，顯然關係重大！

柒、附錄

本文將以問卷調查的方式，比較香港、臺灣和中國大陸在「關係」上的異同。利用一份簡單的問卷，已經在 2007 年 11 月間於香港和臺灣測試。測試的結果，總結如下。

一、**測試對象**：香港的樣本共有 33 份，填卷者為香港城市大學經濟及金融系、包括在職進修的碩博士生。男性 21 位，女性 9 位，年齡在 32 到 54 之間。臺灣的樣本共有 23 份，填卷者為「亞東大學全球領袖管理學院」的碩士生。男性 15 位，女性 8 位，年齡在 32 到 59 之間。由年齡分布可以看出，填卷者都不是大學畢業後直接讀研究所。他們都已經有幾年的工作經驗，社會閱歷較豐富，對「關係」的了解也較平實貼切。

二、**問卷內容**：除了基本資料（性別、年齡等）之外，

主要分成兩部分：一部分是個人經驗，另一部分是個人判斷。

三、主要結果：下面的表格，列出試測的結果。

	臺灣樣本 （n=23）	香港樣本 （n=33）
個人經驗：		
1. 如果親人生病，必須住院，找醫院和病床時會不會透過人際關係？		
不會	17%	39%
會	43%	42%
可能會	30%	18%
其他	9%	0%
2. 開車違反交通規則，被開罰單；會不會透過關係，取消罰單？		
不會	61%	91%
會	4%	9%
可能會	26%	0%
其他	9%	0%
3. 到銀行申請房屋或汽車貸，會不會託人幫忙？		
不會	48%	67%
會	22%	12%
可能會	17%	21%
其他	13%	0%
4. 最近一個月內，在公共場所（例如：地鐵上、馬路、商店內）有沒有看過陌生人吵架對罵？		
有	26%	61%
沒有	74%	39%
其他	0%	0%
5. 今年春節時，自己有沒有去探望師長？		
有	50%	27%
沒有	41%	70%
其他	9%	3%

	臺灣樣本 （n=23）	香港樣本 （n=33）
個人判斷：		
6. 在自己的生活經驗裡，「關係」的重要性大約是如何？		
不太重要	0%	3%
有點重要	26%	39%
非常重要	70%	58%
其他	4%	0%
7. 在一般公家單位裡，你認爲升遷和人事關係的重要性爲何？		
不太重要	0%	3%
有點重要	26%	30%
非常重要	70%	67%
其他	4%	0%
8. 在一般民營公司裡，你認爲升遷和人事關係的重要性爲何？		
不太重要	4%	9%
有點重要	30%	27%
非常重要	61%	64%
其他	4%	0%
9. 在一般人的感覺裡，你認爲和五年前相比，現在「關係」的重要性是：		
重要性上升	91%	44%
和五年前差不多	0%	44%
重要性下降	4%	13%
其他	4%	0%
10. 在一般人的感覺裡，你認爲和現在相比，五年後「關係」的重要性是：		
重要性上升	52%	42%
和現在差不多	22%	45%
重要性下降，速度加快	13%	6%
重要性下降，速度差不多	9%	6%
其他	4%	0%

四、綜合分析

相似部分：香港和臺灣都是華人社會，雖然歷史經驗不同，因為傳統文化的影響，很多方面還是相當類似。在「關係」這個特質上，也不例外。由問卷的回答裡，可以看出幾點共同性：

1. 【問題1】對於親人住院要找醫院和病床，「會」和「可能會」透過關係的比例，都超過60%（香港60%，臺灣73%）。

2. 【問題6】根據自己的生活經驗，認為「關係」非常重要（香港58%，臺灣70%）。把「有點重要」和「非常重要」加在一起，都超過90%（香港97%，臺灣96%）。

3. 【問題7、8】對於升遷，無論是公家單位或民間企業，也都認為「關係」是很重要的因素。而且，在香港和臺灣，關係在公家單位的重要性，都高過民間企業（香港67%＞64%，臺灣70%＞61%）。

差異部分：根據樣本，對香港和臺灣而言，關係都很重要。可是，兩地之間，也有明顯的差異：

1. 【問題2】開車違規被開罰單，臺灣還有近1/3的人（26%）可能會靠關係取消罰單，香港想這麼做的人絕無僅有（0%）。

2. 【問題3】到銀行申請貸款時，不會託人幫忙的比例，香港明顯高於臺灣（香港67%，臺灣48%）。

3. 【問題5】春節時去探望師長的比例，香港明顯的低於臺灣（香港27%，臺灣50%）。

4. 【問題 9】和五年前相比，認為重要性上升的，香港要遠低於臺灣（香港 44％，臺灣 91％）。

5. 【問題 10】預期五年後「關係」重要性上升的比例，兩地都很高（香港 42％，臺灣 52％）。但是，認為五年後和現在差不多的，香港要遠高於臺灣（香港 45％，臺灣 22％）。

6. 【問題 4】一般而言，香港的法治和專業水準都超過**臺灣**；依賴關係的程度，也因而低於臺灣。可是，公開場所吵架的現象，香港卻遠高於臺灣（香港 61％，臺灣 26％）。這個現象，巧妙的反映了「關係」的另一種內涵。香港有很多是來自大陸的新移民，也有很多外籍傭工，因此社會成員的異質性較高。在「非我族類」之間，就比較可能衝突摩擦。相形之下，臺灣社會的成員之間，同質性較高；即使有衝突磨擦，通常也不會劍拔弩張的公開叫罵。

簡單總結一下，由香港和臺灣的測試裡，可以發現：對這兩個華人社會而言，關係都很重要；但是，在程度上，臺灣重視關係的程度，要超過香港。這種結果，和本文裡所作的推測，大致相符。

第二章
倫常關係乃競租
(Familial Relations as Rent Seeking)

壹、前言

　　1960年開始,以Buchanan、Becker和Coase等人為首的經濟學者,開始向其他領域伸出觸角。經濟學者向政治學的擴充,稱為新政治經濟學(new political economy)或公共選擇(public choice)。在這個研究領域裡,已經累積了相當可觀的智慧。[1]「競租」(rent seeking)的概念,無疑是其中一顆非常耀眼的明鑽。[2] 可是,由競租來看倫常關係,似乎令人不解,甚令人反感。而且,這篇文章的題目,標示了一種既強勢又極端的立場。比較緩和的立場,可以表示成「倫常關係和競租」(Familial Relations and Rent Seeking),或者「倫

1　利用Google Scholar搜尋英文「競租」這一詞,會得到262,000項結果(2007年11月28日)。
2　Rowley (1988, p.15):"the rent-seeking insight is the most important contribution to public choice since the publication of The Calculus of Consent in 1962.";Tollison and Congleton (1995, p.xi):"Rent Seeking is the socially costly pursuit of transfers.","Rent seeking is unproductive; it destroys value by wasting valuable resources."(p. xii),"Thus, the mechanism by which rents are assigned is likely to affect the distribution of wealth to the extent that Richardian rents are earned in rent seeking." (p.xvi)

常關係是競租嗎?」(Are Familial Relations Rent Seeking?);以溫和、商量和懷疑的語氣,探討兩者之間的關聯。然而,本文將論證,「倫常關係乃競租」,其實是恰當又精確的題目。

這樣的題目、這樣的立場,當然容易令人側目。不過,由競租的文獻裡,可以找到一些有趣的說法:

(A1) "We use the term 'rent seeking' solely for cases in which whatever is proposed has a negative social impact." Tullock (1989, p.55)[3]

(A2) "The rent-seeking literature... focus[es] attention upon individual or group economic behavior of a rational, solipsist nature which nevertheless destroys rather than enhances the resources available to society." Rowley (1988, p.15)

(B1) "The analysis of rent seeking...shifts attention to interactions and to institutions outside of and beyond the confined competitive market process..." Buchanan (1988, p.14)

(B2) "What is the domain of rent-seeking behavior, that is, is government required for rent-seeking theory to be applicable or can rents be contrived and dissipated in private setting?" Tollison (1982, p.576)

---

[3] 另一句類似的是:"[We should] engage in rent-seeking research only in cases where the institution to be created is, in and of itself, undesirable." (Tullock, 1989, p.56)。

這四句引言，都是來自競租文獻裡的經典。根據前兩句（A1 和 A2），倫常關係對社會產生正面的影響，也算不上是「不該有的制度」（undesirable institutions）；因此，倫常關係和競租似乎是南轅北轍的兩回事，八竿子打不著。不過，根據後面兩句引言（B1 和 B2），倫常關係似乎和競租若合符節；即使不能劃上等號，兩者之間至少有些關聯。

事實上，倫常關係和競租的淵源，雖然少為人知，卻是一點而明。眾所周知，Tullock（1967）引發了對競租問題的研究。[4] 二次大戰後，Tolluck 被美國國務院派到中國大陸，在美國駐天津領事館任職。多年之後，他對天津的回憶依然鮮活生動（Tullock, 1989, chapter 10）。

他發現，天津的租界，原來是天津市外的郊區，但是卻已經發展成天津最繁華富庶的區域。許多富人住在租界裡，終年不踏出租界一步。還有，在租界邊上往外看，所有租界外的建築，似乎都突然硬生生的被切去一段，比租界矮了一截。他覺得很奇怪，華人都很聰慧勤奮，在藝術文化上有非凡的成就；1750 年之前，國勢和西方並駕齊驅，甚至有過之而無不及。可是，他觸目所見，卻是經濟落後，民生凋敝，多數人生活貧困。甚至有乞丐自殘手腳肢體，以博取同情和施捨（Tullock, 1998）。而且，人們花費大量的心思和氣力，去經營人際關係。「當時，我認為那是貪污腐化；現在，我

---

[4] Krueger（1974）和 Bhagwati（1982），公認是另外兩篇開創性的經典之作；而且競租這個名詞，是由 Krueger 所提出。Krueger 的靈感，是來自她在印度和土耳其的經驗。而 Bhagwati，本身就是印度人。因此，競租和東方社會的淵源，是有趣的巧合，也是值得研究的課題。

知道那些是競租！」[5]

Tullock 看到：「人們盡心盡力經營人際關係，希望因而得到特殊利益」——他認為，這就是競租。可是，如果這一點關聯成立，競租和倫常關係之間，將只是一線之隔、兩步之遙。原因很簡單：第一步，經營人際關係，希望得到特殊待遇，是華人社會的特色；**關係**（guanxi），已經成為英文裡的正常詞彙。第二步，華人社會裡，**關係**是倫常關係的延伸和擴展。華人社會的人際網絡，可以用「家—倫常—關係」來反映。可以這麼說：倫常，是家庭內的**關係**（guanxi）；**關係**，是家庭外的倫常。結合第一步和第二步：拉關係、搞關係，是希望在人際間建立特殊地位，得到特殊利益。倫常關係，同樣也是希望在人際間建立特殊地位，得到特殊利益——因此，倫常乃競租！

這篇文章的其餘部分，就是更詳細深入的論證這個命題。以下將回顧文獻，說明競租的意義、特性、支持條件和變遷。而後，則是以此為參考座標（reference framework），描述倫常關係的意義、特性、支持條件和變遷。接著，是琢磨「倫常乃競租」的意義，並且探究這個命題所涉及的相關問題。最後是結論。

---

[5] Tullock (1989, p.92): "At the time... I thought this was corruption. I would now say it was rent seeking."; "[W]hat I observe, then, was a society in which there were diligent people interested in improving their well-being, but with the idea of doing it by developing personal connections with people of power." (p.93)

貳、競租的意義

對於競租問題的探討，已經累積了相當可觀的文獻。在此將試著捕捉「競租」這個概念的意義。為了說明起見，將從三個角度著手：競租這個概念本身、均衡和變遷。

一、競租

由文獻裡，可以條例式的歸納出競租的意義：

第一，通常，競租與政治過程及政府有關。市場裡的活動，是各逐其利（profit seeking）；政治過程裡的活動，是各逐其租（rent seeking）。[6] 競租的手段、過程和結果，往往隱含浪費甚至貪污腐化。

第二，通常，競租隱含著，為了取得特殊的地位，一開始必須有大量的投入（heavy investments）；得到特殊地位之後，就可以享有特殊利益。

第三，通常，競租和壟斷（monopoly）以及特權（special privileges）密不可分。政治企業家（political entrepreneurs），透過遊說、請客吃飯、賄賂等手段，在政治過程裡取得特殊地位。藉著立法或行政命令，成為壟斷，享受特權──經濟租。

第四，通常，競租隱含一小群人得利，其他多數人受害。一小群人利益集中，透過政治過程上下其手，慷他人之慨，以鄰為壑。大多數人為一盤散沙，成為刀俎下的魚肉。競租，是資源的重分配（redistribution），而不是生產性活動（productive activities）。

---

[6] Buchanan（1980）的題目，就是「Rent Seeking and Profit Seeking」。

不過，Brooks & Heijdra（1988）強調：競租的概念，其實隱含一般均衡分析（general equilibrium analysis）；因為，要判斷浪費與否、判斷得失，不能只針對某些特定活動，而必須由整體的角度評估。但是，在實際的論述上，大部分的學者都採用部分均衡分析（partial equilibrium analysis）。

二、均衡和變遷

透過各種手段，政治過程裡的企業家們取得特殊地位，享有特殊利益。這種狀態一旦穩定而重複出現，均衡於焉形成。利用圖1-3，可以反映均衡的意義和性質：

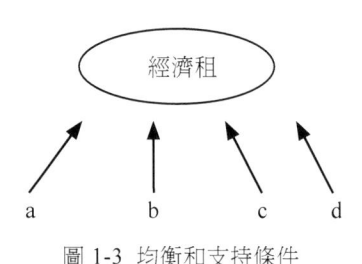

圖1-3 均衡和支持條件

圖中的a、b、c、d，表示支持均衡的條件。具體而言，支持經濟租的條件可能包括：特別立法或行政特許、利益集中、受害者一盤散沙、客觀的大環境能配合。而且，在競租的文獻裡，競租的過程（手段、造成的浪費）和結果（重分配、特殊利益），往往是探討的重點。

引發均衡發生變化的原因，不外是內在因素（endogenous factors）或外在因素（exogenous factors）。特許期滿、其他（符合條件）競租者加入、大環境變化等等，都是外在因素的變

化。經濟租本身發生變化（譬如，國產車品質超過進口車，擁有進口車特許的廠商，利益快速減少），是內在因素。內在和外在因素的變化，都可能使經濟租耗散乃至於消失。

　　無論在理論和實證上，對競租的研究都已經有豐碩的成果。競租的觀念雖然簡單，卻能一針見血的闡明政治過程的某些重要特質。可是，由競租的角度闡釋倫常關係，是不是有點錯誤類比呢？政治過程裡，為了取得特殊地位和享受特殊利益，競爭者會全力以赴，甚至不擇手段。然而，父母就是父母，難道還需要競爭嗎？有潛在的競爭者嗎？還有，政治過程裡，支持經濟租的條件，往往是特別立法或行政特許。如果把倫常關係視為競租，支持倫常關係的條件，又是什麼呢？這些問題，就是下述論述的重點。

參、倫常關係：均衡

　　在論證倫常關係為競租時，將以華人社會的經驗為主。前言裡描述，Tullock 在天津的經驗，正是競租和華人社會的聯結；除此之外，主要的理由有兩點：一方面，在各個文化裡，家庭都有重要的地位；但是，在華人文化裡，家庭的地位特別重要。連帶的，華人社會的倫常關係也有一些明顯的特質，剛好作為思索論證的材料。

　　另一方面，廿世紀以來，華人社會（特別是中國大陸）經歷了一連串的動盪。滿清滅亡、軍閥割據、日華戰爭、二次大戰、國共內戰、文化大革命、一胎化等等，都對家庭帶來巨大衝擊。由家庭的變化，剛好可以分析變化的原因、變化的過程和變化的結果。這些不同的角度，正可以襯托出家庭和倫常關係的意義。

一、倫常和華人社會

華人社會裡，倫常關係涵蓋的範圍很廣，其中核心的部分，就是五倫裡的父子、夫婦、兄弟。兄弟，自然延伸到其他手足；父子，當然也隱含著母子和母女。

表面上看，父母和子女之間的關係，是生物性、是自然的、是天生的；但是，仔細探究，後天的、文化的、人為的成分其實很高。在子女年幼時，父母無悔無怨、無止無盡的付出；當子女成年之後，會反哺養老。父母和子女之間，是雙向壟斷（bilateral monopoly）；雙方都處於特殊地位，享受特殊待遇（special privilege），符合競租的基本特質。不過，競租隱含「競爭」，以取得特殊地位；父母就是父母，不需要競爭，似乎違反競租的觀念。其實，父母也面對競租，只不過不是同時競爭（simultaneous competition），而是跨時競爭（intertemporal competition）。[7]

具體而言，父母面對的競爭者，明顯的有另外兩種人：配偶和子女的子女。父母和自己的子女之間，如果建立起濃厚的倫常關係；那麼，當子女成長結婚之後，父母可以享受子女的孝順，得到精神和物質上特殊的待遇。否則，子女成人結婚之後，可以把資源（精神和物質）花在自己的配偶和自己的子女身上。因此，父母等於是先發制人，在子女年幼

---

[7] Frank（1988，p.209）裡提到，當他初識女友之後不久，在校園裡意外碰上她；當時她臉上那種驚喜、迷戀、鍾愛的表情，讓他深留腦際。後來只有當她注意他們的新生嬰兒時，臉上才有那種表情。這個故事，至少有兩種解釋：一，那種表情，如果看成是競租行為；那麼，當她得到 Frank 的經濟租（結婚）之後，轉而開始向新生嬰兒競租。二，即使倫常之間，也往往有替代性；因此，競爭確實存在，要得到和享有經濟租，必須先投入和付出，以取得特殊地位。

時,先投入大量的心力時間(heavy investments),培養和鞏固自己的特殊地位。將來面對子女的配偶和子女的子女時,父母毋須擔心本身的地位和待遇、照護和養老。[8]

父母與子女之間極其特別的倫常關係,重要的功能(之一),就是能有效處理彼此的合作互惠——子女年幼時,父母照顧;父母年紀大時,子女反哺。用經濟學的專有名詞,這是跨時交換(intertemporal exchange)。而為了支持並強化這種關係,就需要一些輔助性的配套措施。

政治過程裡的競租,一般是透過立法或行政命令,取得特殊地位,享受經濟租。倫常關係的競租,則是透過另一種方式:父母一方面照顧子女,一方面透過言教和身教,灌輸子女「孝道」的觀念。日積月累之後,孝道的觀念內化為子女的價值觀。當這種價值觀為一般人普遍接受時,就形成社會的風俗習慣、價值體系。孝道,表面上是道德理念,其實隱含獎懲。父母子女之間的責任感、歉疚感、罪惡感、喜怒哀樂,都是支持孝道運作和發揮功能的力量。而且,不孝的子女,除了受到自己良心的譴責之外,還要面對妯娌指責、街頭巷議、乃至於法律的制裁。

二、倫常租

倫常關係所隱含的經濟租,可以稱為**倫常租**(familial rent)。倫常租的形式和內涵,可以由父母子女、夫妻和手足這三方面來觀察。

---

[8] Williamson (1975, p.258): "valued family relations are recurrent and idiosyncratic and a specialized, transaction—specific governance structure must be encouraged lest the parties withhold investing heavily in the institution."

子女年幼時，父母投入可觀的心血；似乎只有投入，沒有所獲，其實不然。子女的一顰一笑、孺子之慕，都帶給父母心理上很大的滿足；而且，父母自己的心理上，享受了當父母的地位和特權，本身就帶來快樂。子女長大成人之後，參與農事生產或分擔家務，父母坐享其成；當父母年邁，子女——特別是兒子（們）——會照護已經沒有生產力的父母。因此，在不同階段裡，父母由子女身上得到實質和精神上的特殊利益。在父母年老這個階段裡，父母更是明顯的居於特殊地位，享有特殊利益。

　　相對的，子女年幼時，順從父母、承歡膝下，以爭取父母的關愛照顧；子女之間彼此競爭，向父母爭寵，更是不折不扣的爭取特殊地位，以享受特殊利益。子女成人之後，對家庭和父母有實質的付出；在精神和心理上，得到父母和自己本身的肯定，享受一種較抽象的特殊利益。

　　夫妻關係不像父母子女或兄弟姊妹，沒有血緣或生物性的基礎。成為夫妻，可能是媒妁之言，是雙方家長的安排。可是，一旦結合為夫妻，榮辱與共，共同面對生老病死的各種考驗。因為是夫妻，所以在食衣住行、生活起居、乃至於性（sex）等各方面，彼此對於對方，都可以予取予求；雙方都居於特殊地位，也都享有特殊利益。「嫁雞隨雞、嫁狗隨狗」、「一日夫妻百日恩（更何況是經年累月的夫妻！）」、「烈女不事二夫」等等觀念，都是在雕塑夫妻之間的特殊關係。

　　和父母子女以及夫妻相比，兄弟姊妹之間的手足之情，是倫常關係裡比較淡薄的。在農業社會裡，農事的生產、消費、儲蓄以及保險等方面，兄弟之間必須雕塑出密切的合作

互惠關係。除此之外,兄弟姊妹之間的互通有無,往往只因為彼此是兄弟姊妹這種特殊關係。兄弟姊妹之間的倫常租,少於父母子女和夫妻之間,但是多於一般親戚和朋友之間。

抽象來看,無論是父母、子女、夫妻、兄弟姊妹,本質上都只是一些名詞。這些名詞的實質內涵,都是被充填和被賦予的。在漫長的演化和發展過程裡,人類社會逐漸雕塑刻畫出這些名詞的具體內容。對於華人社會而言,在主觀條件和客觀條件的循環互動之下,父母子女等倫常關係成了很特殊的結晶體(crystals)。

三、均衡的支持條件

華人社會重視家庭,強調倫常關係,當然是其來有自。華人社會的歷史經驗,主要是綿延數千年的農業活動。絕大數民眾,以農耕自給自足;地理遼闊,帝力於我何有哉。然而,朝廷皇上也許遠在天邊,蟲旱水災和瘟疫卻常在左右。而且,農事耕作上,需要人手;生老病死、婚喪嫁娶,最好能互通有無。因此,大家庭、數代同堂、妯娌宗親等,目的都在發揮保險互助的功能。[9] 也就是,農業社會裡,人口流動性不高,一般民眾自給自足;農業是主要的經濟活動,工商業不是重點。

在生產、消費、儲蓄和保險上,家庭都能發揮適切的功能。因此,在這種環境之下,「孝」的功能顯然非常重要──一旦把孝內化為價值觀,自然可以有效支持家庭這個組織。所以,表面上這是倫理道德,實質上則是成本效益的力量作祟。在家庭之外,沒有其他的工具可以依恃,自然而然

---

[9] Becker (1991, p.238): "A kinship group is a reasonably effective 'insurance company' in that even an extended group is sufficiently small to enable members to monitor other members."

的援用已有的工具——倫常。因此，**關係**（guanxi）是家庭內倫常的延伸和擴充；倫常和**關係**，都是一種工具性的安排，希望能發揮某種功能。華人社會的**關係**，有濃厚的工具性、功能性意味（functionally oriented），可以說是有以致之。

在面對生存和繁衍這兩大挑戰時，人類發展出因應的工具；**關係**，是由血肉之軀的萬物之靈，由家庭倫常延伸而出的社會結構（social construction）；不只是社會化的產物，更是趨吉避凶的途徑和手段。因此，經過長時間的醞釀雕塑，華人社會逐漸形成「家—倫常—**關係**」的特徵；而且，也發展出道德、孝道和孔孟學說等思惟，剛好成為支持「家—倫常—**關係**」的配套措施。只要農業社會的性質不變，這種結構就是一種均衡，世世代代延續下去。當然，無論是倫常或**關係**，要能有效發揮作用，必須發展相關的概念和思惟，作為支持和操作的配套措施。

四、均衡的特色

當倫常關係處於均衡時，會呈現一些有趣的特質。譬如，一般人常被批評，對朋友比對家人好；為什麼？答案很簡單，對朋友不好，朋友就不再是朋友；相形之下，對不起家人，家人還是家人。得罪朋友的成本高，得罪家人的成本低。成本高的大錯，少犯；成本低的小錯，偶爾犯犯無妨——這是不折不扣的需求定律。

類似的現象，所在多有；以兩個常見的現象為例，可見其餘。首先，眾所周知，在外工作的職業婦女，一般而言，在家裡的地位比較高——高，是指相對於先生，和相對於婆婆。沒有在外工作的家庭主婦，獨立條件較弱，地位自然較低。相形之下，有自己工作和收入的婦女，如果婆婆和先生

欺人太甚,有條件擇良木而棲。[10] 其次,子女成人之後,有些人和父母住在一起;有些子女離開家,在外地工作生活。一旦家裡有資本性或花費較大的支出(幫父母買輛車、或送父母一對金戒指),往往是在父母身邊的子女,負荷較重——「父母稅」的稅率較高。道理,其實還是一樣:對於遠方的子女,如果稅率太高,就課不到稅。[11]

可是,當子女對不起父母時,往往會有罪惡感;對不起朋友時,卻不太會有罪惡感。為什麼?父母和朋友之間的對照,有點像萊卡相機和可拋棄相機。父母和朋友,都能發揮照顧奧援的功能——在家靠父母,出外靠朋友。然而,兩者的重要性,特別是在傳統、農業社會裡,相去不可以道里計。

父母和子女之間,要經歷養育、共同生活、養老等過程;在這個漫長的過程裡,不同的階段,父母和子女的相對地位不同,各自擁有的資源也不同。為了能圓滿走過這個漫漫長路,最好有濃厚深重的倫常情懷。子女對父母的歉疚、懊惱、悔恨、虧欠的情懷,就是維繫父母子女倫常關係的支持條件;因為這種倫常關係太珍貴重要了,所以要發展出一些作法,好好照料拂拭這種關係——就像萊卡相機太珍貴重要,要買個防塵箱一樣!

由以上這些例子,可以清楚的看出,倫常關係的維繫,也是受到成本效益考量的節制。

---

[10] Becker(1991, p.253-254)根據資料指出:自 1964 年起,在英法等國,已婚婦女的就業率增加了 20%,而離婚率則增加兩倍以上。

[11] Frey (1992, p.95): "If the patriarch taxes his descendants too highly compared to his own consumption standard and his own productivity (thus breaking the implicit intergenerational contract), his consumption level will be lowered after his resignation or he is no longer supported at all."

肆、倫常關係：變遷

當支持均衡的條件發生變化時，均衡先是晃動，繼而出現調整、與時俱進。倫常關係的變化，隱含經濟租的改變乃至於消散。倫常關係改變的一些現象，可以條列如下：

1. 三四代同堂的大家庭，快速減少；繼之而起的，是兩代同堂的核心家庭。主要的原因，一方面是農業部門大幅萎縮，需要的勞動力減少；另一方面，是都市化快速興起，都會區裡不容易維持大家庭。

2. 兩代同堂的家庭裡，子女數快速減少。農業變為工商業以及都市化這兩個因素之外，雙職家庭比例上升，子女數自然減少。

3. 孝道的內涵，明顯的轉變。農業社會裡，沒有工勞農保、也沒有老人年金，所以養老是重要的問題。孝道的主要功能之一，就是照護老人和慎終追遠。工商社會裡，有各種保險和儲蓄，父母不再需要子女養老；孝道的內涵，也自然轉變。過去，子女比較像資本財（capital goods）；工商社會裡，子女比較像消費品（consumption goods）。

4. 當養兒防老、傳宗接代的功能漸漸式微之後，子女數不但減少，甚至完全消失。頂客族（DINK, double-income-no-kids）增加，養貓狗等寵物、而不生子女的家庭也增加。公園裡，很多人牽著小貓小狗散步，而不是牽著自己的子女或孫子女散步。

5. 當子女數多時，是子女向父母爭寵；大陸一胎化之後，每個家庭只有獨子獨女，父母倒過來向子女爭寵。過去

的孝子,是孝順自己的父母;現在的孝子,是孝順自己的王子公主。

6. 在農業社會裡,夫妻之間強調忠貞;婚外的男女關係,產生巨大的外部性,所以由刑法處理。工商社會和都會區生活型態,婚外男女關係的外部性下降,改由民法來處理。描述時的遣詞用字,也由「通姦」變為「婚外情」,再變為更中性的「婚外戀」。

7. 就夫妻關係而言,農業社會裡需要勞動力,所以一夫一妻的家庭,是主流價值(mainstream value)。工商社會裡,勞動力和傳宗接代的需求都減弱;因此,家庭的結構,已經由一夫一妻逐漸成為多元價值。主要的家庭形式,除了一夫一妻(加子女)之外,還有頂客族(一夫一妻,無子女)、單親家庭(單親加子女)、單身貴族(一男或一女)。而且,斷背山的家庭組合,也漸漸得到認可。當家庭的形式改變時,人們腦海裡的價值觀念,也就是支持均衡的配套措施,自然也隨著改變——圖 1-4 的左邊,是傳統社會的家庭結構和配套措施;右邊,則是廿一世紀的家庭結構和配套措施。

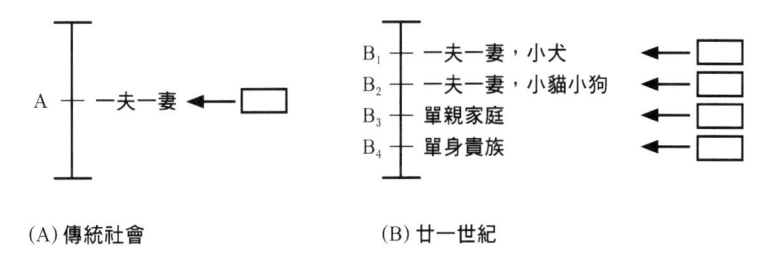

(A) 傳統社會　　　　　　(B) 廿一世紀

圖 1-4　倫常關係的光譜

一、小結

前文的論述，反映了倫常關係的特質。華人社會、農業社會裡，父母在子女年幼時，投入大量心力時間；子女長大成人之後，反哺父母；父母享有特殊地位，也享受特殊利益。農業社會變為工商業社會之後，諸多因素影響之下，父母和子女之間的關係有明顯的變化。父母的投入、得到的地位、享有的待遇，都迥異於往昔。這些特質，都和政治過程裡的競租若合符節。由競租來認知並分析倫常關係，可以說是絲絲入扣、鞭辟入裡！

伍、相關問題

探討倫常關係和競租的關係，除了檢驗和論證「倫常關係乃競租」這個命題之外，還有一些其他的含意。一方面，以競租的概念闡釋倫常關係，對競租這個概念本身，帶來一些新的啟示。另一方面，探討倫常關係的形式、內涵和變遷，也可以烘托出研究競租問題時文獻值得注意、但易被忽略的某些特質。

一、競租到倫常關係

以競租的概念分析倫常關係，有幾點重要的含意。第一，最明顯也最重要的，是以簡馭繁，以簡單的概念去捕捉、體會和分析不同的社會現象。對於家庭的倫常關係（人際互動），Becker（1991）是利用「穩定的偏好、極大化、和均衡」這三個概念；他所強調的「逆子定理」（Rotten Kid Theorem），廣為人知。相形之下，利用競租這個概念，是從一個不同的角度，希望捕捉倫常關係的神韻和精髓。兩相比較，由逆子定理或競

租的觀念，更能一針見血、直指倫常關係的鵠的？[12]

第二，競租的本質，是人際互動（interpersonal interaction），是建立起特殊的人際關係（interpersonal relations）。如果把人際關係看成是一道光譜，朋友、家庭倫常、關係（guanxi）、利益集團等等，是光譜上不同的點。眾所周知，在經濟學、管理學和政治學裡，**關係**（guanxi）已經是一個卓然有成的研究主題。利用競租的概念，剛好可以探討人際關係光譜上其他的點。可是，**關係**的研究和競租的研究之間，似乎沒有任何關聯。結合這兩者，顯然可以互通有無、合則兩利。

此外，把倫常關係視為競租，觀念上也許有趣，但是馬上引發一連串的實證問題：倫常租的質和量有多少？和其他競租相比如何？直接處理這些問題，也許有點困難和模糊；然而對於**關係**的研究，已經有許多實證（個案研究、問卷調查等）的成果。因此，剛好可以成為實證研究的著手處，具體評估倫常關係的各個面向。

第三，大多數競租的文獻，是討論政治過程裡的活動。其實，競租的概念，不只可以用來分析政治過程裡的現象，更可以用來探討其他人際關係；就分析的角度而言（methodologically speaking），這種連結當然有趣也有意義。[13] 人際關係光譜上的另一個極端，是政府國家這種上層

---

[12] 利用篩選（screening）和放訊號（signaling）這兩個概念，可以有效掌握諸多勞力市場裡的特質。利用放訊號和貼標籤（stereo-typing）這兩個概念，也可以有效掌握司法運作的諸多特質。由競租的角度闡釋倫常關係，似乎有異曲同工之妙。此外，社會學者 Smelser（1997）由「矛盾情結」（ambivalence）的角度，闡釋倫常關係的某些面向。

[13] Brennan & Tollison（1980）分析學術界裡的競租，是一個明顯的例子。

結構。也就是,由競租探討倫常關係,是向個體現象(micro phenomenon)延伸;另一個方向,是由競租探討國家的形成,這是向總體現象(macro phenomenon)延伸。

Olson(1993)清楚論證:歷史上政府(state)的出現,不是來自於自願性、契約論式的過程;實際的情形,往往是由一群四處擄掠的官匪(roving bandits)落腳安居,成為穩定的官匪(stationary bandit)。而後土匪首領黃袍加身,成為替天行道、萬民擁戴的天子;他率領的狐群狗黨,也加官晉爵而成為政府官吏。強盜變官兵,政府於焉出現。四處劫掠的流匪和落戶定居的官匪,都是向老百姓榨取,美其名為稅金或保險費;差別所在,不是性質不一樣,而是程度不同──前者會竭澤而漁,後者考量的時間較長,不會殺雞取卵。Olson(1993, p.568)所用的詞彙,和競租幾乎無分軒輊:

> If the stationary bandit successfully monopolizes the theft in his domain, then his victims do not need to worry about theft by others. If he steals only through regular taxation, then his subjects know that they can keep whatever proportion of their output is left after they have paid their taxes. (emphasis added)

雖然 Olson 沒有明講,但是他的理論明確的隱含著:流匪得到的經濟租最少,官匪以及漂白後的君王(autocrat)次之;民主政治中,多數執政下取得政權的執政黨,得到的經濟租最多。主要原因之一,是在民主政治之下,財產權最穩定,經濟活動最蓬勃;企業家願意投入資本,資本也容易累積。長遠來看,可以創造出最多的財富。因此,抽象來看,由流匪到官匪(君王)再到民主政治,正好巧妙的反映競租不同

的形式;而且,還巧妙的襯托出,和流匪、官匪的競租相比,民主政治下的競租,事實上是一種進步(improvement)。

可見得,競租的概念,適用的範圍很廣。Olson 解釋政府來源的理論,正是精確有趣的例子。奇怪的是,雖然 Olson 的論述和競租理論關係密切,他的文章裡卻沒有提到「競租」這個字眼;所列的參考文獻裡,也沒有任何一篇和競租有關。[14]

二、倫常關係到競租

競租的文獻裡,關注的焦點往往是兩點:競租的手段與資源浪費的大小。但是,探討倫常關係,可以突顯競租的其他重點。其中有兩點,特別值得強調。首先,當均衡達成時,表現的形式(configurations)是什麼,支持的條件又是哪些?其次,當主客觀的條件變化之後,倫常關係如何變化?也就是,均衡變化的情形,以及經濟租耗散的現象是如何?

前面的分析表明,倫常關係形成之後,支持倫常關係的,主要是個人內化的道德理念、以及社會一般的價值觀念。因此,倫常關係和思想觀念,是均衡和支持均衡的條件。也就是,腦海裡的思惟和風俗習慣,是維繫倫常關係的配套措施。這種對倫常關係的體會,當然有助於研究競租問題。無論是探討政治過程或其他領域裡的競租,都值得注意經濟租的形成、以及支持經濟租的條件。在這層意義上,Coase(1991)

---

[14] 然而,文章裡 Olson 回顧他對流匪(roving bandits)和官匪(stationary bandit)的體會,是他讀到關於軍閥馮玉祥(Warlord Feng Yu-hsiang)的報導,因而得到的靈感──競租的聯想,又是和東方(華人)社會有關。

諾貝爾演講的題目「生產的制度環境」（The institutional structure of production），可以稍稍調整為「競租的制度環境」（The institutional structure of rent seeking）。

其次，廿世紀以來，華人社會的家庭和倫常關係，都有急遽的變化。這種變化，可以看成是倫常租耗散的過程。[15] 這種過程，是各種力量交互運作之下，自然而然的結果。在價值判斷上，其實不容易臧否置喙。換句話說，在大自然物競天擇的遊戲規則之下，萬物之靈發展出特殊的倫常關係，享受倫常租，自求多福。同樣的，民主政治的遊戲規則之下，利益團體透過遊說等方式競租。對於競租的價值判斷，也值得有更謹慎完整的評估。

陸、結論

蒲士納法官（Posner, 1997, p.14）嘗言：「經濟學的精髓，在於慧見而非技巧」（The heart of economics is insight rather than technique.）這句話的貼切與否，當然可以論對一番。但是，毫無疑問的，經濟學的論述，非常強調「慧見」（insight）。而且，經濟學者能長驅直入，在其他社會科學裡發光發熱；重要的原因之一，就是透過經濟學裡的智慧結晶，以簡馭繁、一以貫之的分析諸多社會現象。

---

[15] Ramseyer（1997）論證，日本在都市化之後，父母掌握子女的能力快速萎縮。還有，在 2005 年 4 月，Becker-Posner Blog 兩篇同時露面的文章裡，Becker（2005）和 Posner（2005）分別提到：「性」（sex），過去一向富有很多社會功能（譬如生育、組織和維繫家庭）；但是，當今美國社會，至少在有些角落裡，性的諸多社會功能，已經漸漸被剝除殆盡。剩下的，只有很單純的功能——是男女（或男男、女女）之間，一種娛樂性活動（a recreational activity）而已。

競租這個概念，是經濟學裡一個簡單、有趣、而且重要的智慧結晶。競租（rent seeking）和競利（profit seeking），只有一字之差；但是，藉著競租這個概念，卻可以精確、傳神、深刻、而有趣的掌握政治過程的某種特質。這篇文章主要是論證：利用競租的概念，同樣可以精確、傳神、深刻、而有趣的掌握倫常關係的某些特質。除此之外，本文也強調，倫常關係所隱含的道德觀念，是支持倫常租（familial rent）的配套措施。當環境的條件變化之後，倫常關係發生變化，倫常租出現消散；連帶的，配套措施也跟著與時俱進！

第三章
關係、民主和法治

壹、前言

　　這篇文章的目標，是探討對華人社會而言，關係、民主和法治這三者之間的關聯。眾所周知，關係是華人社會的重要特質，而民主和法治則是西方先進社會的重要制度。關係和民主法治之間，似乎是不相干的兩回事。然而，本文將論證，探討華人社會裡關係和民主法治之間的關聯，有智識上的興味，實際上也重要無比。

　　探討這個問題，主要的動機可以列述如下：第一，中國大陸（PRC）的人口，占全球四分之一，即將成為全球最大的經濟體系；PRC 的民主和法治，文獻裡已經有許多討論。眾議僉同，PRC 短期之內不會有西方式的民主和法治（Peerenboom, 2002; Diamond, 2006）。可是，對於原因何在，通常的解釋是：因為政治上是一黨專制，所以不可能有民主法治。[1] 或者，更深一層的解釋是：因為文化傳統，一向是專制，當然和民主法治格格不入。然而，如果進一步問：為

---

[1] Peerenboom (2002, p.10), "Analyses of China's failures to realize rule of law thus typically begins, and all too often end, by noting that China remains a single party socialist state."

什麼一向是帝制,為什麼沒有發展出民主法治呢?這個更根本的問題,卻似乎一直受到忽略。同樣的,也有人主張:因為華人文化強調孔孟思想,而孔孟思想和民主法治的理念衝突。那麼,華人社會幾千年的歷史,為什麼會發展出獨尊孔孟的結果呢?[2] 由關係的角度著眼,或許可以更清楚的看出,民主和法治對華人社會(特別是 PRC)的意義。而且,或許也有助於回答,關於專制和孔孟文化等根本的問題。

第二,關係是華人社會的重要特性,在經濟活動乃至於一般人生活裡,都是如此(Yeung and Tung(1996), Xin and Pearce(1996))。抽象來看,關係和資源的運用和分配有關,而民主和法治也和資源的運用及分配有關。華人社會在運用和分配資源時,關係一向非常重要;可是,華人文化裡,民主和法治,卻一直和運用及分配資源沒有直接的關聯;為什麼呢?在配置資源上,關係、民主和法治這三者,有哪些相同相異之處呢?由資源運用的角度,可以釐清華人社會關係的特質,也有助於烘托出民主和法治的意義。

第三,文獻裡有許多討論「經濟發展和關係」的文章,也有許多分析「經濟發展和民主法治」的文章(Guthrie, 1998; Peerenboom, 2002, Chapter 10)。經濟發展確實會影響關係,也會影響民主和法治。直接對關係和民主法治作比較分析,可以了解為什麼經濟發展會同時影響這三者,也可以

---

[2] Alford (2000, p.49), "from at least the Han dynasty, a Confucian-oriented officialdom was able to imbue the law with the value of Confucianism—as, for example, in providing for differential punishments, depending on one's position within the family—and so use it to transmit and reinforce those concerns."

更了解三者本身的性質、以及這三者將來可能的發展。

第四，民主和法治的核心觀念，學術界已經有相當的共識。對關係的研究，近二十年來也蔚為風尚。對於關係的性質，也有相當的共識。由民主和法治探討關係，是新的研究方向；由關係探討民主和法治，則是擴充了關係研究的範圍。結合兩方面的研究成果，是學術上新的嘗試。而且，由關係的角度分析民主法治，是由個經基礎（micro foundation）來探討總體現象（macro phenomena）。因此，藉著關係和民主法治兩方面的體會，可望對華人社會（特別是PRC）的民主法治，有更深刻的認識。

本文的興味，還可以藉著一個譬喻來說明。有人表示：「華人社會為什麼沒有發展出民主法治？」這個問題，有點像「為什麼橘子樹上長不出蘋果？」這個問題一樣。本文的立場是，對於後面的問題如果答案是：「因為是橘子樹，所以長不出蘋果」；那麼，這個答案太過簡單。比較認真的態度，是嚴肅的面對問題，然後進一步追問：「橘子樹有哪些特質，才長不出蘋果？」而且，如果蘋果是值得追求的目標，那麼「在哪些情形下，橘子樹可能長出類似蘋果的果實？」如果民主法治是眾所接受的普世價值，值得追求；那麼，透過對關係的分析，可以了解華人社會（橘子樹）的性質、以及發展出民主法治（蘋果）的可能性。

在進行以下的分析之前，值得先強調兩點：首先，下面的分析會把「關係」、「民主」和「法治」這三者，都看成是一種過程、制度、工具或機制（mechanism），有功能性的內涵，能發揮某些作用。其次，華人社會，主要是指中國大陸（PRC），臺灣（ROC）和香港（HK）。在論證關係和民

主法治的關聯時,將以 PRC 為重點;但是,香港和臺灣的經驗,也將是重要的佐證資料。

本文的結構如下,以下將針對關係這個概念先作說明,闡釋民主和法治這兩種機制,各發揮哪些重要的功能。接著以前文的論述為基礎,探討關係、民主和法治三者之間的關聯。之後引述兩岸三地的實際經驗,烘托出民主法治對華人社會(特別是中國大陸)的意義。最後是結論,歸納本文的主要論點和意義,並指出後續研究的方向。

貳、關係的意義

在此將簡單回顧文獻裡對關係的討論,重點有兩方面:一方面,說明關係的性質和表達方式;另一方面嘗試說明,為什麼關係在華人社會裡重要無比。

一、關係面面觀

學術文獻裡對關係最早的討論,英文是 Jacob(1979),當時的拼法是 kuan-his;中文最早的討論是喬健(Chiao, 1982, p.345),他指出:1979 年版本的《辭源》和《辭海》裡,都還沒有收錄「關係」這個詞。

Lin(2001)對關係的性質,提出概念性的分析。他認為,關係是以人際之間的共同性(同學、同鄉、同姓、同事等)為起點,建立起彼此聯繫交往、互惠的基礎。如果沒有共同性,就以命運、緣分作為基礎。[3]關係是家庭外人際網絡,但是虛擬家庭內的關係,具有工具性、功能性(instrumental

---

[3] 喬健(Chiao, 1982, p.346-347)列出十二種基礎,可以發展出關係。

relations）。Hsiung（2008）提出「家庭—倫常—關係」（familial relations-guanxi nexus）的概念，以描述華人社會人際關係的結構。家庭內是倫常，家庭之外則是關係。無論是家庭內外，倫常和關係都是趨吉避凶、自求多福的工具。「家—倫常—關係」的運作，則是受到孔孟學說五倫（the five cardinal virtues）的支配。[4]

關係的性質和樣貌（configurations），可以藉著兩個研究具體反映。首先，Landa（1981, 1994, 1998）探討東南亞華人的經商模式，提出「同質群體經貿網」（Ethnically Homogeneous Middleman Group, EHMG）的概念。EHMG 就是以同鄉、同姓等為基礎，形成特定的交易網絡。網絡內外，性質不同。譬如，網絡內的人，交易時可以賒欠；網絡外的人，則必須用現金。Landa 的解釋很清楚：外在環境的法治條件脆弱時，華人發展出 EHMG，以降低契約的不確定性（contract uncertainty）。因此，EHMG 像是華商組織的一種俱樂部（a club-like arrangement），有濃厚的工具性和功能性。[5]

其次，Hsiao（2003）分析，網路交易所用的電腦軟體，

---

[4] Kipnis (2001, p.24), "Unlike economic contracts, which specify material obligations without necessarily involving human feelings, practices of guanxi production invoke a world where depth of feeling and material debt go together."

[5] Landa (1998, p.416) "The EHMG is thus a low cost club-like economic organization which emerged to economize on the transaction costs of enforcing contracts under conditions of contract uncertainty." Wellman et al. (2002, p.224), "guanxi can best be seen as part of a person's toolkit." Potter (2002, p.183), "the role of guanxi may increasingly be seen to operate as a complement to rather than a substitute for the role of formal institutions."

在西方大行其道，但是在中國大陸卻乏人問津。經過深入訪談，他發掘出癥結所在。網路交易達成後，錢貨並不是同時易手；一先一後的情形下，買賣之間必須依賴信用。否則，踐約的問題（enforcement problem）無法解決，買賣次數少，對軟體的需求自然不高。因此，Hsiao 和 Landa 的研究，剛好反映了華人社會關係的重要性。在經濟活動裡，透過關係可以擴展交易對象，也可以降低契約的不確定性，有效處理履約的問題。

二、為什麼是「關係」？（Why *Guanxi*?）

了解關係的由來，可以知道這個「工具」出現的背景和原因，也有助於了解關係的性質（內涵）、以及變化的可能性。以經濟分析的術語，如果把關係看成是一種均衡（equilibrium），就要探討均衡支持的條件，並且對均衡作比較靜態分析（comparative static analysis）。

文獻裡有許多學者都提到，「孔孟思想」是關係的來源（Lin, 2001; Fan, 2002; Luo, 1997; Yeung & Tung, 1996）。可是，卻沒有進一步問：為什麼華人歷史裡，孔孟學說會成為主流？既被歷代朝廷（官方）所支持，又為一般民間所尊崇？對於這個問題，Hsiung（2008）嘗試提出解釋；推論的過程，可以簡單總結如下：

第一步，總體因素（macro factors）。地理上，中國大陸區塊完整，大致平坦。南方為高山峻嶺，阻絕敵人；左邊是沙漠和高山，外敵不會入侵；右邊是大海，工業革命的科技造出長程航行的船艦之前，也沒有外患。唯一可能入侵的，是來自北方草原的敵人——因此，長城建在北方。地理區塊

完整的含意有兩點：一方面，只要交通運輸進展到某個程度，整個區塊容易形成統一的局面，只有單一的權威。另一方面，為了維護並獨享權力，中央會有意壓制其他（包括地方）勢力。[6]

第二步，個體因素（micro factors）。幾千年以來，華人社會以農業為主。農業需要勞動力，也要面對天災人禍的考驗；因此，家庭成了最自然的基層組織，能發揮生產、消費、儲蓄、保險的功能。為了有效運作家庭這個組織，也就發展出倫常這個觀念。而且，家庭內是倫常，家庭外的自然延伸就是關係。

第三步，兩者結合。中央的單一權威，要統治龐大的面積和人口，面對各地不同的風俗習慣，因此以道德治理。道德原則簡單，解釋上有彈性，可以因地制宜。孔孟思想強調五倫，剛好符合天子（帝制）的需求。因此，「家—倫常—關係」的結構和孔孟思想，彼此與援，形成均衡。

由以上簡單的總結裡，可以得到一些體會。因為條件使然，華人社會發展出一種雙元特質：中央是極權、單一權威；基層則是「家—倫常—關係」。這種雙元結構，是由孔孟學說（五倫和道德教誨）來支撐。在運用資源上，這種雙元結構發揮了重要的功能。還有，了解關係的內涵和形成原因，可以間接了解華人歷史上帝制的內涵和形成背景。以這種了解為基礎，就容易分析對華人社會而言，西方民主和法治的意義。當然，西方民主和法治的意義，值得先作澄清。

---

[6] 參考孫隆基（Sun, 1986, p.308-319）對大一統的分析。此外，參考 Olson（1993）、Carniero（1970）和 Landes（1998）類似的分析。

參、民主和法治

對於民主和法治的討論,汗牛充棟。不過,雖然這兩個概念都還有爭議(contested concepts),在核心的部分,還是有相當的共識。以下引述文獻,簡單列明民主和法治的意義,此外在闡釋時,把民主和法治看成是制度和工具,強調這兩種機制所發揮的功能。

一、民主

民主是一套制度,包括定期選舉、代議、公民投票等等。具體而言,這套制度所發揮的功能,主要有下列三種:

(一) 監督執政者,和平移轉政權。帝制的權力繼承,隱含了潛在的不確定性和暴力。民主社會裡,政權移轉是透過和平的手段,以選舉的方式產生;政權能和平移轉,社會的穩定性高。而且,透過定期選舉,可以監督執政者(holding them accountable);如果他們沒有實現政見,下次選舉時會被選民唾棄、剝奪權力。[7]

(二) 民眾抒發意見和宣洩情緒。透過代議(民意代表)和選舉,最基層的民眾可以表達自己的心聲。透過直接(投票)和間接(民意代表)的參與,民

---

[7] Diamond (2003, p.87), "Competitive elections perform several positive functions: They provide a means for frustrated interests and classes to air their grievances and have them addressed. They offer different groups some share of political power and thus a stake in the system. They enable people to remove venal, exploitative, unresponsive leaders. They therefore provide an incentive for leaders to rule in a responsible way, to restrain their rent-seeking behavior and produce public rather than private goods."

眾感受到自己是社會的一分子,社會凝聚力較強,社會因而較為穩定。

(三)交換和分配群體的權益。根據公共選舉的理論(Buchanan & Tullock, 1962)民眾和群體(包括利益集團),透過政治過程合法的追求自己的利益。Olson(2000)強調,民主的重要功能,提供了一種有效的機制(mechanism),能處理群體的利益(encompassing interests)——處理,是指能追求和實現不同群體的利益。

民主的這三種功能,由層次上來看,剛好發揮了不同的功能:最高層次(top level),監督執政者、政權和平移轉。最低層次(micro level),民眾表達偏好、宣洩情緒。中間層次(middle range),則是群體權益的交換和分配。

二、法治

民主最直接的對比,就是帝制(autocracy)或獨裁(dictatorship)。法治(rule of law)最直接的對比是人治(rule of man)或依法統治(rule by law)。和民主一樣,法治也是一套制度,就程序而言包括法院、司法程序(due process of law)等等。具體而言,法治所發揮的功能,也可以歸納為三點:

(一)監督執政者和有權者。權力帶來腐化,權力不受節制,就可能壓迫民眾,甚至形成獨裁。法治的最重要意義之一,就是沒有人能超越法律、不受約束。[8]

---

[8] Peerenboom (2002, p.2), "At its most basic, rule of law refers to a system in which law is able to impose meaningful restraints on the state and individual

(二)保障個人權利。個人的權利,主要有生命、自由(言論思想自由)和財產。個人的財產權受到保障,經濟活動才能蓬勃發展,才會有資本市場和財富累積等等(De Soto, 2003; North, 1990; Olson, 2000)。

(三)維持遊戲規則,處理官司糾紛。法律是社會運作的遊戲規則(rules of the game),藉著處理官司等,司法體系釐清遊戲規則,使政治經濟等活動正常運作。

和民主相比,在最高的層次(top level)上,法治也是監督執政者和有權者;在最低的層次(micro level)上,法治保障個人的權利,特別是財產權。對於處理中層(群體的利益),法治的功能並不明顯。即使立法機構通過法律,保障特定的群體(如消費者保護法、勞工法等);司法體系也是透過處理個別官司,保障特定群體裡的個別利益。

三、民主和法治的結合

對於民主和法治這兩種制度,還有幾點值得強調。首先,對兩者而言,程序(process; means)都比結果(outcome)重要。只要大多數人支持民主和法治的程序,自然而然會接受程序所帶來的結果。程序的重要性,超過結果。[9] 然而,這種立場事實

---

members of the ruling elite, as captured in the rhetorically powerful if overly simplistic notions of a government of laws, the supremacy of the law, and equality of all before the law." Suisheng Zhao (2006, p.63), "At its most basic, rule of law refers to a system in which law imposes meaningful limits on the state and individual members of the ruling elite, as captured in the notions of a government of laws, supremacy of the law, and equality of all before the law."

[9] Diamond (2003, p.89), "Democracy is a political system defined precisely by

上隱含著：無論是民主或法治的程序，所產生的結果不會一直是不合理、不公平或不正義的。也就是，民眾支持民主和法治的原因，是這些程序帶來大致合理的結果（Shen, 2000）。

其次，民主和法治這兩種制度，都是經過漫長的發展過程。大致而言，是先有憲政制度（法治），而後再發展出民主。Olson（2000）主張，通常是社會上有幾個主要力量，彼此僵持不下時，才會通過協議，制訂法律，節制權力。[10] 此外，近代民主的發展，其中重要的原因之一，是工業革命帶來量產；市場大幅擴充，促進了都市化。許多民眾開始享有正常收入，形成重要的群體。他們在經濟上的分量愈來愈重，權益也愈來愈受到重視和保障。逐漸的，政治上的權利（投票權）應運而出。

再其次，經過漫長的過程，形成了民主和法治這兩套制度；支持這兩套制度的，是對應的道德哲學和文化。社會大眾的思想觀念，是支持民主和法治的重要支柱。[11] 也就是，支持民主和法治的，是一套制度矩陣（institutional matrix）。[12] 因此，民主和法治能正常運作，必須要有好的制度性環境（the institutional structure of democracy, the institutional structure of rule of law）（North, 1990）。而追根究柢，人們的思惟架構（mental construct）或世界觀，可以說是最根本的基礎。[13]

---

means rather than ends."
[10] 參考 Zhang（2006）對西方法治發展的回顧。
[11] Peerenboom（2002）強調，支持西方法治的，主要是自由主義式民主（Liberal democracy）。支持民主的，則是天賦人權和《契約論》等思惟。
[12] Lin（2001）稱為制度場域（institutional field）。
[13] 關於「思惟架構」的意義，參考 North（1990）和 Denzau & North（1994）的討論。

肆、關係、民主和法治

民主和法治,都是總體層次(macro level)的制度。華人社會裡缺乏(西方式)民主和法治的原因,如果歸究為 PRC 的一黨專政(中國共產黨,Chinese Communist Party, CCP)、或者幾千年來的帝制,是由總體因素(CCP 或帝制)解釋總體現象。

對於總體現象,經濟分析裡強調個經基礎(micro foun-dation);法學裡,也強調要採取微觀分析(micro analysis)[14];社會學裡,則是強調兩個階段:總體到個體(macro to micro),以及個體到總體(micro to macro)(Coleman, 1990, Chapter 1)。[15] 由關係著眼,探討民主和法治對華人社會的意義,就是以個體為基礎,探討總體現象。在此將分別探討關係和民主及法治的關聯。

一、關係和民主

針對民主這個制度和所發揮的功能,可以先把關係的特性,簡單的做一回顧和總結:

第一,華人社會裡,因為中央集權和農業社會兩大特質,一般民眾發展出「家—倫常—關係」的結構。這是在環境條件的限制下,發展出自求多福的工具。第二,關係所處理的,是微量、片段的利益(piecemeal interest)。以個人為核心,

---

[14] Peerenboom (2002, p.145), "microanalysts attempt to describe the way actions of independently motivated individuals create social systems by tracing the way individual actions aggregate to produce larger social structures and institutions."

[15] Coleman (1990, chapter 1).

向外擴充為家庭、親戚、同鄉、同學等（如 EHMG）。透過關係，爭取自己個別的利益。

根據這兩種特性，可以分析民主對華人社會的意義。在最高層次上，民主的定期改選，可以促使執政者負責，並且和平轉移政權。華人社會裡，關係是帝制下子民們安身立命的工具；無從監督執法者，更和政權移轉無關。在最基層的部分，民主的選舉和代議，可以讓民眾有表達意見、宣洩情緒的功能。關係的功能，不在於對公共事務或執政者發揮針砭；主要的功能，是保障並追求自己的利益。民主制度第三個重要的作用，是透過代議過程，處理群體利益。然而，關係的特性剛好相反，是處理個人和特定（personalistic and particularistic）的利益。EHMG 是個明顯的例子，整體來看 EHMG 是一個群體，有這個群體的利益。然而，EHMG 所隱含的，還是個別的商人利用關係追求自己的利益。

關鍵所在，是民主的制度（包括方式和過程、以及思想觀念），和華人社會的關係格格不入。關係是華人社會幾千年來發展出的產物，和每個人的生活經驗密切契合。相形之下，西方的民主，無論是制度或對應的思惟觀念，都和這些生活經驗有相當的距離。一言以蔽之，關係這種結晶體和民主這個制度，雖然都是工具，經過漫長的過程發展而成，可是卻是兩種性質不同的制度矩陣（institutional matrix; North, 1990）或制度場域（institutional field; Lin, 2001）。

以關係為基礎，會營建更有利的關係，可是不會發展出民主。萬一由外往內，把民主放在華人社會裡，會出現哪些現象，產生哪些結果呢？自然而然的，一般人會循自己現在的思惟模式（mental construct）和生活經驗，因應處理。

臺灣的地方自治裡,派系、家族和關係的重要性無與倫比(Marsh, 2003; Bosco, 1993)。[16] 此外,在下面的分析裡,將以一個具體的實例(校園民主),說明當民主由外力置入時,人們會如何因應。

二、關係和法治

針對法治這個制度和所發揮的功能,也可以總結一下關係的相關特性:

第一,由「家—倫常—關係」可以看出,關係是家庭倫常的比擬和擴充;關係具有信任、互惠(reciprocal)、彼此期待(mutual expectations)的特性,也就意味著界定了一些微弱的權益(weak rights)——彼此的權利和義務。第二,倫常和關係的運作,都遵循一套遊戲規則。遊戲規則就隱含獎懲,而執行獎懲的不是司法體系,是關係網上的人們自己。也就是,操作和運用關係的人們,自己既是球員、又是裁判。

根據這兩個特性,可以探討法治對華人社會的意義。法治第一個重要的功能,是限制並且監督執政者和有權者,避免權力的濫用。關係是一般民眾安身立命之道,當然不具有這種功能。法律的第二種功能,是保障個人的權利,特別是財產權和言論自由等。在這兩方面,關係都能發揮某些作用。具體而言,透過關係的運作,可以降低契約的不確定性,可以擴充經濟活動的範圍。有紛爭時,也可以利用關係來處理。

---

[16] Bosco (1993, p.158, 167, 168), "Taiwan's factions [in local politics] are held together not by common ideology or class but by social ties (kin, patron-client, friend, etc.) forming a chain of dyadic relationships linking leaders to voters."; "Factional mobilization and leadership is based on guanxi."; "In general, what is good for the person with whom I have a guanxi is good for me; the idea of voting according to guanxi is accepted and indeed expected."

所以,關係界定了某種程度的財產權。不過,因為關係是依附在人的身上,距離一遠,就漸漸失去功能;因此,財產權所涵蓋的範圍,必然是地域性、小的區域。同樣的道理,關係所界定人身和言論思想等權利,也是狹隘的;以關係網的幅度為空間,離開關係網就失去效力。

法治的第三個功能,是處理正常活動所衍生出的糾紛。在這一點上,關係倒是能發揮相當的作用。一旦人際之間發生衝突,雙方各找關係,再找到彼此關係的交集;然後,琢磨出雙方都可以下台階的方式。華人社會排斥興訟,司法途徑的成本高之外,利用關係處理是另一種彈性大而有效的管道。關係是法律的互補品,也是替代品。

和民主相比,華人社會對法治的體會比較直接。但是,千百年來華人社會的傳統,是朝廷依法統治(rule by law)[17]。除了朝廷的國法之外,還有家法、族規等。法的作用,是約束人的行為,懲治越軌的行為;法的作用,並不是積極的保障個人權利。而且,無論是國法家法,關係的作用是希望能影響法的運作,得到對自己有利的結果(Potter, 2002)。一般人運用關係時,在乎的是結果,而不是手段或過程。說來有趣,這個特質也正是華人社會法治的特性。[18]

---

[17] Peerenboom (2002, p.30) indicated that, "While substantive justice has always remained the primary goal of the legal system in China, the formal character of the process and the emphasis on predetermined procedures for resolving conflict have often been seen as obstacles to a more personalized and creative approach to interpersonal conflict."

[18] Peerenboom (2002, p.12), "This deep attachment to substantive justice, to a vision of law as a servant of the normative values embodied by the state in a given historical time, may be the single most powerful legacy of China's imperial past." Shen (2000, p.30-34), "In China, legal processes fail not only because of political interference from the Party but also because of a

三、橘子和蘋果

由以上的討論，自然延伸出一些相關的問題。第一個問題是，西方法治和民主所發揮的功能，華人社會的關係只能有一小部分的作用；那麼，其他的部分呢？

就民主的部分，權力的移轉，一向是世襲；宮廷鬥爭和血腥傾軋，史不絕書。小老百姓可以向父母官申冤陳情，但是絕不能涉及政治，也不能挑戰皇權。處理群體權益，要靠行政體系的官僚，也要靠天子「作之君、作之師」的德政（Peerenboom, 2002, 2006）。就法治的部分，只要依法治理（rule by law）上軌道，民眾財產權受到保障；思想言論自由，只要不涉及政治、不挑戰當權者，都有相當的空間。

此外，民主和法治的最重要功能之一，就是對執政者監督。華人文化裡，對皇帝權力的節制，不是來自於民主（選舉）或法治（法律），而是來自於道德的訴求。一方面，孔孟思想是一般人行為的規範，同時，也是天子聖君的自我期許。另一方面，官僚和民眾們高呼「皇上英明」時，事實上是希望發揮節制皇權的作用，即使這種力量可能微不足道。[19]

第二個問題是，由關係的性質（個人取向、處理片段利益等）可以看出，和西方社會的民主法治，確實相當程度上並不相容（non-compatible）；彼此南轅北轍，幾乎是牛頭不

---

lack of commitment to formal rationality or formal and procedural justice."; "In China, procedural law has been seen only as a secondary support for implementing substantive laws."

[19] Olson（1993, 2000）一再強調，當臣民高呼「皇上長命百歲」（Long live the King）時，是希望政權能穩定延續，財產權也能繼續受到保障。這和華人社會以道德（聖君）歌頌皇帝，有異曲同工之妙。

對馬嘴。[20] 因為性質條件不同，橘子樹（關係）上，確實長不出蘋果（民主和法治）。也就是，在功能上，關係和民主法治只有一小部分的交集。而且，因為關係是由家庭倫常衍生而出，是特定、人情式的關係（personal relations）。相形之下，民主和法治的基礎，主要是非人情式的關係（impersonal relations）。所以，華人社會裡（特別是 PRC），除非傳統的關係有巨大的變化，否則不容易支持西方的民主和法治。[21]

不過，問題並沒有解決。目前看來，PRC 的確不可能在短期內發展出民主和法治；可是，如果民主和法治是普世追求的價值，問題就變成：如何改變橘子樹的體質，變成可以長得出蘋果？關鍵所在，還是華人社會的基本體質，而不是中央執政的 CCP。如果 CCP 垮台，依然會是中央集權，甚至可能退化為更保守極端的獨裁或毛式政權。[22] 也就是，政權更迭，民主和法治依然遙遙無期，因為中央集權、一黨專政等，和民主法治更是直接牴觸。所以，比較有意義的考量，是先試著辨認出社會主要的驅動力（major driving forces）。然後，分析這些驅動力量對社會基本結構的影響。

---

[20] 關於文化之間的比較，Nathan（1993）清楚的指出一些值得注意的事項。

[21] Peerenboom (2006, p.59) indicated that, "Personally, I agree that the most likely path to political reform is to establish rule of law without democracy. Democracy is not a feasible political option, and even if it were, now is not the right time."

[22] Diamond (2006, p.82) argued that, "In the next decade, the alternative to rule by a restrained, reformed (and quite possibly renamed) Communist Party is more likely to be a right-wing nationalist dictatorship than an electoral democracy at the national level."

伍、兩岸三地經驗

上述的論述,主要是理論上的分析;所依恃的材料,是歷史性的回顧。在此將利用兩岸三地(香港、臺灣、PRC)的經驗,藉著具體的事例,希望能為前面的理論架構,提供具體的血肉。

一、兩岸三地

香港的法治經驗,極其特別。1997年回歸之前,長期是英國的殖民地。大英帝國在海外殖民,已經有幾百年的歷史;因此,早已經發展出一套固定的治理模式,在香港只是依樣畫葫蘆而已。政治上由英國派出總督,高級文官也都是由英人擔任。本地的菁英,只能擔任初級到中級的官員。諮詢式的議會,只是聊備一格,並沒有政黨政治的形式或內容。

在司法上,港英倒是把英國的司法制度,移植到香港。經過一世紀的運作,「法治」（rule of law）的作法,已經形成傳統;無論官員或一般民眾,都能體會、並且支持法治的精神。不過,香港的法治,也不是一蹴可幾。英治早期,官員貪污的情形很普遍;1974年,新任港督麥理浩爵士（Crawford Murray MacLehose, Baron MacLehose of Beoch）就職,成立廉政公署（Independent Commission Against Corruption, ICAC）查緝貪污。因為有女王的支持,加上港督本身不受地方利益牽制;因此,辦了幾個重要案子之後,吏治逐漸澄清。對於司法獨立,廉政公署發揮了極其重要的作用。簡單的說,香港有法治,是因為港英治港,而且有很長一段時間;香港沒有民主,是因為過去沒有民主的傳統,而港英也沒有把英國的民主制度、移植到香港。

臺灣在民主發展上的經驗,也很特別。1949年中華民國政府(ROC)由大陸遷到臺灣,實行一黨專政。經濟方面突飛猛進。經濟上的中產階級形成之後,轉而要求政治上的權利。從1950年起,就已經實施地方自治(各級選舉)。但是,1987年黨禁解除後,人民才可以自由組織政黨。

1990年左右,社會自由開放的風氣吹進校園。在「校園民主化」的大旗之下,各大專院校通過辦法,以選舉的方式產生系主任、院長和校長等學術主管。和過去由上級指派的方式相比,新作法當然有很大的差別。小範圍裡直接選舉,老師們自然而然循舊有的思想模式因應(Lin, 2001),也就是依人際關係形成派別。黑函、傾軋、對立、耳語等等,充斥許多校園。兩個極端的例子,可以稍稍反映當時的氣氛。有一位女性教授,被匿名函指責「偷學校的衛生紙回家用」。還有,一位競選醫學院院長的候選人,被匿名函指責有婚姻暴力。結果,在一個公開場合,他要自己讀國中的兒子上台證明,他在家裡並沒有打太太。

校園民主的結果,引發同事之間的對立,對學術發展更造成不利的影響。因此,2000年左右,各校都開始調整直接選舉的作法。這個過程,和整個社會的民主沒有直接的關聯;但是,卻生動的反映了,一旦民主的形式由外直接置入時,華人社會自然而然的反映——循關係形成派系,爭取資源。

香港的法治和臺灣的民主,剛好和中國大陸經濟發展對關係的影響作一對照。1978年前後,PRC確定了發展市場經濟的路線。經濟快速成長,對關係的影響如何呢?就商業性活動而言,交易成本主要有三種:搜尋、議價和踐約(Coase, 1988)。1982年《契約法》實施,契約的不確定性下降,踐

約的成本下降。因此，藉關係處理履約問題的需要，自然也減少（Landa, 1998）。但是，這也意味著，企業家可以擴充接觸的範圍和經營的規模；透過關係，可以減少搜尋和議價的成本。因此，至少短期來看，關係的需求和重要性可能不減反增。[23]

　　對於一般社會大眾而言，經濟發展對關係的影響，也有兩種。一方面，經濟活動愈進步，關係的空間和重要性下降——到傳統市場買東西，關係有幫助；到大賣場或百貨公司買東西，關係不重要。另一方面，經濟發展和都市化，使一般人的生活空間大幅擴充。在生活、工作、就業、求學、婚姻等諸多方面，關係所能發揮的空間比以前大得多。因此，至少在經濟持續成長、社會結構還沒有定型之前，關係在一般人生活裡的重要性，增加的可能性大，降低的可能性小。

二、啟示

　　結合以上理論的考量和實證上的材料，對於中國大陸的民主和法治，可以得到一些啟示。

　　首先，香港的法治，是特殊時空下的產物。在 PRC 境內或其他華人社會，不容易複製或模仿（臺灣曾被日本統治五十年，並沒有留下日本的法治傳統）。但是，對於法治，PRC 事實上積極的推動，有幾點主要的理由：法治程度提高，行政效率提高（Peerenboom, 2002）；面對外在（國際競爭和跨國經濟活動、加入 WTO 等）和內在（經濟發展）的需求，

---

[23] Gold el al.（2001）裡所有的作者，除了一位之外，都認為關係的重要性將上升。Guthrie（1998）一直認為，關係的重要性會下降。

PRC必須提升法治水準。此外,文獻上忽略的一點:鴉片戰爭以來,華人社會受帝國主義勢力壓迫;PRC正成為世界強權,希望成為現代化國家,以洗刷過去幾個世紀的恥辱。和西方先進社會齊頭並進、並駕齊驅,是PRC領導階層和一般民眾的心聲;追英超美,當然也隱含典章制度的現代化,包括法治。因此,理想的法治還遙遙無期,討論CCP和理想的法治,大致上是益智遊戲,和實際發展關聯不大。不過,PRC法治程度的逐漸提高,是很明顯的趨勢。[24]

其次,對PRC而言,全面的民主(即使只是形式),不會在短期內出現。原因很簡單,CCP基於對權力掌控的考量、以及民主含有濃厚的不確定性。還有,PRC社會還不具備支持民主的條件,民主也不是社會大眾目前所急於追求的價值。然而,臺灣民主發展的經驗,有很珍貴的參考價值。

具體而言,臺灣是華人社會的縮影,典章制度和思惟架構,都受傳統華人社會的影響。一黨專政的經歷,和PRC裡CCP的執政無分軒輊。因此,發展的軌跡很類似。當PRC的經濟持續成長之後,社會大眾的經濟資源愈來愈多,各種群

---

[24] Peerenboom (2002, 2006) 認為,PRC正逐漸發展出一種薄弱的法治 (a thin theory of rule of law)。Peerenboom (2002, p.3), "A thin theory stresses the formal or instrumental aspects of rule of law—those features that any legal system allegedly must possess to function effectively as a system of laws, regardless of whether the legal system is part of a democratic or nondemocratic society, capitalist or socialist, liberal or theocratic." Peerenboom (2002, p.3), "In contrast to thin versions, thick or substantive conceptions begin with the basic elements of a thin concept of rule of law but then incorporate elements of political morality such as particular economic arrangements (free-market capitalism, central planning, etc.), forms of government (democratic, single party socialism, etc.), or conceptions of human rights (liberal, communitarian, "Asian values," etc.)."

體的利益逐漸形成（包括城鄉企業、國營企業、專業團體、不同地理區域、以及廣大的人民群眾等等）。經濟權利受到承認和保障之後，慢慢的會要求政治權利。這些慢慢蓄積而成的能量，將會是推動民主的主要力量——即使對臺灣而言，民主和法治都還不算是成熟穩定。

當然，對政治權利的追求，必須透過某種過程；這個過程所涉及的摩擦和紛爭，除了由政治過程來處理之外，相當程度上是由司法體系分擔負荷。因此，PRC 的司法體系愈健全，將愈能面對民主發展過程中的各種陣痛。

陸、結論

對於華人社會（特別是 PRC）的民主和法治，文獻上有很多討論。學者們通常強調 PRC 的政治結構，特別是和 CCP 的關聯。本文嘗試從一個不太一樣的角度著眼，希望能烘托出新的面向，添增新的體會。

具體而言，本文由華人社會的關係著手，從社會結構的個體基礎（micro foundation）出發，分析民主和法治的意義。而且，把關係、民主和法治看成是三種機制（mechanism），探討三者之間的關聯。主要的發現有兩點：第一，經由漫長的演化過程，華人社會形成一種雙元的結構：中央是單一權威、帝制，基層是「家—倫常—關係」。第二，關係是一般人自求多福的工具，主要處理片段、微小的利益。關係所發揮的功能，和民主法治所發揮的功能，有相當的距離。而且，在「家—倫常—關係」結構裡，關係的性質並不足以支持民主和法治。

本文的探討和發現，有幾點意義：對於關係和民主法治作對照分析，可以更清楚看出民主法治在華人社會的意義。而且，由臺灣和香港的經驗裡，也可以體會到，在 PRC 發展民主和法治的可能性、以及潛在的問題。關注 PRC 民主和法治的進展時，比較容易有合理的期待（Peerenboom, 2002）。此外，由關係探討民主和法治，是研究民主法治問題新的方向；把關係的研究提升到探討民主和法治，則是擴充了關係研究的範圍。這兩方面，顯然都還有很大的發展空間。

　　譬如，兩個具體的研究課題，兼具理論和實務上的興味。第一，PRC 已經在村級領導這一層，進行選舉。那麼，投票時，村民們主要受哪些因素的影響？關係的重要性有多少，和臺灣的情形很類似嗎（Bosco, 1993）？對於推動其他（更高）層次的選舉，這個研究顯然非常重要。第二，前面的分析指出，PRC 經濟和法治的發展已經有二十餘年，但是關係的重要性似乎有增無減。關係在目前的樣貌（configurations）、結構（composition）和發揮的功能，可能和過去有相當的歧異（Wilson, 2002）。對關係的演變作進一步的分析，顯然能更精細的捕捉社會變化的脈動。

　　總而言之，民主和法治，是西方社會發展出自求多福的工具；關係，則是華人社會發展出自求多福的工具。因為環境條件不同，這兩類工具有不同的內涵，也發揮了不同的功能。本文嘗試在這兩類工具之間，進行比較分析。希望能增進對這兩類工具的了解；對於這兩類工具之間轉換變化的可能性，也希望能有初步的體會！

第四章
公地、逆式公地、和兩者之間

壹、前言

經濟學的文獻裡,「草原的悲劇」或「公地的悲劇」(tragedy of the commons; Hardin, 1968) 廣為人知;Heller (1998) 提出「逆式公地」(anti-commons) 後,引發諸多後續的研究。[1] 如果把財產權的結構看成一個光譜,逆式公地的概念,等於是在這個光譜上標出一個新的座標點。一方面,經濟和法律學者由此注意到,一種過去受到忽視、新的財產權結構;另一方面,透過對照和比較,對於光譜上其他的點,可以有更為清楚而深刻的體會。

對於逆式公地的探討,已經有許多可觀的成果;然而,本文將論證,關於逆式公地的概念,其實還有許多混淆不清的地方。重要的原因之一,是在 Heller (1998) 的論文裡,對於性質不同的問題,都以逆式公地這個概念來涵蓋。具體而言,莫斯科店鋪大門深鎖和印第安保留地多人持有,雖然都隱含資源未盡其用;然而,店鋪不得開張,是管制體系的

---

[1] Heller 也指出:在 Michelman (1982) 的文章裡,就已經提出「逆式公地」這個概念,他只是援用而已。事實上,Michelman 早先的論文,並沒有引起太多注意;Heller 諸多生動的例子,有助於引發後續諸多討論。

問題,是資源(店鋪營運的權利)還沒有得到司法體系的認可和支持。印第安保留地不能有效利用,則是因為共同持有人太多;財產權界定的本身,則是清楚明確。問題的表象也許類似,但是根本的性質卻並不一致。因此,本文的第一個目標,是希望釐清逆式公地的意義,並與公共經濟學理相關的概念(如共有資源和競租)相結合。[2]

其次,在探討逆式公地的文獻裡,Buchanan & Yoon(2000)具有里程碑的地位。他們率先提出具體模型,論證公地和逆式公地的對稱性。[3] 然而,文中所提出的模型,主要是觀念上的論對,在現實社會裡不容易想像。[4] 而且,本文將說明,分析公地和逆式公地的模型,如果利用 Buchanan & Tullock(1962)這本經典著作裡的架構,將更為真實、更有說服力。最後,公地和逆式公地,是財產權光譜上兩個特殊的點;這兩個點,都意味著資源運用的效率不佳。然而,在光譜上,事實上還有其他的點[5];大千世界裡,公地和逆式公地其實是少數特例,而不是常態。原因很簡單,資源運用不理想,就意味著有改善的空間;而改善的空間,就隱含著有

---

[2] Parisi et al. (2005): "Despite the growing significance of the concept of the anti-commons in both economic theory and law and economic scholarship, the notion still lacks a generalized formalization in the literature."

[3] 後續的模型分析,包括 Schulz et al.(2002)和 Parisi et al.(2004, 2005)等。

[4] Parisi et al. (2005): "the far-reaching symmetry... exists only on conceptual level."

[5] 在公地和逆式公地之外,文獻上也出現對「半公地」(semi-commons)的探討;譬如 Fennell(2011)和 Smith(2000)。半公地主要是指,在私有財和公有財之間,有某種交會處或交互運作的範圍(interacting private and common property uses)。這本身是個有趣的議題,但與本文沒有直接的關聯。

利可圖。因此,聰明的企業家和競租者,總會試著掙脫困境,自利利人。

具體而論,在真實世界裡,即使是在莫斯科,還是有許多店鋪照常營業。而且,本文將論證,掙脫逆式公地束縛的方式之一,是利益均霑;讓眾多管制者都有甜頭,人人有好處,一路過關斬將。因此,在公地和逆式公地之間,這可以說是一種介於兩者之間(the in-betweens)的現象。不像公地或逆式公地,資源並沒有耗損或棄置;但是,資源運用的情況,並非最佳(first-best)、而是次佳(second best)。此外,本文將利用真實的數據資料,描繪「兩者之間」的樣貌(configurations)。透過探討「兩者之間」的現象,不但有助於釐清逆式公地的性質,而且有利於探討相關的政策涵義。

簡單地說,本文有三個主要的論點:第一,逆式公地的概念所涵蓋的諸多現象,性質並不相同,值得釐清。第二,Buchanan & Yoon(2000)的模型,不能有效反映真實的世界,和逆式公地的現象其實有一段距離;援用 Buchanan & Tullock(1962)的模型,不但更恰當,也更有說服力。第三,真實世界裡,「兩者之間」的現象,在理論和政策涵義上,有更多的關注,也有許多進一步探討的空間。本文的結構如下:第二部分「逆式公地:現象和性質」將釐清逆式公地的意義,並且做適當地分類。第三部分「模型的是非」裡,則是先指出 Buchanan & Yoon 模型的缺失,然後援用較早的 Buchanan & Tullock 模型。第四部分則是介紹「兩者之間」(the in-between)的概念,並且引用真實的事例來佐證;並且,進一步考量相關的政策問題。最後則是結論。

貳、逆式公地：現象和性質

無論是「公地悲劇」或「逆式公地」，這兩個概念的來源，都是對真實現象的觀察；而後，由現象萃取出理論上的體會。在 Heller（1998）及引發的文獻中，有很多關於逆式公地的實例。在此將先列舉這些實例，而後分成兩大類；再針對兩大類別進一步的分析。並且，辨認出不同類別在性質上的差異，以及資源配置上所對應的問題。

在 Heller（1998）一文裡，先提出莫斯科門窗緊閉的店鋪；而後提到印第安保留區，土地為多人持有，經過幾代共同繼承之後，共同持有人可能有幾百人之多。此外，也提到老舊公寓要改建，但是有些長期住戶拒不同意。Heller & Eisenberg（1998）則提到生化科技裡，專利之間可能有先後從屬的關係；眾多持有人如果不能整合，就無從把專利進一步地商業化或市場化。Buchanan & Yoon（2000）裡的幾個主要實例：要在一個停車場停車，可能同時需要得到兩張（或更多）的許可；遊樂區要取得營業許可，要得到不同管制單位的許可。還有，大樓／社區的管理委員會，運作上可能會陷入僵局。此外，臺灣地區裡，某些祭祀用地（宗廟、祠堂等）是共同持有。幾代之後，共同持有人大幅增加；面對都市化，在改建、出售或變更用途時，往往有難以克服的困難。[6]還有，大專院校某些系所的聘審委員會裡，申請人必須經過三分之二或更嚴的尺度表決通過，才能獲聘。因此，三分之一或更少的人，等於是形成否決權；這種做法，往往讓某些

---

[6] Filipe et al.（2007）描述，在葡萄牙也有類似的情況：經過繼承，財產的共同持有人增加。

系所長期無法晉用新人。

這些現象,都涵蓋於逆式公地這個概念之下;然而,稍稍琢磨,其實可以簡單地分為兩類:第一類,基本的產權／權利,已經界定得很清楚明確,如印第安保留地;第二類,基本的產權／權利,並沒有明確界定、且得到司法體系的支持,如莫斯科未開張的店鋪。以下,將以這種劃分為起點,進一步探討這兩類逆式公地性質上的差異。

一、逆式公地和共有資源

第一類的逆式公地,是在基本的產權／權利上,已有明確清晰的界定。這個類別包括:印地安保留地、公寓／社區住戶、祭祀公地。這些事例的共同特性,是涉及的人數往往比較多;當然,多和少是相對的概念,一塊保留地／祭祀用地,可能為二百人共同持有;一個五樓公寓,可能有二十戶住家。保留地／祭祀用地可以開發或出售,公寓大廈可以蓋改建或出售;因此,都有潛在的利益,可以被攫取和實現。然而,因為涉及的人多,所以等於是面對提供「公共財」(public goods)的問題。問題的關鍵,是人多、是集體行動的邏輯和難處(the logic of collective action; Olson, 1965)。

這種問題其實和「共有資源」(common pool resources,CPR)的問題,有一些共同點。文獻上關於共有資源的討論非常多,譬如 Libecap(1989)裡提到:美國加州外海的沙丁魚漁場、德州石油開採公司;還有,Ostrom(2003)裡的例子:捕鯨船如何分配獵物,美國西部地區如何分配水資源。處理共有資源時,有些成功,有些失敗。[7]

---

[7] 觀念上,共有資源和草原的悲劇,似乎比較容易連結。然而,精確一點

由此可見，第一類逆式公地和共有資源的問題，相同之處就是：有潛在的共同利益，可以合作攫取而互惠；然而，因為人數多，所以協商溝通和踐約（enforcement）的成本高昂。結果，許多潛在的利益，最終並沒有被攫取和實現。[8] 因此，第一類的逆式公地，可以表示成「共有資源型逆式公地」（common-pool resources type anti-commons; CPR type）；由共有資源的角度，很容易掌握第一類逆式公地的性質、以及問題所在！

二、逆式公地和競租

第二類的逆式公地，包括 Heller 的莫斯科店鋪、Buchanan 1999 在義大利聽到的遊樂區開發案等等。根據兩人的描述，在這些情境裡，資源的運作需要得到很多單位的同意；只要有一個單位不核准，整個計畫便受阻，就會產生資源棄置的結果。因此，等於是每個單位都有否決權，都可以排除任何人使用資源（exclusive rights）；和公地悲劇下人人可以使用資源，正好對稱，結果也是資源運用的不效率。

Heller 和 Buchanan & Yoon 的解釋，只是表面上的理由；

的描述是：共有資源被耗盡，就是草原的悲劇；共有資源被低度利用、或沒有發揮潛在的效益，就可能是逆式公地。可見得，無論是草原的悲劇、逆式公地、或共有資源，本質上都有「公共財」的成分。

[8] 在探討「共有資源型」逆式公地時，Fennell（2011）引述了 Libecap 關於油田的研究（地表土地私有，地下油田相連）。此外，在 Schulz et al.（2009）裡，列舉了五個實例，並且以數學模型探討兩種情境：一、財產（所有）權為不同人擁有；二、單一主人。他們證明：當財產為不同人所擁有（fragmentation），資源運用的效率較差。這五個實例，都是財產權明確界定，雙方獨占（bilateral monopoly）或多邊獨占（multiple monopoly）的情形，也就是文中所描述的共有資源型。此外，他們也指出，財產法的一些法原則，例如時間年限（time limits）和長期棄置（rules of extinction for non-use），都是避免財產權過度支離破碎的對策。

而更深刻且有趣的解釋，是由競租（rent seeking）的角度著眼。層層管制者，既有核准與否的權力，當然可以藉機會要脅。因此，莫斯科的大街上，有些店鋪沒有開張營業，更合理的解釋，是有權管制核准的單位太多，需索太多；對於潛在的經營者而言，要付的過路費太多，金錢和時間的成本太高，乾脆不走這條路，另闢蹊徑。Heller提到，大門緊閉的店鋪不遠處，在空地上往往有臨時性的帳篷，生意鼎盛，人氣旺盛！[9]

簡單地比較兩種情況，就可以琢磨出曲折所在：在大馬路旁開店，申請核准的過程裡，要打點許多單位，耗費可觀的人力物力；開始營業之後，這些單位可以三不五時找碴需索。相形之下，在空地的臨時建物裡營業，只要應付兩種力量：管區警方和黑社會老大；只要按時孝敬黑道和白道，就可以開門營業賺錢。兩相比較，在很多情形下，後者可能是較好的選項。對於管制單位的官僚而言，面對申請案件，基於自己的利益，當然要藉機會要錢或其他好處；個個單位如此，等於是竭澤而漁，最後無漁可享。抽象來看，其實這正是「公地悲劇」——人人放羊吃草，最後草原消失，無羊可放！也就是，至少在某些情形下，管制者人人需索，最後嚇跑一些人，收賄的機會（共有資源）從此消失。

---

[9] 競租最早的文獻，是Krueger（1974）、Tullock（1967）和Bhagwati（1982）；這些研究，都和開發中的社會有關。開發中的社會，政府法令和管制多如牛毛；對於官僚而言，剛好是可以上下其手的機會。二次大戰前，Tullock曾在天津的美國領事館服務；對於華人請託的現象，Tullock（1989, pp.92, 93）表示："At the time... I thought this was corruption. I would now say it was rent seeking."; "[W]hat I observed, then, was a society in which there were diligent people interested in improving their well-being, but with the idea of doing it by developing personal connections with people of power"。

因此,問題的關鍵,是運用資源的條件(權利),並沒有得到正式司法體系的支持;資源的運用,只能以沒有效率、隱晦的方式進行,並且得到非正式司法力量的支撐。在文獻裡,事實上早有類似的討論,只是沒有援用「逆式公地」這個名詞。兩個例子,可供參考:de Soto(2002)的名著《資本的祕密》裡,描述在秘魯首都利馬,因為註冊登記的手續過於繁瑣費時,所以許多經濟活動都是以地下經濟的方式進行。North(1990)裡描繪,西班牙在中世紀裡,各種名目的稅負太多,僧侶、學生和公務員變成吸引人的職業。

　　由此可見,這一類的「逆式公地」,本質上其實是競租問題。由競租的角度,更容易掌握問題的關鍵,在以下的論述裡,將把第二類逆式公地稱為「競租型逆式公地」(rent-seeking type anti-commons, RS type)。[10]

三、貌似而神異的逆式公地

　　前兩個部分分別界定了「共有資源(CPR)型」和「競租(RS)型」逆式公地。在這一部分將先比較兩者性質的差異;而後,再歸納出兩者外觀上的共同點,作為之後模型分析的基礎。

---

[10] Fennell(2011)認為:"The anticommons is an assembly problem, nothing more and nothing less"。在「共有資源型」逆式公地的情形裡,這句話也許大致成立;但是,對於「競租型」逆式公地而言,這句話卻大有問題。此外,Buchanan & Yoon(2000)指出,公地和逆式公地之間,具有「對稱性」(symmetry)。根據本文的解釋,兩者其實不是對稱;兩者都是竭澤而漁,因此在本質上,其實是完全一致的(identical)。在這種意義上,Heller 以逆式公地描述莫斯科的景象,其實是有混淆名詞之嫌。人人索賄,終至賄賂這種共有資源消失不見,正是不折不扣「草原的悲劇」。然而,約定成俗,所以本文也以逆式公地名之,但是界定為「競租型逆式公地」。

首先,重複前述的重要體會:共有資源型逆式公地,以印第安保留地為代表,產權的界定很明確。問題的關鍵所在,是資源為許多人共同持有;因此,雖然有潛在的利益可以攫取(例如,開發或出售),因為交易成本(協商和踐約)太高,所以無法實現。問題的性質,是集體行動的特性和積累,是處理公共財時常有的現象。[11] 另一方面,競租型的逆式公地,以莫斯科未營業的店鋪為代表。問題的表象,是產權(經營店鋪的權利)還沒有得到公權力的支持,資源處於閒置或棄置的狀態。問題的性質,是管制單位行政效率不高,是司法體系運作還沒有上軌道。

兩相比較且稍加思索後,就可以發現:隨著經濟發展,行政效率會慢慢增加,司法體系也會漸上軌道;競租型逆式公地的現象,將會逐漸減少,乃至於幾乎消失不見。因此,這是一種階段性的現象,在經濟高度發展的社會非常少見。然而,共有資源型逆式公地,主要問題在於公共財和集體行為的性質。無論經濟發展的程度如何,問題的性質並不會改變。表象容或不同(保留地開發、宗祠用地出售、公寓大廈改建等等),問題的本質卻是一致。

其次,Heller(1998)裡,是以莫斯科店鋪為逆式公地的典型;然而,公地店鋪的(潛在)擁有者,是店主或承租戶,而不是眾多管制單位。眾多管制單位,只有審查核可的權利,他們並不擁有店鋪(經營)這個資產。因此,以(逆式)公地這個名詞,來描述這種情況,事實上違反一般對財產/產權的用法。相反的,如果以本文上面的分析,把申請者的各

---

[11] 關於這一點,Demsetz(2011)裡有詳細的論證。

種好處和賄賂，視為管制者們的共有資源；在專有名詞的運用上，將更符合一般的用法。而且，也剛好可以呼應：「共有資源型和競租型逆式公地之間，彼此對稱」。印地安保留地的眾多地主，協商等交易成本高，無法有效運用共有資源（土地）；管制單位眾多，協商等交易成本太高，無法有效運用共有資源（賄賂這塊餅）。還有，賄賂這個「共有資源」，以公地（commons）來描述，更契合公地的精神。

再其次，一個問題有很多面向，而概念的作用，是幫助分析問題。把逆式公地分為兩類──共有資源型和競租型──只是希望突顯不同的重點。事實上，兩者之間彼此相通，互相涵蓋。共有資源型的問題，也可以由競租的角度來闡釋：保留地開發，就是希望攫取且實現更多的經濟租。相反的，競租型的問題，也可以由共有資源來闡釋：管制單位之間協商成本太高，各自需索，結果竭澤而漁；導致店鋪鐵門緊閉，潛在的財源耗竭。[12]

最後，是關於兩種類型逆式公地之間，在外觀上的共同性（observational equivalence）。精確地說，在兩個層次上，是形同而神異──外觀相同而原因不同。第一個層次，是莫斯科店鋪型的逆式公地。造成大門緊閉，至少有兩種可能的原因，一是管制單位競租，潛在的業者不堪其擾，另求發展；一是 Heller 和 Buchanan 等人的看法，管制單位眾多，個個都有實質上的否決權；申請程序耗時太久，業者另謀出路。在真實世界裡，兩者（或兩者的某種組合）各占有多少比重，

---

[12] 同樣的精神，Posner（2006）表示，習慣法裡一般分為契約法、財產法和侵權法。只要闡釋得宜，契約法的問題，可以轉化為財產法或侵權法的問題。

當然是一個實證問題。[13] 第二個層次上，是共有資源型和競租型的逆式公地，外觀上都是資源低度利用，都是因為一票否決。Heller（1998）以逆式公地這個概念，**囊**括這兩種現象，本身就是最好的說明。然而，如前所述，這兩種現象外觀上似乎類似，其實問題的性質不同；一個主要是共有資源的問題，一個主要是競租的問題。而且，精細一點的描述是：共有資源型逆式公地的問題，是資源運用較好，較有效率的情況「沒有出現」——即印地安保留地的例子；競租型逆式公地的問題，是可用資源被耗竭，可貴資源「已經消失」——即莫斯科店鋪的例子。

參、模型的是非

上述文章中，將逆式公地分為兩類：共有資源型（CPR-type）和競租型（RS-type）。根據這種劃分，在此將先評析 Buchanan & Yoon 的模型，指出潛在的缺失；而後，引用 Buchanan & Tullock 早先提出的模型，進而論證：較早提出的這個模型，其實更能捕捉逆式公地現象的精髓，包括共有資源型和競租型！

一、Buchanan & Yoon 模型的評析
（Critique of the Buchanan & Yoon Model）

對於逆式公地問題，Buchanan & Yoon（2000）最早提出具體的模型，具有指標性、里程碑的地位。他們的故事，基本如下：停車場原為一人所有，停車必須付費取得許可證（parking permit）。而後，停車場為兩人所有，停車必須同時取得兩人

---

[13] 關於這個問題，下面會有進一步的分析，也會有相關的實證資料。

的許可（紅色和綠色停車證），也就是兩人都有否決權。兩人在訂最適價格時，成為 Cournot-Nash 狀態。而後，當有權發停車證的人數增加時，每人能收到的費用將降低，能收到的停車費總額也將下降，甚至趨近於零。相對的，公地悲劇裡，牧羊的人增加，能吃到的草下降，最後草原消失。因此，他們認為，逆式公地和公地這兩種現象，是一種對稱（symmetric）的情境。

Buchanan & Yoon 模型的優點，是簡單明確。然而，模型有一些潛在的問題，值得指明。首先，模型的關鍵，是有權發停車證的人數增加時，停車費的價格和營收下降；主導力量（driving force）其實是人數，而不是這些人具有否決權（veto power）。譬如，入場停車毋需付錢，但是要經過起降的門檻；當門檻愈來愈多，出入所耗的時間增加。即使免費，最後願意入場停車的人也會減少，乃至於趨近於零。在共有資源型逆式公地（印第安保留地）裡，主導力量是人數增加時，協商成本快速增加。而且，共有資源型逆式公地的情境，是人數多，不容易經由協商而取得協議。每個人在取捨自己行為時，未必會把其他人的利益納入考慮。結果協商不成，大家均蒙其害。然而，Buchanan & Yoon 的模型求解時，是援用 Cournot-Nash 的精神，也就是每個行為者取捨時，都把其他人的舉止納入考量；模型的解，是合作賽局（cooperative game）的最適解，大家會同蒙其利，而不是同蒙其害。因此，精確地說，對於共有資源型公地，Buchanan & Yoon 的模型並不能捕捉其精髓。

其次，在 Buchanan & Yoon 的模型裡，有權發停車證人數趨近於無限多時，停車證的價格趨近於零。可是，在任何一個給定的情形下，對車主而言，需要取得幾張停車證、價

格是多少,卻是明確的資訊。觀念上,對車主而言,同時取得(simultaneously)或先後取得(sequentially),沒有實質上的差別。然而,對競租型逆式公地而言,店鋪的屋主或承租戶要取得營業執照,申請時所要面對管制單位的數目,可能明確,也可能不明確——申請過程中可能橫生枝節,被要求必須符合額外的條件。無論如何,各管制單位的審核尺度,以及檯面下所要求的「通行費」,卻未必明確。而且,申請的過程往往是有先後次序的;前面核准通過,未必隱含後面也會審核通過。因此,過程中充滿資訊不對稱和不確定性。

更重要的差別是停車場/證的例子裡,有證就可以出入,沒有裁量權(discretion)的問題。在店鋪申請執照的情境裡,申請人面對的事實上是雙軌制:形式上,是法規上的審查;實際上,其實是審查者本身的好惡(和利益)。裁量的空間很大,也正是問題的關鍵所在。關於這一點,下面會有進一步的分析。重點是,在競租型逆式公地(莫斯科店鋪),主導因素是管制者人人要收過路費,人人有否決權。因此,仔細考量對於競租型逆式公地問題,兩位作者的模型也不足以反映其核心。[14]

簡單地說,和真實世界裡的逆式公地情況相比,無論是競租型逆式公地,或共有資源型逆式公地,Buchanan & Yoon 的模型都有一段相當的距離。[15]

---

[14] Buchanan & Yoon 模型的選擇變數,是價格;競租型逆式公地的選擇變數,是核准與否。兩者之間,性質不同。當然,相形之下,這個差異並不特別重要。

[15] Buchanan & Yoon 模型裡的停車費,如果解釋為管制單位所收的賄賂,模型的精神就接近「競租型」逆式公地。但是,在他們的模型裡,「經濟租」只有當人數趨於無限大時,才會消失。另一方面,在「競租型」逆式公地裡,只要索賄的官僚夠多,「經濟租(賄賂這塊餅)」就可能消失。

二、Buchanan & Tullock 模型的應用
（Application of the Buchanan & Tullock Model）

以模型來探討逆式公地，必須要能捕捉逆式公地主要的兩點特質：對於資源運用，採取特殊的決策規則；資源運用的結果，是一種不理想、低效率的狀態。

在 Buchanan & Tullock（1962）這本經典之作裡，作者在第六章介紹處理公共事務的遊戲規則。下列圖 1-5 是決策成本，圖 1-6 是外部成本。[16] 橫軸上的 N，是人數；$\overline{N}$ 則是群體的總人數。0 和 $\overline{N}$ 之間的數字，是表示表決規則所隱含的人數；譬如，$1/2\ \overline{N}$，表示簡單多數決，$\overline{N}$ 則是全體一致決。

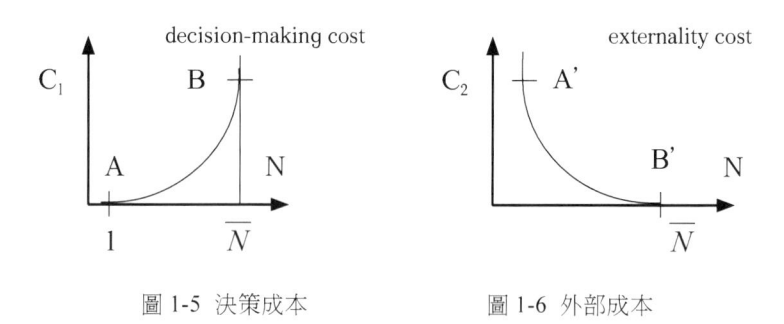

圖 1-5　決策成本　　　　圖 1-6　外部成本

從圖 1-5 可以看出，表決規則愈嚴，決策成本愈高；從圖 1-6 可以看出，表決規則愈嚴，公共選擇造成的外部成本愈低。利用圖 1-5 和圖 1-6，可以輕易、而且清楚明確地標示出公地和逆式公地的情境。在圖 1-5 裡，A 點表示，任何一人都可以做決定，通過議案。這是「一人規則」（any person

---

[16] Buchanan & Tullock (1962, pp. 65, 70).

rule），而決策成本趨近於零。B 點表示，表決規則為全體一致決（unanimous rule），溝通協商的成本很高。在圖 1-6 裡，對應 A 點的是 A'；「一人規則」之下，任何人都可以運用資源，結果外部成本很高。圖 1-6 裡，對應 B 點的是 B'；「全體一致決」之下，不會通過不利於自己的決策，因此外部成本為零。

公地悲劇和逆式公地，就可以由 A 和 B、以及對應的 A' 和 B' 來表示。A 是一人規則，任何人都可以運用資源；也就是，任何人都可以牧羊吃草，不受限制。結果，草原耗竭，悲劇造成，外部成本高昂（A'）。B 是全體一致決，所有人通過才能運用資源；也就是，人人都有否決權，讓資源無從運用。結果，資源原封不動，低度利用，正是莫斯科店鋪和印第安保留地的寫照。因此，關鍵所在，就是體會到：人人都有否決權，本質上就等於全體一致決。

由此可見，Buchanan & Tullock 的模型，更適合用來分析公地和逆式公地的問題。逆式公地的特性，是人人都有排他權：人人可以排他否決，等於是全體一致決；而全體一致決，協商成本高昂，這點由圖形中可以清楚地看出。而且，逆式公地的另一特性，是資源運用效率低落。圖 1-6 顯示，當表決規則是全體一致決時，不會有外部成本；資源不會被消耗，而是被閒置棄置。此外，Buchanan & Yoon 的模型裡，$\overline{N}$ 趨近於無窮大，才得到逆式公地的結果。在 Buchanan & Tullock 的模型裡，$\overline{N}$ 可以是任何正數（10 或 20）。關鍵所在，是全體一致決隱含高昂的協商成本。Buchanan & Yoon 的模型，似乎反而忽略了公共選擇的智慧結晶；相形之下，Buchanan & Tullock 的簡單模型，事實上一針見血地捕捉了公

共選擇／共有資源／逆式公地的精髓。[17]

　　進一步考量，依前面的分類，把逆式公地分為「共有資源型」（CPR-type）和「競租型」（RS-type）；那麼，共有資源型所對應的，就是圖1-5的B和圖1-6的B'——每人都有否決權，就是全體一致決。相形之下，競租型所對應的，就是圖1-5的A和圖1-6的A'——管制者個個需索，結果「賄賂」的這個草原終至消失。根據這種解釋，Heller（1998）所描繪的逆式公地，其實包含公地（RS-type）和逆式公地（PR-type）。而且，也就包含表決規則的兩種極端：「一人規則」和「全體一致決」。

肆、「兩者之間」的故事（A Story of the In-betweens）

　　以下將先介紹「兩者之間」的意義，再援用實際資料來佐證，最後探討相關的政策涵義。

一、「兩者之間」的定義（Definition of the In-betweens）

　　無論是公地悲劇或逆式公地，都隱含著資源誤用、耗損、閒置、甚至耗竭。然而，真實世界裡，這些並不是常態。以逆式公地而言，前面劃分為兩種類型：共有資源型和競租型。而印第安保留地、宗族祭祀用地、公寓大廈改建，是共有資源型

---

[17] 在Buchanan & Brennan（1978）裡，論證專款專用（earmarked taxes）的好處，是民眾至少可以得到某些公共服務。Hsiung（2003）則主張，專款專用其實是像艘艇的防水艙（watertight compartment）；一個地方（預算項目）出問題，不會危及整艘船艦（整個預算）。對於吞鯨般的政府（Leviathan），這種解釋似乎更符合公共選擇的精神。

逆式公地的例子。然而，舉世各國的各個都會區裡，公寓大廈改建更新的例子，比比皆是。[18] 只要有利可圖，只要法治環境差強人意，總有企業家會試著攫取且實現潛在的利益。

臺北市仁愛圓環「財神酒店」舊址的例子，雖然有點特殊，卻不算極端，也不少見。1975 年，24 層大廈落成，出售給 306 個持分的業主，原訂計畫是：公司將以五星級大飯店的形式對外營業，並且和幾百個業主簽約承租。然而，因為財務問題，建設公司垮台、倒閉；幾經轉手，都沒能真正開業。結果，有近二十年的時間，大廈無人進駐，一片荒蕪，成為都市景觀中刺眼的一隅。然後，法院裁定解決方案，由幾個律師事務所出面，和幾百個業主（有些已經死亡、地址不明等等）一一聯繫並簽約；經過漫長的過程，整合成功，終於完成產權重整。現在，大樓已經重新裝潢啟用，燈火輝煌。

前面曾指出，共有資源型逆式公地的問題，關鍵是公共財，是集體行動的邏輯；問題的性質，和經濟發展及司法體系沒有直接的關係。相形之下，競租型逆式公地的問題，關鍵是管制者人人想藉機獲利。人人伸手的結果，是竭澤而漁，是殺雞取卵；莫斯科和利馬的現象，是代表性的例子。然而，即使在社會主義國家轉型期，即使在開發中國家，不開張的店鋪和地下經濟，通常並不是居於主導地位。更多的情況，是設法克服處處刁難、人人伸手的層層關卡。

中國大陸確定走資本主義道路之後，情形和社會主義

---

[18] Heller（1998）提到，有時會訴諸於極端的手段；譬如，不願搬走的老年住戶，會「失蹤」或「意外喪生」。

的老大哥蘇聯類似；在中國大陸要開店營業、建築施工等，必須向許多單位申請，得到核准之後才可以進行。有管制，就有上下其手的空間。因此，「雁過拔毛」（A wild goose flying over leaves behind some of its feather）這句成語，就成為指引行為的潛規則：申請各種許可時，向每一個有生殺大權的人，表達適當的禮數；一路送好處，一路過關斬將。結果，事情辦成，皆大歡喜，大家都是贏家。然而，這種潛規則雖然廣為人知，卻不容易由行為上直接觀察得到。送禮的人不會明目張膽、敲鑼打鼓，收禮的人也不會簽收記錄、呈報上級。檯面下的動作，不會攤在陽光下。可是，雖然直接的證據數字不可得，但透過間接的資訊，還是可以體會到雁過拔毛的痕跡。

通過層層審核關卡，需要打通關節；而打通關節，需要適當的工具。在真實世界裡，這類工具往往隱含幾種特性：首先，為申請店鋪營業等等而打點的各個單位，涉及的利益有限；孝敬的利益不會是千百萬之譜；比較常見的利益，是千和萬之間。其次，負責審核的，多半是中低層公務員；用現金當潤滑劑，違法而且難看。最好有其他的媒介，價值明確穩定。再其次，媒介的流通性最好較高，收到手時不是現金，但是可以轉換為現金。

以中國大陸而言，香煙顯然具有這些特質，特別是高價的煙。而且，抽煙的人多，把香煙當禮物，符合風土人情，接受程度高。收到香煙之後，自用送禮兩相宜；比較高價的煙，還可以在回收店裡變為現金。因此，香煙（特別是高價煙）不再只是消費品，而是成為具有貨幣性質的「準貨幣」（pseudo money）或「半貨幣」（semi money）。用來打通

關節,香煙是非常好的工具。結果是回收菸酒的店鋪,在都會區裡幾乎隨處可見。當然,雁過拔毛所隱含的過路費,並不限於香煙美酒;然而,即使只是水面上的冰山,也足以反映這種現象的廣泛性。對於雁過拔毛與盡禮數、準貨幣等問題,當然值得作更深入的探討。

表 1-1:兩岸菸酒價格價目表

品名		香港	臺灣（臺北）	中國大陸（杭州）	中國大陸（南京）
香煙	最便宜	HK$430 雙喜,廣東	NT$500 新樂園	RMB￥25 雙喜,武漢	RMB￥25 大豐收
	最貴	HK$580 中華	NT$950 大衛杜夫紅	RMB￥1000 紅雙喜,廣東	RMB￥1000 九五,南京
	比例（最高／最低價格）	1.35	1.9	40	40
白酒	最便宜	HK$10 九江雙蒸,500ml	NT$269 臺灣玉山,600ml	RMB￥5 38度綿竹大曲,500ml	RMB￥5.2 雙淘大曲42度,江蘇
	最貴	HK$3000 貴州茅台,500ml	NT$489 金門高粱,600ml	RMB￥17800 30年53度貴州茅台,500ml	RMB￥29800 50年53度貴州茅台,500ml
	比例（最高／最低價格）	300	1.82	3560	5731
威士忌	最便宜	HK$75 蘇格蘭威雀,700ml	NT$360 蘇格蘭威雀,700ml	RMB￥135 約翰走路紅牌,700ml	RMB￥126 蘇格蘭威雀,700ml
威士忌	最貴	HK$1199 Glenmorangie 18-years,700ml	NT$2888 皇家禮炮,700ml	RMB￥1230 約翰走路藍帶,700ml	RMB￥1198 約翰走路藍帶,700ml
	比例（最高／最低價格）	15.99	8.02	9.11	9.538
每人所得		US$31462 244,839港幣	US$20145 587,316台幣	US$4501 29,669人民幣	US$4501 29,669人民幣

說明：（1）香煙價格一條十包（200 支）的售價。
（2）白酒和威士忌價格，是 500／600／700ml 裝的售價。
（3）每人所得為 2010 年，分別是香港、臺灣和中國大陸三個地區的資料，12/31 匯率。
（4）杭州和南京的超市對香煙有限價，最高不超過人民幣 1000 元／條。

表 1-1 列出香港、臺北、杭州和南京這四個城市裡，2012 年 1 月底的資料。為了增加比較時的客觀性，煙酒價格都是來自於頂好（Wellcome）或大潤發等連鎖店。在香港和臺北，喝白酒的人少，喝威士忌的人多；在大陸，剛好相反。所以，除了白酒之外，也比較威士忌的價格分布。比較的時間點，是同一週內的價格；轉換為美金的匯率，則是該週的平均匯率。關於煙和酒的比較，有兩點值得強調。首先，體積和重量上，煙比酒占優勢，容易持有和運送。其次，大陸抽菸的人口較多，雖然煙的品牌種類很多，對於價格較高的品牌，都有一定的了解。相形之下，酒的品牌種類和包裝上，歧異更大；價格的辨認和客觀程度上，比不上香煙。因此，就發揮貨幣的功能而言，煙要高於酒。

由表 1-1 中的數字，可以了解幾點資訊。最明顯的，是價格的分布：威士忌價格，三地的情況相去不遠。白酒的價格，在三地的差異很大。然而，在香煙價格上，香港和臺灣的分布很接近；香煙在大陸的價格卻極其寬廣。在絕對的數值上，杭州最低和最高價格，相差為人民幣 975；在相對數值上，最高和最低的比例達到 40。南京香煙的價格，分布也相似。無論數值在絕對或相對的比例上，大陸香煙的價格分布，都遠超過香港和臺灣。而且，三地價格的差距，很可能

要超過表中的數字。就香煙而言，在香港和臺灣，抽煙的人口較少，超市裡賣的品牌，大約就是社會上所能買到的品牌。就大陸而言，表中的價格都是主要超市裡的價格；而超市陳列的商品，主要對象是中產階級。而且，杭州和南京的超市對香煙有限價，最高不超過每條人民幣 1000 元。更便宜和更昂貴的煙（酒），在其他百貨店或煙酒專賣店裡，都有得賣。

眾所周知，兩岸三地之間，經濟發展程度的排序，依次是香港、臺灣和大陸；司法獨立的程度，也有同樣的排序。[19] 這意味著「雁過拔毛」的現象，大陸要比香港和臺灣普遍得多。這種現象，剛好由香煙價格的分布上得到印證：在香港和臺灣，香煙就是香煙，是一種消費品。在大陸，香煙除了是香煙之外，還是一種準貨幣；香煙不只是消費品，還是儲藏和轉換價值的重要工具。[20] 除了煙酒之外，其他的「準貨幣」也所在多有：月餅的提貨券、超市儲值卡、高爾夫球證、各種俱樂部的會員卡等等。當然，這些準貨幣之間，流通性的高低不同。大陸都會區的街角煙酒店大門，往往會標明願意回收（recycle）的項目。此外，在政府官員和司法單位的宿舍附近，這種煙酒店／回收點特別多，似乎間接呼應了「雁過拔毛」的作法——住在這些區域的人，收到煙酒和其他「準貨幣」的機會較多，也需要有回收變現的管道。[21]

---

[19] 三地的比較，參考 Hsiung（2011）。
[20] 中文裡，「煙酒」和「研究」發音接近。因此，「申請案要『研究、研究』」的弦外之音，是「申請案要『煙酒、煙酒』」。
[21] 這個觀察，是浙江大學光華法學院蘭榮杰教授所提出，謹此致謝。此外，對於各種「準貨幣」的探討，本身就是一個充滿興味和有挑戰性的課題。高陽《玉座珠簾》裡描述，進宮請託的人，可以先到附近骨董字畫店裡；依請託事項的重要性（價值），決定要買哪些禮物送給官員。官員收到禮物之後，會依「行規」的價格，把古董字畫送回店裡變現。

總而言之，藉著煙酒和其他的潤滑劑，至少在中國大陸，商業和其他活動得以蓬勃發展。許多資源還是屬於地下經濟，像秘魯利馬的情形一樣；但是，更多的資源浮上了地面，得到行政和司法體系的認可、支持和保護。競租型逆式公地是個例外，而不是常態。常態是雁過拔毛，是在各管制審核單位都有否決權的情況下，一路過關；跨過全體一致決的門檻，在陽光下大展身手。

二、政策涵義（policy implications）

眾所周知，財產權的界定通常是不完整的，總有一些還保留在公領域（North, 1990）。然而，Demsetz（2011）明確指出，分析產權問題時，造成困擾的，往往是沒有把問題界定清楚。如果財產權已經相對明確地歸給個人，那麼共有資源（公共財）的問題，主要是協商溝通等交易成本過高。由以上的分析可以看出，共有資源型逆式公地，問題的關鍵正是如此。掙脫這種亙古困境的方式之一，是公共選擇的慧見（Buchanan, 1987）：對於資源運用／公共政策的結果（outcome）爭執不下時，不妨把注意力轉移到程序（process）上。藉著大家都能接受的程序，來達到大家都能（勉強）接受的結果。

其次，針對競租型逆式公地，前面曾經指出：隨著經濟發展，行政體系和司法體系的效率會逐漸改善。雁過拔毛的現象會慢慢減少，乃至於幾乎消失、而成為偶發的個案。當然，經濟發展是一個漫長的過程，有些經濟體系可能長期處於低度均衡與惡性循環。關於這種情形，Heller（1998）的文章事實上已經指出一種出路：遵循正常管道申請營業許可，可能需索過多和耗時不貲；因此，乾脆不此之圖，而在附近空地上以臨時建築營業。這種情況下，只要應付黑白兩道的

稅負（保護費），就可以正常營運。也就是說，掙脫桎梏的方式之一，是設法減少管制單位，以降低經濟活動的進入障礙（entry barrier）和起始成本（start-up cost）。

這種作法，事實上見諸於許多國家的公共政策。很多加工出口區和科學園區等，性質上就是如此：在特定的區域內，對法規鬆綁，減少行政干預，使經濟活動更容易進行。最明顯、也可以說是最成功的例子，是中國大陸的深圳地區。1970 年深圳還是一片荒蕪之地，1980 年 8 月 26 日成立深圳特區；1992 年鄧小平南巡之後，確立走資本主義的大方向。深圳既然是新成立的特區，官僚體系的包袱較小，結果經濟活動快速發展。減少雁過拔毛的次數，效果顯然很可觀。2010 年，深圳特區的面積，已經擴充為當初的四倍。產值更從 1979 年的 2 億人民幣，變為 2009 年的 200 億人民幣；30 年內成長 100 倍，每年平均成長率是 16.7%，持續 30 年。2009 年，深圳每人所得是 21,500 人民幣，在大陸地區排名第二。當然，官僚體系腐化的速度，同樣驚人；2011 年，深圳市委副書記、市長許宗衡，因為嚴重貪汙而被起訴，判處死刑，緩期兩年執行。根據官方的新聞報導，許宗衡貪汙的金額，大概在 20 億元（人民幣）之列。這個金額表示，他經手不少肥雁，也拔了相當不少的毛。總而言之，競租型逆式公地的問題，要對症下藥，關鍵是針對「競租」，而不是文獻上所強調的「排他權」（exclusive rights）。

伍、結論

在公共經濟學的領域裡，Heller 關於逆式公地的探討、以及所引發的後續研究，無疑是一顆耀眼的明鑽。由以上的

分析可以看出，逆式公地的概念和公地環環相扣；而且，和共有資源（common-pool resources）及競租（rent-seeking）等概念，也密不可分。甚至，在學理上還可以論證，逆式公地的概念只是新瓶裝舊酒；所描述的現象，其實已經涵蓋在其他現有的概念之下，換一個新標籤而已。

這種論點的是非如何，可以進一步探究，但不是本文關切所在。本文的論述，是以「逆式公地」為出發點，希望釐清這個概念；並且，對於 Buchanan-Yoon 里程碑式的理論模型，在臧否之外，指出較早的 Buchanan-Tullock 模型，其實更為貼切。除了觀念的釐清與理論模型上的取捨之外，本文還指出：真實世界裡「雁過拔毛」的作法，是一種介於公地和逆式公地之間的現象。並且，以具體的數字，說明香煙所具有「準貨幣」的性質。在香煙之外，還有酒、提貨券等等，也能發揮類似的功能。這些形形色色的「準貨幣」，本身就是很值得探討的主題。隨著經濟發展和法治的進展，它們的階段性功能可望逐漸式微、乃至消失。因此，探討這個問題，有某種急迫性。相形之下，共有資源型的逆式公地，是人類面對恆久的考驗；對於這個問題的探討，倒沒有時間上的急迫性。

本文的結論，一言以蔽之，呼應 Heller（1998）的標題——「逆式公地的悲劇：由馬克斯過渡到市場的財產」（The Tragedy of the Anticommons: Property in the Transition from Marx to Markets），競租型逆式公地，很可能只是過渡階段的現象；共有資源型逆式公地，即使在最先進的市場經濟裡，也將是無從避免的問題；而「兩者之間」的現象，則是掙脫逆式公地的可能途徑之一。

第二篇
法律經濟學

第五章
十問：向法律學者請益

　　本文先提出十個問題，然後自問自答，希望能延續法律學者和經濟學者之間的對話。這些問題包括：因果關係的性質，法學和經濟學所運用的參考座標，道德的意義，法理式分析的長處和弱點，法學理論的適用範圍等等。文章最後總結經濟分析的精髓，希望有助於法律學者的研究。

壹、前言

　　近代法律經濟學的發軔，公認是 Coase（1960）和 Calabresi（1961）這兩篇論文。經過四十年左右的蓬勃發展，這個新興領域已有非常可觀的成果。Posner 法官認為：經濟學往外拓展，而進入政治、社會和法律等範圍，其中最成功的就是法律經濟學。

　　此外，學者也指出，法律經濟學已進入第二個階段：早期的研究，是利用簡單的經濟學概念，討論各種法律問題；在第二個階段裡，則是開始運用較嚴謹的模型，並且強調利用實證資料來檢驗理論。因此，這個新興學科不但持續茁壯，而且也逐漸成熟。

　　不過，對傳統法學而言，到底法律經濟學有多大的影響呢？由法學的期刊和論著來看，情形並不樂觀。在許多法學

論述裡，不但排斥且否定經濟學者和經濟學，而且經濟學者和傳統法律學者，好像在兩條平行線上，各行其是。就學術的發展和智識的累積來說，這當然是很令人遺憾的情況。

因此，在法律經濟學繼續往前進展的同時，也值得一而再、再而三的嘗試與傳統法律學者溝通對話。否則，法律經濟學者可能演變成自成體系的小圈子；在圈子裡自得其樂、彼此唱和，但是卻忽略了他們真正想影響的傳統法律學者。

在此希望在最基本的觀念問題上，和法律學者溝通。主要目的不是在說服，而是在澄清。如果能稍稍澄清法律學者對經濟分析的一些誤解，或許才能真正進行有意義的對話或論辯。我採取的方式，是向法律學者提出十個問題，希望能在論述方式上，突顯傳統法學和經濟分析的差異。我將先提出問題，解釋這個問題對法學的意義，然後說明經濟分析對這個問題的看法。

本文的主要對象，是傳統法律學者；不過，對法律經濟學者而言，有些問題也非常重要。因為，法律學者排斥經濟分析的主要原因之一，是在某些基本問題上，經濟學者並不能提出（法律學者看來）有說服力的解釋。因此，雖然這十個問題是要向法律學者請益，經濟學者也可以藉機琢磨，自己是不是能提出合情合理的說明。譬如，雖然經濟學者一再強調，經濟學的行為理論（behavioral theory）是一套強而有力的分析工具。可是，至少對許多法律學者來說，行為理論的精髓為何，卻並不清楚；而且在觀念上，如何把行為理論和法學問題結合，也很模糊。因此，本文也可以視為一種嘗試，希望藉著對一連串問題的探討，從不同角度來烘托經濟分析所隱含的智慧（insights）。

畢竟，情人眼中才出得了西施；要使經濟分析成為法律學者眼中的西施，經濟學者必須能提出讓法律學者接受的理由，而不能只是不斷地好自矜誇而已！

貳、十個問題

問題一：如果人們只活一天，還需要懲罰嗎？

在法學理論裡，關於實現正義（justice）的目的，主要有兩種觀點：懲罰和防範。無論是刑法、侵權行為或契約法，一旦行為上有過失或造成傷害，善後的措施只是一種手段；主要的目的，是希望發揮懲罰或防範的功能。在這兩種目標裡，懲罰的精神是補救，也就是「回頭看」（backward looking）；防範的精神，是避免未來再發生同樣的事件，因此是「往前看」（forward looking）。

可是，如果人們只活一天，沒有未來，防範的作用自然消失；剩下的，似乎只有懲罰的功能。不過，既然人們只活一天，任何補救措施幾乎立刻失去意義。所以，懲罰所具有的內涵，絕大部分也將消失不見。譬如，如果我們確定明天慧星將撞上地球，人類即將毀滅；在這種情形下，還需要監獄嗎？[1] 由此可見，表面上看懲罰似乎是回頭看，其實在更深一層的意義上，本質上還是因為有未來。也就是，要持續處理已經發生的事件，主要是為了未來；在這一點上，經濟學者有很深刻的體會。

---

[1] 如果有人認為還是需要監獄，一直到慧星撞上地球最後一剎那為止。可是，即使如此，也間接證明了文中的論點：如果人們只活一天，事實上就不需要懲罰。

經濟學者曾為喜怒哀樂等情緒，提出了一種合情合理的解釋。如果人們只活一天，事實上不需要「懊惱」（regret）的情懷；因為用不上，所以不會發展出這種情緒（機制）。人們對已經發生的事（丟了心愛的書，或不小心發生車子擦撞）懊惱不已，是希望從裡面得到教訓，避免在「未來」重蹈覆轍。所以，表面上懊惱是處理過去（和懲罰一樣），其實是為了未來。

　　這種理論，還隱含了一些重要的意義。首先，由「懊惱」的情緒（機制）裡，可以清楚的看出，人們是活在一個多回合，而不是一回合的情境裡——專有名詞是「重覆賽局」（repeated game）和「單一賽局」（one-shot game）。[2] 不只是個人的情緒機制會受到這個事實的影響，社會上的許多制度，也都受到這個因素的影響；譬如，定期選舉、組織裡的誘因制度等等。

　　其次，或許很多人認為，情緒是與生俱來的，是生理上的特質；而且，喜怒哀樂等情緒，反映的是「純真價值」（intrinsic values），而不是像貨幣這種工具價值。可是，經濟學者法蘭克（Frank）的理論提醒大家，即使是原始或純真的價值，也具有某些工具性的成分。再其次，一旦把時間拉長，重覆賽局就隱含一種演化（evolutionary）的過程。在這個漫長的過程裡，人不但會設法改變外在的環境，發展出有形的工具；也會發展出一些內在結構，以發揮同樣的、

---

[2] 如果作精確一點的區分，重覆賽局可能是同一種活動，重覆許多次；「多重賽局」（multi-period game）則是強調某一個過程，將有許多類似、但可能不完全一樣的情形。重覆賽局的例子，是下很多盤的西洋棋；多重賽局的例子，是一個人的人生。

工具性的功能。最後，抽象的看，Frank 的理論是一種實證（positive）而不是規範的（normative）理論；由實際的現象，歸納出一種合於情理的「因果關係」（causal relationship）。

另一方面，考量到人類社會具有重覆賽局的特質，對於遊戲規則的設計和選擇，當然有重要的影響。Easterbrook（1984）指出，採取「事前分析」（ex-ante analysis）的角度，會考慮從長遠來看，不同的規則將引發哪些不同的行為反應。而「事後分析」（ex-post analysis），是著重處理已發生的事，如何善後的問題。

他認為，抽象的來看，事後分析是注重如何切餅，而事前分析則是強調餅的大小。因此，事前分析和重覆賽局，都重視「未來」對「現在」的影響。不過，這兩者之間，有一點微妙的差別。Easterbrook 希望找出好的規則，產生適當的誘因，使餅愈來愈大。重覆賽局的考量，也很重視誘因；但是，即使不考慮設法使未來的餅愈來愈大，單單是重覆賽局的特性，都是探討遊戲規則時必須面對的因素。譬如，餅的大小可能不是關鍵，有些賽局更重視競爭激烈與否、或運氣和技巧的比重等等。

最後一點，Easterbrook 討論的，是比較具體的選擇；Frank 的理論則是提醒我們，情緒特徵等牽涉到比較隱晦、過程漫長的選擇。不過，他們兩位的研究，都隱含一點重要的體會：我們現在所處的位置、所具有的特質、所承繼的各種條件，都已經是重覆賽局演化下的結果。

總結一下，對經濟學者而言，在分析社會現象（包括人的行為和人本身的結構）時，重覆賽局是一個重要的概念和體會。

問題二：為什麼司法案件是法學論述的重心？

乍看之下，這個問題有點自相矛盾。司法案件，本來就是法學論述的重要材料；在法學論述裡，引用重要的司法案件，可以闡明或佐證各種論點。這一點，當然很清楚；不過，法律不只是和司法案件有關，更和社會上所有的人都有關。和社會上人們互動的頻率相比，法院出現的案件只是非常微不足道的一小部分。那麼，為什麼要以這些極其特殊的案件，作為法學討論的重心？

對法庭和法律學者來說，這些奇奇怪怪的案例，是呈現在他們面前，無從逃避的問題。即使事件本身離奇荒謬，他們也必須處理，而且還要編織出一套能自圓其說的邏輯。當然，這些極其特殊的案件，也促使他們的思惟變得更縝密精緻，或是引發了法理上新的見解。[3] 可是，如果以這些極其少見、甚至詭譎無比的案例，作為法學理論的主要基石；等於是以特例來建構通則，以異常作為標竿。說得極端一些，這好像是以精神病患的行為作為材料，發展出一套解釋、甚至是規範其他一般人的行為規範。由邏輯和常情常理的角度看，都說不過去。

對照之下，經濟學者所說的故事，顯得枯燥許多；不過，最大的特點，是經濟學者的故事比較合乎常理：在糖果的市場裡，有些人想買糖果，這是需求；有些人想賣糖果，這是

---

[3] 譬如，在 Anderson v. Minneapolis, St. Paul & Sault Ste. Marie Ry., 179 N.W. 45 (Minn. 1920) 裡，已經著火的兩棟房子，先後延燒到苦主的房子；或者，在 Palsgraf v. Long Island R. Co., 248 N.Y. 339, 162 N. E. 99 (1928) 裡，月台上有人抱了一大包東西，趕上將駛離月台的火車；包裹由手裡滑落，裡面的爆竹掉到鐵軌上，引發爆炸。月台的一個體重計受波及，對 Mrs. Palsgraf 造成傷害。

供給。供給和需求碰面，決定了糖果的價格，也決定了買賣糖果的數量。追根究柢，經濟學者的基本故事就是這麼平淡無奇。沒有懸疑，也沒有緊張；沒有道德上的兩難，也沒有生命中的悲歡離合。然而，在這個簡單的故事裡，卻蘊含著一些極其重要的理念。

在市場裡，價格會影響買方和賣方的行為；這個現象，似乎卑之無甚高論，其實不然。這意味著人的行為，會受到誘因的影響；當價格低時，買方有誘因多買一些，賣方有誘因少提供一些。而且，這種誘因和行為之間的密切關係，不只限於金錢或貨幣的價格。當週末酗酒駕車的人變多時，比較謹慎的人就會少開車或外出；當深夜裡交通警察少時，闖紅燈的人就會多一些。各種道德、良知、善惡等價值，都會透過所隱含的誘因而影響人的行為。

既然誘因會左右人的行為，在探討政策或法律問題時，市場的概念就隱含一種「往前看」的態度——採取某種政策或作出某種判決，會形成哪種誘因，在未來會引發哪些行為？更重要的，市場活動本身，是由許多條件所支持。在魯賓遜的世界裡，不會有市場；在人煙稀少的原野裡，可能只有偶爾出現的市集。因此，雖然現代社會中，超級市場和便利商店幾乎無所不在；可是，市場並不是憑空出現或是必然存在的，而是某些條件支持下的產物。換種說法，市場的概念，意味著一種條件式的思惟——在相關條件的支持之下，才會得到某些結果。所以，任何政策要發揮作用，必須透過現實條件的檢驗，而不能只訴諸於邏輯的嚴謹或推論的精確。

而且,市場裡的活動,基本上是合則兩利;因為是互惠,所以雙方都是心甘情願的樂見其成。一旦完成交易,雙方的福祉都提升,更可以準備進行下一波的交易。因此,隨著一波波的交易,社會的資源累積得愈來愈多。事實上,買賣所引發的糾紛,可能只占完成交易很微不足道的一小部分;在市場裡,交易完成是常態,發生糾紛是例外。

所以,在探討人際之間關係的規範時,是以市場的常態為標竿比較好,還是以兩造訴訟這種例外為標竿比較好?對人際關係的期許,是希望像市場買賣所隱含的興利,還是希望像法庭官司所意味的除弊?還有,誰的故事比較好聽呢?由各種光怪陸離的案例裡,傳統法學歸納出很多智識上的趣味和智慧;法學論述和官司卷宗裡出人意表、令人拍案稱奇的故事,遠遠不是經濟學裡、千篇一律的魯賓遜飄流記所能比。[4] 但是,哪一種故事比較有說服力呢?

對於這些問題,Posner 所強調「財富極大」(wealth maximization)和「仿效市場」(mimic the market)的論點,顯然有相當的參考價值。在處理且思索法律問題時,以市場的自願性交易為基準點,就是希望能得到合則兩利的結果。而且,以市場裡正常、典型的交易為基準點,而不以發生糾紛、例外的交易為基準點,就是希望發揮指標性的作用。

由於研究市場、供需和經濟活動,使經濟學者在思索問題時,會習慣性的運用體系(system)和行為因應(behavioral response)。換句話說,雖然市場是由許多個別的供給者和需

---

[4] 經濟學者常用魯賓遜的故事,描述在一個人的世界裡,如何解決生產和消費的問題;當星期五出現後,就有了交換、分工和專業化的可能。因此,有人認為,魯賓遜飄流記的作者,是一位經濟學者。

求者所組成，但是市場本身是一個體系；體系裡的個體彼此影響，彼此牽制，也會受到體系之外因素的影響。而且，這些個體在行為上的因應，可能是以間接婉轉的方式來表達。

最後一點，經濟學者一旦掌握了牛奶、麵包等產品的市場之後，腦海中會用同樣的概念和架構，去認知並分析其他活動。譬如，賭博的稅負增加時，就會有許多境外或地下的公司出現。還有，各種職業球賽固然是一種供需相會的市場，職業球員本身也是在某種勞力市場裡活動。因此，市場的架構，提供經濟學者在思惟上一個非常簡潔、但是很有力的工具。

總結一下，對經濟學者而言，以市場作為參考座標有兩層意義：在實質上，市場交易具有雙方互蒙其利的特性；在分析上，市場架構提供了思惟上明確的脈絡。

問題三：是車撞人，還是人撞車？

對因果關係（causal relationship）的探討，是傳統法學裡非常重要的一環；原因很簡單，因為在處理原告和被告的紛爭時，彼此的責任乃至於最後的判決，往往和事件的因果關係密不可分。

在法學論述裡，對因果關係的分析幾乎到了抽絲剝繭、鉅細靡遺的地步；而且，由因果關係所衍生出的考慮，也相當有啟發性。譬如，Schroeder（1995）舉例，兩輛車都違規超速蛇行，一輛車運氣好、沒有撞上人，另外一輛車運氣不好撞上人；兩位駕駛在行為上幾乎沒有任何差別，可是在責任與對後果的承擔上，卻有天壤之別。這種差別，是不是符合公平原則？——相同的人（行為），不是應該得到相同的待遇？

法學論述中對因果關係的闡釋，可以說是由一般人的認知出發，而後由法律學者在邏輯上作更嚴謹精緻的推演。相形之下，對於因果關係，經濟學者卻有很不一樣的解讀。

　　眾所皆知，Coase（1960）指出：因果關係往往是雙向的而不是單向的，也就是兩者很可能是「互為因果」（reciprocal）。既然是互為因果，顯然就不容易決定誰是誰非；因此，他認為，界定責任可以不依因果關係，而以另外一種指標——產值（或價值）的高低——來決定。Coase舉的例子之一，是「炸魚薯條店」（Fish and Chips）的官司：一家新開張的炸魚薯條店飄出的味道，影響附近的住家；住家提出告訴，認為受到侵權。Coase表示：這個現象，可以說是炸魚薯條店傷害了附近的住家，也可以說是附近的住家傷害了炸魚薯條店。因此，兩者互為因果。

　　由一般人的直覺和傳統法學的觀點來看，當然是炸魚薯條店搬入才造成影響；因此，炸魚薯條店是因，對鄰居造成的影響是果；由因果關係來看，炸魚薯條店應該負責。可是，只要我們把注意的焦點稍微擴充一下，觀感和判斷很可能就大不相同：如果炸魚薯條店遷入的是商業區或食品街，飄出同樣的香味，大概很少有人會認定是發生了侵權行為。在這種情形下，所謂的「侵權」現象，可以說事實上是由附近的鄰居所引發。因此，單單是炸魚薯條店的香味引出糾紛，並不表示香味是原因，因此要負責。這個糾紛的爭執所在，香味和鄰居確實是互為因果。傳統法學理論關於因果關係的觀點，顯然容易忽略了整個事件的重點。同樣的道理，如果車子闖進行人徒步區，撞傷行人，車子該負責；可是，如果行人闖進車道，被某一輛車子撞傷，車子未必要負責。

Coase 對因果關係的闡釋、以及他所引述的例子，有一些重要的啟示。首先，Coase 不以因果關係而以產值的高低來處理紛爭，在許多事例上確實有說服力——一家炸魚薯條店，搬進商業區或食品街會使產值提高，搬進住宅區會使產值下降。車子開進行人徒步區，會使行人受影響，產值下降；行人闖入車道，影響行車，也會使產值下降。其次，同樣是車子撞上人，在行人徒步區裡，主流價值（the dominant or mainstream value）是行人的安全；在快車道上，主流價值是行車安全。因此，決定車子撞上行人的意義、以及車子和行人這兩者的責任，顯然不是依因果關係；關鍵所在，是在不同的情境裡，在主流價值的尺度上，車子撞人這件事會有不同的刻度。抽象的看，主流價值可以是金錢所衡量的價值（譬如，房地產的價值、或商業活動的價值），也可以是不直接由金錢衡量的價值（譬如，行人的安全、或行車的安全）。當然，公平正義本身也是一種價值，也有高低之分，也可以是衡量事件意義和決定責任的尺度。

　　以主流價值作為參考座標，其實非常正常，在生活裡幾乎隨處可見。譬如，在探討牧場和麥田的相對關係：是牧場用柵欄把牛圈在裡面（fence in），或是農場用柵欄把牛圍在外面（fence out）？答案很簡單，依主流價值來決定：在以牧牛為主的區域裡，牛多而農場少，牛的價值為重，因此農場要圍欄杆；在以農場為主的區域，情形剛好相反。

　　同樣的觀念，在商標法裡，在同一個地區和同一個行業裡，某一個店名只能有一家；譬如，在香港只能有一家「萬福糕餅」。但是，如果是不同行業，就不受限制；因此，不能有第二家萬福糕餅，但是可以同時有萬福漫畫、萬福西藥

房和萬福洗衣店。在這種情形下，維持各個行業裡商業活動的秩序——不會有同名魚目混珠的情形——就是那個行業裡的主流價值。還有一個例子：在倫敦，十字路口的地面往往有白色的大字，提醒行人：「往右看」（Look Right）或「往左看」（Look Left）。對英國人或當地居民本身來說，已經習慣車子靠左，所以很清楚該往右或往左看。那些字，主要是提醒觀光客，因為很多觀光客是來自於開車靠右的國度。（在觀光客比較少的地區，地面就看不到這種字眼。）當然，這個例子也再次反映主流價值的意義：主流價值，通常是一個中性（neutral）的概念，顯示了某個環境裡多數人所接受或所遵循的行為模式。

最後一點，無論是車子撞傷人、炸魚薯條店惱人的香味、或其他行為的意義，事實上是由相關的條件和其他的因素所決定；把焦點放在事件或行為本身的因果關係，可能產生偏誤。

總結一下，一般人認為，因果關係是簡單明確的；經濟學者的體會是，因果關係其實是由環境裡的條件所決定。各個特定環境裡的條件，會影響人們採用哪一種價值結構來判斷和取捨。

問題四：在部落社會裡，這種法學理論也成立嗎？

如果我把問題換一種問法：在部落社會裡的法律，和現代工商業社會裡的法律是不是不同？相信絕大多數的法律學者會認為，兩者當然不同；而且，他們可能會列舉一些理由，來解釋兩者的差異。可是，在許多法學論述裡，卻完全感覺不到這種體會。他們論述的方式、內容、語氣，似乎隱含著所呈現的理論，是適用在任何時空環境之下。

相形之下，經濟學的論述，本質上就是一種條件式的因果關係；即使是最繁複的數學模型，都是根據作者所設定（而且是一開始就明確列舉）的條件，然後推導而得。這當然隱含著，在不同的條件下，自然而然會得到不同的結果。

在經濟學和法律經濟學的文獻裡，有非常多著名的實證研究，反映這個重要的體會。Posner曾描述在原始部落裡，因為條件使然，「正義」的形式和內涵都會受到直接的影響。譬如，因為無法維持獨立的司法體系——資源太少的緣故——所以對於傷害和過失，往往採取「絕對責任」（strict liability）。這種作法在執行上最簡潔，因為認證和執行的成本都比較低。還有，既然彼此比鄰而居，所以彼此的用字遣詞都很典雅客氣，免得隔牆有耳、自找麻煩。

此外，在經濟學者瑞賽耳（Ramseyer）的著作裡，曾對日本歷史上的幾種特殊市場（odd markets）作了非常有趣的探討。譬如，他對十七和十八世紀日本童工市場的研究，得到幾點重要的結論：第一，都市化發展之前，農村人口沒有其他就業機會，因此會和地主簽訂長期契約。第二，都市化發展之後，人口流動性增加；長期契約無法維持，因此契約年限縮短，而且稚齡童工契約逐漸消失。第三，當契約變短之後，父母對子女的影響程度也下降；如果控制太緊，子女移往城市謀生。第四，都市化提供了就業機會，而就業機會改變了農村勞力契約的性質，連帶影響了父母子女之間的相對關係；和過去相比，子女的自主性提高。

而且，還有許許多多的個案研究，都反映了人在不同的環境下，行為上會有不同的取捨。我只列舉其中的兩種，以突顯這些研究的重要啟示。首先，是關於共有資源（common pool problems）的研究。在萊比克（Libecap）的幾個個案研究裡，他仔細描述加州外海的沙丁魚魚場和德州的油田，都面臨「草原的悲劇」（the tragedy of the commons）。因為資源由大家共有，財產權無法界定清楚，因此無法形成有效的遊戲規則，最後導致資源的浪費或耗竭。在個案研究中發現，水源的多寡會直接影響到遊戲規則（用水權）的內涵。其次，North（1990）裡描述中東的市集，因為隔一段時間才聚集一次，所以在性質上是「單一賽局」；買賣雙方萍水相逢、以後可能不會再碰面，所以無法形成「商譽」（reputation）以發揮獎懲和監視（monitoring）的作用。同樣的，其他學者的研究，則是深刻的反映在經濟活動上，圈內人和圈外人的差別。

不論是屬於經濟學或法律經濟學的範圍，這些研究有幾點重要的含義：首先，當然是環境裡的條件，會影響人的行為；不論是契約的形式或內容、處理紛爭的方式，都會受到物理情況、人口多少、就業機會、血緣關係等因素的影響。其次，一旦環境的條件改變，行為的模式和所採用的規則制度，也會跟著改變。因此，有這些體會，經濟學者往往就能根據理論，推論並預測變化的方向。如果法律適用所有的時空環境，當然就不需要這些推論和預測。

最重要的一點，是這些個案研究和理論，反映了人類經歷一種演化的過程。行為和制度規則固然會變化，人們腦海裡的思想觀念也會調整。公平和正義等觀念，是由實際生活經驗逐漸凝聚結晶而成，而不是客觀存在的。事實上，從許多個案中可清楚發現：一方面，公平只是一個抽象的概念，具體的內涵是由小範圍的相關條件所決定。因此，就實質內

涵來看，公平是一個地域性（local）的概念，而不是一個普遍（universal）成立的概念。另一方面，公平正義等概念，是由人們的實際生活經驗所累積歸納而成。在魯賓遜的世界裡，可能沒有公平正義等概念；即使有，也會和互動頻繁社會的概念不同。

因此，對於公平正義和其他法律概念的闡釋，不能只依賴論述者個人的邏輯，而必須體會到演化的過程、以及這個過程如何影響抽象的概念。可是，在一般的法學論述裡，缺乏一套完整的理論，能由人類發展的實際經驗，來描述並解釋規則和法律；所以，自然而然的，似乎就認定公平正義等概念是跨越時空，恆久如一。

總結一下，許多個案研究裡，經濟學者得到一個平實但是非常重要的體會：外在環境的改變，會影響到人的行為、以及人的思惟。

問題五：為什麼法律和道德有關？

在法學論述裡，經常可以看到「法律是規範性的（normative）」或是「法律與道德密不可分」；可是，這類詞句好像都是簡單自明的前提，不需要任何解釋或證明。對經濟學和經濟學家來說，這其實是一種很奇怪的狀態。

前面曾經指出，法蘭克的理論為人類的情緒，提出了一種合情合理的解釋——在多回合的遊戲（生活）裡，懊惱悔恨等情緒有其作用。同樣的，對於風俗習慣、以及遵守風俗習慣的行為，學者也提出功能性的解釋：在群居的環境裡，各種風俗習慣可以處理人際互動時必然出現的問題；譬如，走路開車要靠右還是靠左，在橋前相遇時誰要先走，初次見

面時如何表達善意等等。

對於每一個個人來說,在生活裡遵守風俗習慣可以帶來方便或避免困擾,所以是對自己有利的舉止。可是,風俗習慣牽涉到非常多的情境(在生活的食衣住行上,有各種情況下得宜的行為舉止),如果每一次都要在腦海裡盤算「這是對我好的,所以我要這麼做」,顯然太耗費心力時間。因此,比較好(比較省事、比較有效率)的方式,是把這些大大小小的合宜行為、內化(internalized)為反射性的動作。

不過,要使這種機制發生作用,需要一套獎懲措施。就像要使紅綠燈發揮作用,需要有警察罰鍰來配合。要使內化的習慣性動作發生作用,也需要一套獎懲措施。關於善惡對錯的觀念、以及情緒上配合的榮譽感或罪惡感,其實就是操作獎懲措施的力量。因此,由善惡對錯等觀念所界定的「道德」(morality),可以從功能性的角度得到合情合理的解釋。

當然,道德和紅綠燈、警察、罰鍰之間,有一些異同。紅綠燈和配套措施,是明顯的、外在的、具體的、要耗用有形的資源,一般而言是不容許個別差異的,而且只適用在交通這個項目上;相形之下,每個人的道德(感)是不明顯的、內在的、抽象的、不需要耗用有形的資源、人與人之間可能有很大的個別差異,而且適用在非常廣泛的範圍裡。但是,兩者都能發揮獎懲的作用,影響人的行為。用一個簡單的譬喻,可以突顯紅綠燈等和道德感的差別:利用紅綠燈等來約束且影響行為,球員和裁判是不同的人;利用道德感來約束且影響行為,球員和裁判是同一個人。

由這種比較和對照裡,可以反映出經濟學者對道德的基本看法:道德,也可以從功能性的角度作合情合理的解釋;

和其他的獎懲機制相比，道德耗用的資源較少、成本較低；但是，透過社會化和教育而使道德（感）內化，本身要耗用資源。道德和其他的獎懲機制之間，有某種替代性；如果道德能發揮（自我約束不闖紅燈），就可以減少外在的獎懲機制（少一些交通警察）。不過，當內在的道德失去作用時，可能只好採用外在的獎懲機制。[5]

　　總結一下，道德有兩層意義：一方面，道德所隱含的獎懲機制，會影響人的行為；另一方面，內化的道德觀念，可以降低思惟因應的成本，提升行為的效率。

問題六：如果生命是無價的，那麼法庭如何決定賠償金額？

　　在法學論述裡，「生命無價」（Life is priceless）的字眼偶爾會不經意的出現。可是，當這些字眼出現時，作者通常認為這是理所當然的；是論述的前提，毋需作進一步的解釋。至於這個概念的含義、以及在現實社會裡的意義、和法學理論的關聯、和具體政策的關係，卻似乎完全被忽略掉，而幾乎沒有隻字片語。這是很令人訝異的狀態，但卻是實情。

　　另一方面，經濟學者對生命價值（價格）的設算，當然受到法律學者的嘲弄。事實上，這也是法律學者對經濟分析的主要批評之一：生命是無價的，而且生活裡還有許多價值，是無法用金錢或價格來衡量；譬如，仁人志士為革命或理念而獻出生命，母親會不顧危險衝進火場救自己的子女等等。因此，經濟分析能發揮作用的空間其實非常有限。

---

[5] 1994 年 5 月 16 日的「時代週刊」（*Time*, p.31）指出美國科羅拉多州的一所中學，以金錢為誘因，希望減少青少年懷孕；只要少女們採取適當的措施，一天不懷孕可以得到美金一元。顯然，這是在其他措施都不發生作用的情形下，以金錢作為最後的獎懲機制。

我們可藉由一些具體的事例，來襯托「生命無價」的意義。第一個例子是 Palach 事件：1969 年，蘇聯坦克駛進捷克首府布拉格後，當然引起捷克人強烈的反感。當時才廿歲的大學生 Palach，為了表示強烈的抗議，所以在國家博物館前的廣場，澆汽油引火自焚。因為傷勢過重，他沒有再恢復知覺，而在第三天過世。這個事件不只震驚捷克上下，而且引起全世界的注意。在 Palach 過世後，還有兩位捷克年輕人也自焚而死。

第二個例子，是研究發現：在共產主義國家裡，很多人心裡反對，但是口頭上卻表示支持共黨政權；一旦共黨政權解體，很多人才發現，其實彼此都是反對共產主義。因為他們怕表明立場會受到報復，因此都把真話藏在心理，當個默不作聲的反對者（closet anti-communist）。

利用這兩個研究，我們可以處理價格和生命之間有關的一些問題。在自己的日常生活經驗裡，通常會為了避免難堪或困擾，而隱藏自己真正的偏好或想法。學者可蘭（Kuran）的研究反映出，當潛在的麻煩和危險增加時，絕大多數的人都會趨吉避凶，選擇比較安全無害的行為。換一種說法，這表示當個人的安危攸關時，人們通常不願意承擔太大的責任、或付出太高的成本。

Palach 是極端且少數的特例，他和另外兩個自焚的青年，只占捷克人口很小很小的百分比——這也就是為什麼，他們受到其他捷克人的尊敬。而且，自焚後如果不立即死亡、並且還保持知覺時，在肉體上將承擔非常大的痛苦。在文獻上沒有記載，是不是有人在自焚經過苦楚、復原之後，再自焚的——不論第二次是立即死亡、或再經過同樣的過程。

革命志士和神風特攻隊採取行動時，不一定會面臨死亡；而且，如果被捕處死或撞艦人機俱焚，只是一瞬間的事，不會再有下一回合。相形之下，自焚再復原後，才能體會到自焚所隱含的成本（價格）。由過去的歷史來看，願意付出這麼高價格的人並不多。因此，對於自己的生命，一般人不願意輕易引發不快或承擔苦痛；用生命（或生命的一部分）去換得痛苦，是很少數的例外。

　　不過，另一方面，如果用生命（或生命的一部分）能換得具體的報酬，很多人會願意這麼做。最簡單的例子，消防隊員、交通警員、軍人，都是承擔風險，以得到報酬。另外，有些窮困的人，以出賣器官換取金錢；以截肢詐領保險金的人，也是如此。事實上，有具體的案例可以證明，當一個人負債累累，而且拖累家人時；可能會先投保高額的意外險，然後再以車禍或其他方式意外身亡，希望能解決自己和家人所面對的問題。對於這些人來說，都是經過考慮（算計）之後，然後採取以生命（或其中的一部分）換取金錢的舉止。

　　從上面的討論中可以歸納出幾點體會：第一，對絕大多數的人來說，生活中不會面對「生命是否無價」這個問題；即使對這個概念認知模糊或錯誤，依然可以應付生活的各種實際問題。第二，對大部分人來說，因為沒有機會親身體驗生命面臨考驗（如 Palach 所經歷）的過程，因此，並不清楚自己願意以生命（或其中的一部分）換取多少價值。

　　第三，對一般人來說，「生命無價」是一個沒有經過仔細檢驗的概念。其實，在一般人的經驗裡，「生命很珍貴」可能反而是一個比較平實的概念；但是，比較之下，「生命無價」自成一類，在思考上較簡潔、成本較低。而且，「生

命無價」這個概念,含有某種道德性的情操;對絕大多數的人(包括經濟學者)來說,認同這個概念,顯然是比較容易、比較自在的選擇。第四,在生活經驗裡,比較常面對生離死別情境的人,是急診室裡的醫生。對他們來說,他們面對的不是生命無價這個概念,而是在不同的病患裡,花心力在最有希望救活的人身上;或者,當自己已經很疲倦,還要再付出多少額外的精神,去救瀕死的病人。幫助他們做出抉擇的,顯然不是「生命無價」這個理念,而是「生命很珍貴」的想法。

由比較抽象的層次上來看,生命無價其實是一個道德性的概念;和其他道德性的概念(善惡、對錯、是非等)一樣,可以作為指引行為的規則,有降低行為成本的作用。因此,即使內涵可能很模糊,只要行為者接受,就可以發揮功能。因為,對絕大多數人來說,腦海裡的各種概念並不一定有明確的定義,也未必是合於邏輯的;只要足以應付生活裡的各種情況,就夠了。在 Buchanan & Tullock（1962）的附錄裡,對 Arrow 的不可能定理（Arrow's Impossibility Theorem）提出了批評:Arrow 的定理要成立,必須符合幾個合情合理的條件。Buchanan & Tullock 認為,對人們來說,其實並不需要十全十美的決策規則;如果有一種規則,在一萬次決策裡做對了九千九百九十九次,那已經是很好的規則了。同樣的道理,即使是含混不清的概念,只要大部分時候能發揮作用,就可能一直保持一種混沌不明的狀態。

而且,由每一個自己的生活經驗裡,都可以體會到:對於經常面對的情境(買報紙),人們善於處理;對於不常面對的情境(同事心臟病發),人們通常拙於應付。至於很極

端、幾乎從來沒有碰過，也不太可能碰上的情境，人們自然而然的只會（只需要）有一些模糊不精確的概念；譬如，不論相信世界上到底有沒有飛碟，都一樣可以正常度日。

還有一個很簡單的道理是：當人們第一次面對某種情境時，所擁有的資訊是有限而殘缺不全的。而且，人們在資訊不完整和資訊完整的情形下，很可能會做出不一樣的取捨。譬如，跳進湍急的河流裡救人時，很可能只是見義勇為，不知道真正有多危險；萬一僥倖生還，下次再面臨同樣的情形時，可能就會猶豫或有不同的取捨。這些都是經驗和資訊的問題，和道德與價值判斷沒有必然的關聯。

總結一下，對於一般人來說，生活裡可以容許很多未經檢驗、含混不明的概念。因為，生活裡所需要應付的情境，都和這些概念無關；「生命無價」很顯然就是其中之一。

問題七：先保障言論自由，還是先保障人身自由？

這個問題，經濟學者Okun（1975）在近三十年前就提出過；對經濟學者而言，也是一個合情合理、值得探究的問題。可是，對傳統法律學者來說，這可能是一個很奇怪、不可思議的問題。

對於傳統法學論述，權利（rights）至少有兩項重要的功能。首先，在法理學（jurisprudence）的討論裡，必須有討論的起點；哲學家的著作或一般人的基本權利（兩者可能重合），都可以作為論述的出發點或前提。其次，在具體的官司上，無論是刑法、侵權法或契約法，先界定當事人（原告）的權利，才能討論被告是不是侵犯了他的權利。

無論是哪一種情況，「權利」這個概念的重要性，不只在於權利的內涵（身體不受到傷害），而是在於提供了論述

和判斷的參考座標（reference framework）。以權利為基準點（benchmark），才能進行下一步的討論。譬如，基於身體不受到傷害的權利，才可以討論刑法和侵權行為的各種問題。因此，雖然有很多法律學者認為，權利的價值在於權利本身就是目的，而不是為了達到某種目的而採取的手段；不過，由上面所提到的簡單例子裡，可以清楚地看出：權利這個概念，有很實際而且很重要的功能。

即使暫時接受，權利的內在價值（intrinsic values）就是目的，而不是手段；但是，在傳統法學論述裡，對於權利的由來、不同權利與不同權利之間的關係、權利的內涵由哪些因素決定、影響權利變遷的原因等等，卻很少有細緻或是有系統的分析。相形之下，經濟學者的論述裡，卻對權利有很多直接或間接的討論。

關於權利的起源，學者有很生動的描繪：當無知之幕掀起之後，如果亞當和夏娃發現，兩人身處在一艘獨木舟裡，而且遇上暴風雨；那麼，兩人之間的相對關係，大概會是階層式而不是彼此平等的關係。因此，權利的起源，是人們由真實的經驗裡，逐漸演化而成。前面曾經指出，公平正義的概念，是經過演化的過程；同樣的，其他有關權利的各種概念，也是如此。[6]

藉著兩個具體的例子，可以反映「實際經驗」要比「抽

---

[6] 在真實世界裡，權利的界定是「權衡輕重下的共識」（power-weighted consensus）。前面提到的例子，兩輛車子都超速，一輛撞上人，另外一輛運氣好閃過。在一般人的觀念裡，大多不會認為運氣好的車子也應該負責。這種觀念，顯然是由生活經驗裡歸納而得，而不是經由邏輯上的推理。

象理念」更適合作為分析的參考座標。首先,最近英國地方法院剛作成判決:一位明知自己帶有 AIDS 病原的男士,和女友發生性行為,而沒有採取任何防範措施。對於這種「致他人於危險處境」的行為,該受到多少的懲罰?地方法院的判決是,五年有期徒刑。其次,東方社會的寺廟裡,往往設有骨灰塔,供家屬寄放先人骨灰,以便定時膜拜。如果寺方失職,引發火災,使骨灰塔裡的骨灰罈毀損,骨灰混成一片,而家屬要求賠償,該如何決定適當的金額?

因此,權利的性質,背後一定有其他條件的支持。譬如,在亞當和夏娃的例子裡,亞當的地位和權利,是由他的體力所支持。人們若要享受良好的交通秩序,一定要動用到紅綠燈、交通警察、法規罰鍰等。既然運用這些條件通常隱含資源的付出,因此要享受權利,背後一定有資源的運用和消耗。當然,如果所有人都能在行為上自我約束,那麼有些權利也許不需要有形的條件來支持;不過,所有的人在腦海裡都認同某些觀念,也是心力的付出。而且,共識可以減少有形資源的付出,但是卻不可能不耗用任何有形的資源。譬如,即使大家都支持民主制度,還是需要鎮暴警察、司法體系等。

既然權利的背後有資源的付出,在眾多可能的權利之中如何取捨,顯然不可避免要考量所隱含的成本。研究指出:在一個社會裡,支持言論自由的權利,成本較低;支持免於飢餓的權利,成本較高。所以,我們發現,即使在富裕的民主社會裡,也只能有限度的支持免於飢餓的權利。而且,這些社會福利措施所支持的權利,背後還是要依靠納稅義務人的稅捐。當然,除了權利與權利之間的取捨之外,個別權利上「程度」的多少,也是社會所必須面對的問題。譬如,

對私有財產權的保障,是使汽車竊案的破案率達到百分之五十、或是百分之八十?對於其他的基本權利,也可以作同樣的考慮。

關於權利和資源運用之間的關係,不妨用一個具體的問題來反映:在現代社會中,幾乎所有人都贊成特殊教育——資優生和殘障生在教育上受到特別的待遇。可是,兩個實際的問題是:在正常教育和特殊教育之間,教育經費如何分配?在特殊教育的經費裡,資優生和殘障生所占的比例,又應該各是多少?單單強調權利,似乎無助於面對這些問題。

總結一下,由抽象的權利成為具體的權利,一定要有實質條件的支持。在諸多權利之間,社會必須面對取捨的問題;對於各個權利,也必須決定要實現到何種程度。

問題八:為何以亞里斯多德為依歸?

當然,亞里斯多德只是象徵性的代表,同樣的問題也可以問:為何以奧斯丁(Austin)或邊沁(Bentham)為依歸?在法理學的討論裡,這些哲學家的思想,往往占有非常重要的地位;在經濟學的討論裡,亞當斯密(Adam Smith)或馬夏爾(Marshall)的思想,也同樣受到重視。不過,思想家的意義,在傳統法學和經濟學之中有非常大的差別。

在經濟學裡,已經逐漸形成一套核心理論。這套理論,像是一條主要河道;各個思想家們,則像是散布在河道兩旁的瀑布或泉源,會注入主要河道裡。思想家帶來的養分,使主要河道的內容愈益豐富。譬如,Stigler 把「資訊」(information)這個因素,納入經濟分析;又譬如,Buchanan & Tullock(1962)用經濟分析探討政治過程。但是,

經濟理論的核心部分，不是以個別的經濟學者來界定；主要河道的內容，已經和各個經濟學者區分開來。而且，在經濟學裡，對於各個經濟學者思想的討論，是屬於經濟思想（史）的部分；就經濟理論的發展而言，可以說是居於次要的地位。

相形之下，在法理學的討論裡，卻是以個別的思想家來界定理論，可是並沒有匯集成一套大家都接受的交集。這就像是許多各自汨汨而流的小溪，都希望能涵蓋整個法學領域，但是卻沒有形成會合和累積能量的主要河道。當然，這種現象不只限於傳統法學，在社會學和政治學裡，也有類似的現象。

此外，亞里斯多德等哲學家思想的性質，好像在探索或揭櫫真理；只要真理一經揭示，就應該成為眾人所共同服膺的指導原則。對於這種論述的缺失，Buchanan（1986）有一連串重要的論著；而且，這些論著已經逐漸發生影響，從基本上扭轉政治學裡對政治過程性質的認知。對政治學和經濟學來說，這都是一種視野或典範（paradigm）的移轉；但是，非常奇怪，對於這個重要的轉折，法律學者似乎完全沒有察覺。

傳統法律學者的論述裡，往往有三種主要的材料：政治哲學或道德哲學、邏輯分析、案件；其中，第一類是亞里斯多德等人的論述，第三類是卷宗檔案裡的紀錄，第二種則是論述者本身的貢獻。這種法學思惟的主要內涵，可以和一個畫家作一對照。對一個畫家而言，一幅幅的畫是他的作品；可是，要繪畫之前，他的生活經驗和自己的理念，是他構思的依據，也就是他所運用和依恃的資料庫。

具體而言，對習慣法的法律學者而言，他們的資料庫裡，

主要有兩種材料：判例和先聖先賢的論作。千百年來，法庭處理過的糾紛不計其數。但是，其中最有代表性或最關鍵的一些，卻逐漸成為重要的經典；不僅成為各級法院所引用的依據，而且也是法學論著和課堂討論的基本材料。因此，一篇典型的法學論文，通常會有三部分：作者先根據主題，引述亞里斯多德曾有哪些哲言雋語；然後，後人作過哪些詮釋，作者自己的修正與引申又是什麼。最後，是引用著名的判例，用以支持且驗證自己的論點。

即使不考慮引用判例的曲折，依恃先聖先賢就有許多問題。試想，討論法律問題或法學思想，為什麼要以這些哲人的思想為基準點？這些人活在千百年前，處在一個人際關係簡單、社會問題單純的環境裡；他們的想法，能作為處理現代和後現代社會裡、錯綜複雜問題的明燈嗎？而且，為什麼以這些哲人的思想為標竿，而不是其他文化裡同時代、或更古老的智慧結晶？還有，為什麼不以影響力更大的宗教教義為依歸？以亞里斯多德為準、向他看齊的理由，是因為他是對的、影響力最大、智慧層次最高、學識最淵博，還是他是真理的代言人？

最後一點，無論是亞里斯多德或其他的哲學家，他們的思想只是人類演化過程中的里程碑；一方面反映了人類社會已經累積的經驗，另一方面也受到這種時空限制的影響。在資訊和科技都快速變動的社會裡，對於如何處理各種新生事物，亞里斯多德等人的思想是否適合成為最高指導原則，顯然值得仔細推敲。

總結一下，無論是法學或經濟學的分析，理論都是論述的參考架構。不過，在法學裡，是以亞里斯多德和其他思想

家來界定理論；在經濟學裡，核心理論已經和個別的經濟學者區分開來。

問題九：法理式分析（doctrinal analysis）的優點和缺點為何？

在傳統法學裡，法理式分析主要有兩種：以某種「主義」（-ism）為原則，譬如真實主義（realism）；或以實際案例歸納出的「法理」（doctrine）為原則，譬如最後明確機會原則（last clear chance doctrine）。關於以主義為指導原則的考慮，在前面分析亞里斯多德時已經討論過，所以這裡將針對第二種法理討論。

而習慣法的案例裡，歸納出各式各樣的法理；對於司法體系的運作（兩造的論證和最後的裁決），以及法學論述而言都很重要。法理式分析有幾個主要的優點：第一，各種法理像是字典依字母或部首編排，提供了明確的參考座標；無論是在資料檢索或思考問題上，都有相當的幫助。第二，依法理判決，使司法有延續性，而且符合公平原則——相同的案子，應作相同的處置。

第三，雖然在表相上，官司的事實不一樣，但是根本的精神或關鍵所在，卻可能是相通的；法理，就是歸納出類似案件的共同性質。第四，太陽底下沒有（太多）新鮮的事；尤其是在穩定、變化緩慢的社會裡，社會現象主要是重覆（repetition），而不是漸進的變遷（incremental change）。在這種環境裡，由過去經驗累積下來的法理，足以處理絕大部分，或甚至全部的糾紛。[7] 簡單的說，法理式分析是以過去

---

[7] 在 Heilbroner 的一本書裡，對人類社會在歷史上所經歷的不同階段，有生動的描繪。在工業革命之前，一般人認為歷史只是不斷的重覆，未來

的經驗為基準點（benchmark）。

在某種意義上，經濟學也是法理式分析。在經濟學裡，大家都接受「效率」（efficiency）這個法理；然後以這種法理為基準點，分析不同的遊戲規則、制度設計、行為所隱含的效率。當然，效率是一個中性的概念，可以用來衡量任何價值；譬如，父母的心力（包括感情），怎麼分配在子女、家庭和工作上，對大家最好。

事實上，這也就是經濟分析的最大優點之一，能以很簡潔的概念，去掌握不同現象的共同脈動。譬如，因為脅迫（duress）、不當影響（undue influence）和議價地位不等（inequality of bargaining power）等因素而造成違約時；違約的一方不一定要承擔違約的責任，並賠償損失。雖然在表面上抗辯（defence）的理由不同，但是都可以由效率的角度解釋：如果在這些情形下，還要求雙方履行契約，長遠來看，容易引發不當的誘因；對於經濟和其他活動，反而會造成不利的影響。[8]

總結一下，和傳統法學的法理式分析相比，經濟分析所依恃的法理可以簡馭繁、一以貫之；而且，在面對不同現象（官司）時，可以直接掌握關鍵因素。

和過去不會有什麼不同。
[8] Posner 所主張的理論：習慣法是有效率的，就是指習慣法裡雖然有很多種法理（doctrines），但是都可以從效率的觀點來解釋。

問題十：對法律學者來說，經濟學是什麼？

雖然這個問題是問法律學者，但是經濟學者可能反而比較適合提出答案。而且，因為經濟學主要是一種分析社會現象的特殊角度，和數學或方程式沒有必然的關聯。因此，這個問題換一種問法，是：對法學研究而言，經濟分析的主要慧見（insights）為何？[9] 在某種意義上，這個問題是對前面問題的總結。

在 Posner（1998）法官的名著《法律的經濟分析》一開始，他歸結出經濟分析的三大基本原則：第一，是價格和數量反方向變動的「需求法則」——當然，價格不一定是指金錢貨幣，而可以是抽象的價格。第二，是機會成本的概念；第三，是在沒有因素干擾的情形下，資源會流向價值最高的使用途徑。在《一以貫之經濟學》（Economics in One Lesson）這本書裡，Hazlitt（1979）總結經濟學的精神：一個好的經濟學者，不只注意短期，也會注意長期；不只考慮局部，也會考慮全面；不只關心直接影響，也會關心間接影響。

相形之下，我認為，經濟分析可以提供給法律學者三個重要的觀念；而這三個觀念，都可以藉「若 A 則 B」來闡釋。第一，法律的目的，是處理人的行為所衍生的問題。在經濟學者的眼裡，人的行為具有相當的「規律性」（regularity）。

而且，這種規律性是「若 A 則 B」般的簡潔明確、容易掌握。假設規律性是「若 A，則或 B 或 C 或 D 或 E」，或是

---

[9] 當然，這個問題也隱含著，對於政治學或社會學而言，經濟分析可能意味著不同的慧見。譬如，對政治學而言，競爭（competition）是一個很重要的概念。當然，在法學研究的憲法理論裡，競爭和三權分立的制衡概念，有密切的關係。

「若 A 或若 B 或若 C 或若 D，則 E」，那麼在邏輯上來說，依然符合某種規律性；可是，對一般人來說，這種規律性過於複雜或模糊，所以在思惟或行為取捨上的助益不大。當然，這並不表示，人的行為沒有例外，或不會改變；重點在於，人的行為不像是喝醉酒的醉漢、走路顛三倒四（random walk），而是約略符合「若 A 則 B」的規律。如果法律所面對的是醉漢般的行為，法律所能發揮的作用將極其有限。

而且，這種行為所顯現出的規律，不只和市場或經濟活動有關，在人的其他活動中也無所不在。事實上，有些經濟學者認為，人類之外，在其他動物的行為裡，也可以發現類似的規律性。例證之一：諾貝爾獎得主 Becker（1976）的書名是《人類行為的經濟分析》（*The Economic Approach to Human Behavior*），但是 Becker（1993）的諾貝爾演講題目是：「由經濟分析的角度觀察行為」（The Economic Way of Looking at Behavior）；行為，當然不限於人的行為。

具體而言，規律性可以約略分成三個層次：最基本的，是個人層次（individual level）上的規律性；譬如，若罰鍰增加，則少超速。其次，最上層的，是總體（macro level）或社會層次上的規律性；譬如，若貨幣發行量過大，則容易通貨膨脹。最後，是介於這兩者之間的，可以稱為中層（middle level）的規律性；和另外兩種層次的規律性相反，中層的規律性反而比較模糊、比較難掌握。譬如，若社區的居民由 500 人變為 1,000 人，則社區會變得更整潔或更髒亂？因為人數增加後，行為的加總可能導致很多結果，因此不一定有非常明確的規律性。

第二，若 A 則 B 的規律性，反映的是一種條件式的思惟

和判斷（conditional statement），而且有兩種層次。一方面，「若 A」本身就表示一種條件，「則 B」是在 A 成立的條件下會出現的狀態；因此，這是一種條件式的命題。另一方面，「若 A 則 B」成立，隱含著其他的條件沒有發生變化；如果其他條件發生變化，那麼「若 A 則 B」可能變「若 A 則 C」。因此，「若 A 則 B」是在某種前提成立的條件下，才會成立。

無論是基層、中層、或總體層次上的規律性，都是在某些條件的支持之下才成立。因此，對於經濟學者來說，除了注意規律性本身之外，還必須掌握更多的資訊。一方面希望知道，在哪些條件的支持下，規律性才會成立。另一方面，也希望了解，當這些條件發生變化時，原先的規律性會受到哪些影響。[10]

第三，是關於「若 A 則 B」的內涵。前面兩點，似乎都是反映在抽象符號之間彼此的關係；不過，更重要的，是經濟學由探討人的行為裡，得到許多體會。這些體會，就補充了前兩點的內涵；譬如，Posner 所強調的「若價格上升，則需求下降」，以及「若沒有干擾因素，則資源流向價值最高的使用途徑」，就是符號關係下的實質內涵。

具體而言，經濟學者在分析人的行為時，不是只把焦點放在單獨的個人身上，而是一直保持一種體系或系統的觀點。這個體系或系統有兩個維度：時間和空間。在空間上，每一個人的行為，都直接或間接的影響其他人，也直接或間接的受其他人行為的影響。在時間上，現在的行為受到過去

---

[10] Coase（1992）裡一再強調，經濟活動是在某種制度環境（institutional structure）裡進行；因此，經濟活動所呈現的規律性，就是在特定前提成立的條件下才成立的。

演化經驗的影響，也會受未來的影響（前面提到重覆賽局的觀念）。空間的因素，呼應 Hazlitt 所強調的，直接或間接以局部或全面的考量；時間的因素，則是他所強調短期或長期的考慮。

在傳統法學的論述裡，也有「若 A 則 B」的邏輯；不過，通常是「若採取作者的論點，則正義將得到伸張」。可是，是哪些條件支持這種結論，條件改變之後結論會不會受影響等等，卻經常付之闕如。相形之下，經濟分析所意味的「若 A 則 B」，則是對問題作較完整的探討，包括在描述、預測和建議這三方面。對於所觀察的現象，經濟學者會嘗試解釋：在哪些條件下，會得到這種結果；主要的決定因素，是哪一個或哪幾個。當環境裡的條件發生變化時，我們所關心的焦點會朝哪一個方向發展。如果希望追求某種目標（包括公平正義這種價值），採取哪一種或哪幾種手段比較好。而且，雖然探討的是眼前的問題，不過在經濟學者的腦海裡，卻總是會聯想到：是哪些因素引發了這個問題？環境裡支持的條件是哪些？採取不同的手段各會引發哪些後果？手裡是不是有足夠的資源來影響相關的條件？

總結一下，對法律學者來說，經濟分析的精髓可以藉著「若 A 則 B」來表示。「若 A 則 B」反映了人類行為和社會現象裡，隱含了某些規律性；至於這些規律性的實質內容，則是由人類所經歷演化過程的經驗所充填。

參、結論

如果要利用兩個譬喻，反映傳統法學和經濟分析的差

別,也許可以這麼比擬:首先,對於一個法學問題,法律學者好像拿著放大鏡、甚至是顯微鏡,然後鉅細靡遺的抽絲剝繭。相形之下,經濟學者則像是一個攝影師,從不同的角度打光,以捕捉這個問題完整的面貌;而且,除了用現在的鎂光燈之外,還會利用過去的鎂光燈,以掌握這個問題在歷史中的意義。事實上,前面十個問題的討論,就好像是為法律學者打了十盞鎂光燈;希望藉由諸多不同角度的光線,烘托出「經濟分析」的神韻。其次,對於一卷底片上的某一張膠片,法律學者試著描繪這張底片的意義;可是,經濟學者卻希望利用這張底片之前和之後、其他底片裡的景象,來描繪這張底片中景象的意義。

本文的出發點,是希望由經濟學的角度,嘗試和法律學者對話。我採取的方式,是向法律學者提出十個問題,然後自問自答。這麼做的目的,一方面是希望法律學者能面對這些問題,然後提出他們認為合宜的答案。另一方面,當然是由經濟學的角度,提出經濟學者對這些問題的討論。經由這種方式,希望減少法律學者對經濟分析的誤解。最終的目標,自然是期望有助於法學研究。

第六章
法律的經濟分析：
方法論上的幾點考慮

　　自 1960 年以來，經濟學開始向政治、法律、社會等社會科學擴充，成果非常可觀。其中，又以「法律經濟學」的進展最令人注目。本文的分析闡明：法律經濟學的快速發展，這兩個學科在研究主題和分析方法上的共通性有關。相形之下，因為研究主題和分析方法上的差別，經濟學和社會學、政治學、或其他社會科學的結合，就不太容易綻放出和法律經濟學一樣璀璨的花朵！

壹、前言

　　自 1960 年起，經濟學家開始不約而同的向社會科學裡的其他領域擴充。雖然，這種發展引起一些經濟學家和其他社會科學研究者的質疑；不過，在 Becker、Buchanan、Coase、Posner、Tullock 等人的努力之下，經濟學不但已經在其他的社會科學裡占有一席之地，而且影響力與日俱增。其中，又以「法律經濟學」（Law and Economics）或「法律的經濟分析」（Economic Analysis of Law）的成果最為可觀。

　　可是，為什麼呢？經濟學對其他社會科學幾乎是同時伸出觸角，為什麼在法律的領域中綻放的花朵特別鮮艷？這

個問題可以由三個角度來考慮：第一，經濟學和法學在性質上是不是有特殊的相同之處，使經濟學進入法學格外容易？第二，由經濟學者的立場來看，經濟學在分析上相對於法學有何優勢？因為，法學和經濟學之間的互動，似乎主要是由經濟學進入法學，而不是相反。為什麼？第三，站在法律學者的立場來看，經濟學者投入法學問題的研究，到底意義為何？在文獻裡，這三個問題都已經受到不同程度的關注。對本文而言，重點是第一個問題；這主要是基於幾點理由。

首先，第三個問題也許對法學研究者有意義；可是，對於經濟學者而言，他們所在乎的掌聲主要來自於其他經濟學者。因此，對他們來說，這個問題並不特別重要。其次，對第二個問題，經濟學者已有許多深入的討論；而且，法律經濟學快速發展的事實，本身似乎就是最好的說明。[1] 不過，如果只是因為經濟學具有一套結構完整而且適用範圍很廣的分析工具，不只適合研究「市場行為」（market behavior）也適合分析「非市場行為」（non-market behavior）；那麼，經濟學對法學、政治學和社會學等社會科學的影響應該是無分軒輊。可是，事實上並非如此，經濟學對法學的影響較大。因此，單單是經濟學的分析工具強而有力，並不足以解釋法律

---

[1] 以專業期刊而言，在1998年，「社會經濟學」（Sociology and Economics）的專業期刊數為1（*Economy and Society*），「政治的經濟分析」（Economic Analysis of Politics）的專業期刊數為3（*Public Choice, Constitutional Political Economy, Economics and Politics*）；相形之下，「法律的經濟分析」有7種專業期刊（*Journal of Law and Economics, Journal of Legal Studies, Research in Law and Economics, International Review of Law and Economics, Supreme Court Economic Review, Journal of Law and Economics and Organization, European Journal of Law and Economics*）。此外，關於經濟學在分析方法上的特色，本文後面有進一步的討論。

經濟學的蓬勃發展。所以,關鍵似乎還是在第一個問題上。在文獻上,對於第一個問題的探討,似乎並沒有得到太多的重視。不過,雖然 Posner 沒有直接處理過這個問題,他在法學上的見解卻和這個問題有間接的關係。眾所周知,Posner 是推動法律經濟學的主要戰將和首席發言人;而在他的論述裡,他一再強調「財富極大」(wealth maximization)的重要,這有兩種意義:一方面,Posner 認為「財富極大」和習慣法的精神非常契合;所以,這個概念有助於對法學問題的探討。另一方面,Posner 認為:因為「財富極大」隱含著資源運用的效率較高,所以,這個概念可用以一以貫之的作為法官闡釋法律和(以判例)立法時的最高指導原則。因此,經濟學能長驅直入法學這個領域(而不是社會學或政治學),似乎可以由「財富極大」這個概念所隱含的「一般性」(generality)得到充分(或相當)的解釋。

不過,我將在本文裡論述,法律經濟學的蓬勃發展,還有其他更根本的理由。具體而言,我將從「研究主題」和「分析方法」這兩方面著手,指出經濟學和法學的共通性。因為有這些共通性,所以這兩種學科之間特別容易進行交流。此外,我也將闡釋,這種共通性所隱含的意義。

本文的結構如下:我將由「研究主題」的角度,說明經濟學和法學的共通性;且針對「分析方法」所作的闡釋,以「研究主題」和「分析方法」的角度,試著說明為什麼到目前為止,經濟學和法學之間的交流總是單方向的——由經濟學進入法學,而不是由法學進入經濟學。最後,我將利用前面幾節的論點,討論「效率」(efficiency)的意義。最後,在結論裡,我將歸納本文的意義和啟示。

貳、研究主題

就研究的主題而言,傳統上法學和經濟學的交集是關於稅法和獨占壟斷這些課題;不過,這不是我所指的共通性。在此我將論述法學和經濟學在研究主題上的共通性,在這兩個學科裡,「個人」和「兩人之間」(bilateral relations)的問題占有非常重要的地位。

就經濟學而言,可以概略的分為個體經濟學和總體經濟學。在個體經濟學裡,「個人」的工作和消費行為是主要的課題;廠商的行為,也可以從個別廠商的角度分析。而且,供需(買賣)雙方的互動關係,在實質上是一對一(買方和賣方)的對應。同樣的,在法學的研究主題上,雖然法律哲學、憲法等課題也占有重要地位;不過,最主要的部分,還是訴訟。而「訴訟」很明顯的是關於雙方當事人以及這兩者之間一對一的互動關係。

這種經濟學和法學在研究主題上的共通性,有兩點重要的含義。首先,行為的主體都是自然人,所以研究主題非常具體。因為是自然人和自然人所面對的問題,所以研究者很容易由自己的經驗,設身處地的去體會和想像自己所處理的問題。經濟學者很容易把自己放在消費者的立場,作一些聯想;同樣的,法學研究者也很容易把自己放在訴訟當事人(不論是原告或被告)的立場,設想一些相關的問題。[2]

其次,一對一的對應關係簡單明確,焦點非常集中。而

---

[2] 在經濟學和法學研究裡,關於非自然人(如廠商和公司法人)的探討也非常重要。不過,有趣的是,法人的概念還是源於「自然人」。也就是,在考慮法人所具有的權利義務時,還是以「自然人」的權利義務為基準。

且,因為這是一種對立的關係,所以彼此的利益是直接衝突的。[3] 因為是一對一且利益衝突,所以研究者等於是把當事人所面對的各種價值轉換到單一的價值上,再從這單一的價值上分析。[4] 在經濟學裡,這單一價值就是價格;在法學裡,這單一價值就是當事人之間的勝負。進一步而言,在這兩個學科裡分析的重點都是在於,在這一對一之間如何劃分(或切割)利益。在經濟學裡,交易的利得不是由買方就是由賣方獲得。在法學裡,訴訟雙方雖然面對的是「勝訴」或「敗訴」這種「兩極化的結果」(dichotomy outcome)。但是,在許多情形下,勝敗像是光譜上的兩個極端,而最後的取捨是在這個光譜上找到適當的位置;也就是,利益的分配並不是絕對的、而是可以切割的。因此,經濟學者的角色就像是一個旁觀的第三者,描述且分析關於利益劃分的種種。同樣的,法學研究者往往把自己定位為法官——旁觀的第三者——然後描述、分析並建議關於利益劃分的種種。

經濟學和法學在研究主題上的共通性,剛好可以和經濟學及其他社會科學在研究主題上的差異作一對照。以社會學而言,社會學在研究主題上的重點,可以說是介於個體經濟學(個人家庭)和總體經濟學(利率物價)之間的中層課題(middle range issues);譬如,社區、同儕團體、社會資本等等這些主題,而不是分析一種介於兩人之間一對一的關係。對於經濟學者而言,這些主題在相形之下並不是他們探討的重點;而且,以經濟學的分析方法(個體經濟學和總體

---

[3] 這是第一種層次的分析;在較高的層次上,買賣雙方「都」由交易中獲利,訴訟雙方「都」得到糾紛解決的結果(好處)。此外,這裡不考慮外部性的問題。
[4] 對於價值之間轉換的問題,法律學者和經濟學者有相當不同的看法。

經濟學）而言,也並不擅長分析這些主題。因此,經濟學和社會學的交集,大致上還是集中在個體經濟學所探討的主題上。以政治學而言,情形很類似。政治學所關注的重點是政黨和選舉等問題,而這些主題大致上也是介於個體經濟學和總體經濟學之間的課題。同樣的,經濟學對政治學的貢獻,也主要集中在個體經濟學的部分。[5]

總結一下,我在本文中指出:經濟學和法學這兩個學科,在研究主題上有相當的共通性。這種共通性所隱含的意義,我會在下面的敘述加以闡釋。

參、分析方法

在此我將說明:抽象的來看,經濟學和（傳統）法學所採用的分析方法也有相當的共通性。具體而言,這種分析方法可以稱為「基準點分析法」（a benchmark approach）。[6]這種分析方法包含兩種成分:第一,有一個作為分析和比較評估基礎的「基準點」或「參考座標」（a benchmark or a reference point）,第二,有一種作為取捨的「價值」（a value element）。這兩種因素必須同時具備,才能進行含有價值判斷的分析。譬如,以 0 作為基準點,1 和 0 不同;可是,如果沒有價值的成分,就不能在 0 和 1 之間做出高下的取捨。如果加上一種價值作為評估的依據（譬如,每月超速的次數

---

[5] 就社會學和政治學而言,經濟學對後者滲入的程度和影響顯然要大過於前者,而這又可能和選舉、政黨這些主題可以數量化有關。

[6] 一般而言,經濟學所採取的分析方法是「理性選擇模型」（rational choice model）。因此,這裡所指的基準點分析法,和一般對經濟學的解釋有某種程度上的差別;不過,參考以下的論述。

或每月捐錢給慈善事業的次數），就能在 1 和 0 之間分出高下。

在經濟學裡，最常運用的兩個基準點顯然是「均衡」（equilibrium）和「效率」。[7]具體而言，「均衡」不但作為一種分析的「參考座標」，同時還隱含了較穩定，較能被環境中的條件所支持、較有效率的這些價值。而且，根據「均衡」這個參考座標，可以作比較靜態分析，並推導出各種實證上可驗證的「假說」（testable hypotheses）。同樣的，「效率」幾乎是經濟學裡無處不見的參考座標，而隱含的價值就是資源運用較好的狀態。當然，經濟學者並不一定以「效率」和「均衡」作為基準點，而可能以其他的價值（譬如「公平」）作為論述的基準點。以 Coase 和 Posner 這兩位對法律經濟學有重大貢獻的經濟學者為例，他們就採取不同的參考座標；但是，在本質上，都還是基準點分析法。就 Posner 而言，「財富極大」（wealth maximization）這個參考座標幾乎可以和 Posner 劃上等號。而就 Coase（1960）這篇對法學研究有深遠影響的論文而言，他是以「零交易成本」作為分析的參考座標，而後分析財產權界定對資源運用效率（這是隱含的價值因子）的影響。[8]

---

[7] 精確一點的說法是，「效率」是經濟學所強調的價值，而「均衡」只是經濟學者所運用的分析性概念，本身並不是經濟學所強調的價值。

[8] 在 Coase（1937）這篇論文裡，他是以市場機能所隱含的交易成本作為參考座標，然後考慮組成廠商是否使資源運用的效率更高。不過，雖然 Coase 在兩篇論文裡採取的是不同的參考座標，「效率」還是最高層次的價值。此外，法律學者往往相當排斥「效用極大」或「財富極大」，可是，基準點分析法並不隱含效用極大或財富極大。關於 Coase（1960）這篇論文在法學界被廣為引用的原因，可能與這篇論文的研究主題以及分析方法都有關係。在研究主題上，這篇論文引用了許多英國歷史上的案例作為論述的材料；對法律學者而言，這是他們所熟悉的材料。在分

和經濟學相比,(傳統)法學研究更是明顯的採取「基準點分析法」。具體而言,法學論述裡有三種主要的「基準點」。第一種是「正義」(justice),這是層次最高的基準點;第二種是以「功利主義」(utilitarianism)、「實證主義」(positivism)和「務實主義」(pragmatism)等等思想上的立場作為基準點,再作分析和論述;第三種基準點是處理具體案件時更細微的各種「原則」(doctrines)。[9]在不同層次的法學論述裡,會直接或間接的反映這三種基準點。總合而言,一般法學研究所採取的分析法,可以說是以某種教義為基準點的「教義式分析」(doctrinal analysis)。

經濟學和法學在分析方法上的共通性,可以和其他社會科學的分析方法作一對照。以社會學為例,在社會學裡,主要的有三類研究:一是以某位學者(如 Max Weber 或 Emile Durkheim)的思想為主,作為論述的材料;一是由個案研究中,歸納出一些分析性的概念;另外,則是利用統計調查等方法所作的研究。可是,社會學並沒有一套一以貫之的分析方法。

總結一下,在分析方法上,經濟學和法學都是相當程度的採取「基準點分析法」。這種分析方法上的共通性,有助於解釋法律經濟學的快速發展。而且,到目前為止,這還是

析方法上,這篇論文所採用的是基準點分析法;對法律學者而言,這是他們一向所採用的方式。

[9] 譬如,處理契約法時,有脅迫(duress)、不可能(impossibility)、目的喪失(frustration of purpose)等「原則」。處理侵權行為時,有過失(negligence)、比較過失(comparative negligence)和責任過失(contributory negligence)等原則。

文獻上受到忽略的一點。[10] 一旦體會到這一特色，法學研究者對經濟學的排斥很可能會進一步的淡化。

肆、經濟分析的特色

前文我嘗試說明：在「研究主題」和「分析方法」上，經濟學和法學都有相當的共通性。可是，單有這種共通性卻不能解釋：為什麼經濟學和法學這兩者之間的互動通常是單方向的——由經濟學進入法學——而不是雙向的。在此我將結合文獻上已經有的論點和上述的內容，說明這種單向關係的原因。

關於經濟學在分析方法上的特色，主要有下列幾點：第一，雖然在相當程度上，經濟學和法學都是採取「基準點分析法」；可是，在性質上，兩者所採取的參考座標和價值卻有重要的差別。在經濟學裡，「效率」這個參考座標是由人的行為所歸納而出的；因此，在性質上是自然的（natural, spontaneous），往往也是實證性的（positive）。相形之下，在法學裡，各種參考座標（特別是功利主義、真實主義等第二類參考座標）是由道德哲學、法學思想、或法律條文所歸納出；因此，在性質上是人為的（man-made），也是規範性的（normative）。第二，既然經濟學主要是實證性的，所以對於人的行為特質有深切的探討和掌握；而且，經濟學已經

---

[10] 在評估經濟學的優點時，一般人往往歸因於經濟學的高度數學化。可是，這個因素也許對經濟學本身很重要，對本文的主題而言，卻並不特別重要。兩點佐證的資料：第一，在 Coase（1960）這篇重要的法律經濟學論文裡，幾乎完全沒有數學（只有一些數字作為例子）；第二，在「法律經濟學」這門課常用的兩本教科書裡——作者為 Posner 和 Cooter & Ulen ——主要的論述都可以藉文字敘述來表達，而用不著數學。

發展出一套完整的理論，能解釋且預測人的行為。相形之下，既然法學主要是規範性的，所以對於人的行為特質並沒有太多的著墨。因此，經濟學會探討規範和道德的由來和性質，因為這些是人類行為的一部分。可是，法學研究的材料卻主要是法條、判例和其他法學研究者的論述，人的行為特質不是法學關心的重點。

第三，以下圖 2-1 和圖 2-2，可以反映出經濟學和傳統法學在分析方法上的差別：

Ⅰ.公平 Ⅱ.各種主義 Ⅲ.各種法原則

圖 2-1：經濟分析的架構　　　圖 2-2：傳統法學的分析架構

在圖 2-1 裡，經濟學所強調的參考座標和價值只有簡單的兩項：效率和平等；在圖 2-2 裡，傳統法學的基準點共有（前文提到的）Ⅰ、Ⅱ 和 Ⅲ 三類。Ⅰ 是「正義」這個層次最高的基準點；根據這個指導原則，衍生出功利主義、真實主義等以 Ⅱ 來表示的基準點。Ⅲ 是處理實際案例時，各種大大小小的「原則」。可是，在 Ⅱ 和 Ⅲ 之間，事實上有一片空白。[11] 由第二類的基準點出發，往往很難推論到第三類的基準點；譬如，由功利主義出發，似乎很難解釋為什麼在實務上要採

---

[11] 可能的解釋是，法學裡的基準點是來自於不同的源頭。具體而言，第 Ⅰ 和第 Ⅱ 這兩類基準點是由法律哲學或道德哲學而來，而第 Ⅲ 類基準點是由實際的案例中歸納而出。

取「最後防範原則」？相形之下，經濟學只有「效率」和「平等」這兩種主要基準點；而且，在處理「平等」（或重分配）這個問題時，經濟學者還是在考慮：如何能「有效率的」追求「平等」這個價值。因此，經濟學者等於是採取一個非常簡潔精緻的分析架構，然後以這個單一的架構去處理所有的問題。相形之下，傳統法學是以許多不同的大小架構，去處理分門別類的各種問題。以單一的分析架構就能取代複雜的各種大小架構，顯然在分析上要具有相當的優勢。[12]

最後一點，抽象的來看，經濟學裡的論述通常是「條件式的敘述」。也就是，特定的結果只會在某些給定的條件之下成立；當條件改變時，結論也會跟著改變，而且，經濟學者總是在探索不同目標或手段之間「取捨」（trade-off），也就是一直在思索「替代方案」（an alternative）的可能性。相形之下，傳統法學裡的論述，往往是根據圖 2-2 裡 I、II、III 類的參考座標所作的「規範性敘述」（prescriptive statements）。而且，因為參考座標隱含的是規範性的價值，所以法學研究者通常認為，事物的狀態「應該」以這些參考座標為準。可是，關於這些參考座標的基礎和條件本身，以及當這些基礎和條件變化時所產生的影響，卻很少受到嚴格的檢驗。在一個靜止或變化不大的社會裡，這兩種理論所能提供的可能相去不遠。可是，當社會變化加快，新的問題層出不窮時，兩者所能提供的、所能發揮的就有相當大的差別。當法學對於這種變化反應遲緩時，經濟學的優勢就開始展現。

---

[12] 因此，本文題目下 Coase 所引 Marshall 的看法，可以說為經濟學分析方法的精神作了非常貼切的總結。

總結一下本文的分析，經濟學很順利的進入法學，而且已經有可觀的成果，可說是歸因於下面這兩種因素的結合：第一，法學和經濟學在研究主題上有相當的共通性；第二，在分析方法上，經濟學提供了一套分析人類行為完整的架構，而這套架構是傳統法學所缺少的。過去在討論法律經濟學的蓬勃發展時，往往強調第二點，卻忽略了第一點；可是，就像我在前言中所指出的，如果只是因為第二點（經濟學的分析工具強而有力），那麼經濟學在法律經濟學、經濟社會學等範圍的成果應該一樣璀璨。可是，情況並非如此，法律經濟學的成果最為輝煌；因此，加上第一點理由（經濟學和法學在研究主題上的共通性），才能為法律經濟學的可觀成果提供比較完滿的解釋。

伍、效率

對經濟學而言，以「效率」來評估資源運用的狀態，幾乎是天經地義的事。可是，對法律學者而言，這卻似乎是荒謬無稽的論點。這一點根本的歧異，相當程度的減緩了法律學者對法律經濟學的接納。在此我將利用上述的論點（特別是「基準點分析法」的概念）來說明——因為有某種程度上後見之明的奢侈——這種歧異其實是可以避免的。

當經濟學者剛進入法學研究的領域時，很興奮、也很急切的宣稱：有許多法律原則（特別是在習慣法的範圍裡）雖然用的是不同的詞彙術語，但是卻都隱含「效率」的考慮。譬如，侵權法的「最後防範原則」（the last clear chance rule）很清楚的反映出：由具有最後的機會和適當能力的人來承擔防範意外的責任，是成本較低（因而效率較高）的作

法。可是,以「效率」或「財富極大」來說服法律學者(經濟學和法學其實是相通的!),事實上是犯了欲速反而不達的錯誤!

其實,經濟學者可以採取一種兩步驟的論述方式:第一步,說明法律學者所採取的是基準點分析法:以「正義」或其他主義和原則作為參考座標,而以「正義」或其他主義和原則所隱含的價值作為取捨判斷的依據。那麼,不論參考座標和所認定的價值為何,經濟學都可以分析:以哪一種方式比較容易達到這種目標;或者,換一種說法:哪一種作法所隱含的成本較低。完成第一步之後,再進行第二步:第二步,說明法學論述裡的諸多價值,其實是和經濟學裡的「效率」相通。

因此,即使法律學者不同意第二步,在第一步的範圍裡,經濟學者還是可以發揮相當的功能。譬如,對於主張「天賦人權」(natural rights)的學者,經濟學者可以由機會成本的角度提出一連串的問題:在眾多的基本人權裡,這些權利彼此之間的優先次序為何?在一個資源不是很豐饒的社會裡,要先保障言論的自由,還是先保障免於飢餓的自由?[13] 對於

---

[13] 這個論點有一個很微妙的含意:因為效率和資源有關,所以資源豐饒時一般人所認定的效率,會與資源匱乏時一般人所認定的效率不同。也就是,因為條件不同,所以可能會採取不同的基準點。譬如,過去一向把吸毒者認為是罪犯;這等於是以大多數非吸毒者的行為作為參考座標,希望少數吸毒者(行為特殊者)的行為能和多數人一樣。換言之,整個社會只採取一個參考座標和一種價值。可是,資源豐富、看法改變之後,可能(或可以)採取兩個參考座標和兩種價值:不吸毒者的行為是一個參考座標,吸毒者的行為是另一個參考座標。對這兩群人而言,相對於各自的參考座標,自己的行為都是「可以接受的」(這是價值因素)。在某些國家和地區裡,吸毒合法化的措施正反映了這種觀點。當然,抽象的來看,採取兩種參考座標的作法事實上隱含了一個更高層次的參考

私有財產權的保障,要完整到什麼程度?[14] 藉由這些問題,經濟學者顯然可以幫助法律學者,使他們的論述更完整、更有說服力。

Posner 強調「財富極大」這個概念,等於是把兩個步驟合為一步;既強調第一步的「基準點分析法」,又強調第二步的「價值相通」。對於法律學者而言,因為習慣以正義和其他教條原則作為參考座標,而不習慣接受「效率」、「成本」和「價格」這些概念,因此自然會對第二步排斥。但是,因為兩個步驟合而為一,所以連帶的也排斥了第一步。

陸、結論

本文有兩種意義:對法律經濟學的意義,以及對經濟學和其他社會科學的意義。就法學和經濟學而言,雖然過去一向是兩個截然不同的學科,但是都有悠久的歷史。如果以西元 532 年的《查士丁尼法典》(*Code of Justinian*)為法學的肇始,到現在已經有一千五百多年的歷史;如果以亞當斯密 1776 年的《國富論》(*The Wealth of Nations*)為開端,經濟

座標:允許且接受分離均衡或多重均衡。而這個更高層次的參考座標所隱含的價值是:讓全部的社會成員各得其所。

[14] 幾年前,我曾受一位法律系教授(他現在已是大法官)之邀,到他的班上介紹一些基本的經濟學觀念。我提到:「權利」的背後一定有資源的付出;而資源的付出,一定牽涉到「成本」的問題。我以竊車的破案率為例:百分之五十和百分之八十的破案率,其中隱含人力、物力支出的水準不同,而這些人力與物力的支出,是由納稅義務人所繳的稅來支應。因此,關鍵的問題是:我們願意付出多少資源,來保障私有財產權。記得當時有一位在場的人提出一個問題:如果把破案率定在百分之六十,是不是表示警察抓了百分之六十的小偷之後,就可以坐下來休息了?當然,這和我的原意有很大的出入;顯然,經濟學者和法律學者之間的溝通,還需要長期的努力。

學也已有兩百年以上的歷史。可是,自 1960 年以來,在這兩個學科之間卻出現了前所未有的互動。「法律經濟學」的研究領域不但早已確立,而且已有可觀的研究成果。造成這種現象的原因,當然值得從多方面加以探討。本文的分析闡明:法律經濟學的快速發展,和這兩個學科在研究主題和分析方法上的共通性有關。相形之下,因為研究主題和分析方法上的差別,經濟學和社會學、政治學,或其他社會科學的結合,就不太容易綻放出和法律經濟學一樣璀璨的花朵!

　　就經濟學和其他社會科學而言,經濟學自 1960 年起向其他社會科學的擴充,無疑是智識上很令人興奮(intellectually exciting)的發展。本文探討的重點,是經濟學和法律之間的關聯。同樣的,在經濟學、社會學和政治學,以及其他相關的社會科學之間,也可以、也值得作類似的探討。思索經濟學和其他社會科學之間的關係,不但能使經濟學和其他社會科學在研究主題上更為豐富、在分析方法上更為精緻;而且藉由對照和比較,也可以更深入了解經濟學和其他社會科學的性質!

第七章
法律的經濟分析：本質上的釐清

　　「法律經濟學」是學科間整合成功的典範；一般學者認為，主要的原因是經濟學有一套結構嚴謹的行為理論。本文我將論述這僅是部分的解釋；因為有許多法律問題和「行為」並沒有直接的關係。因此，在分析這些問題時，經濟分析所提供的，是一種「分析的邏輯」。這種邏輯可以用「A-A'」的對照來反映；而且，「A-A'」的結構和「原告──被告」的呼應明顯可見。

壹、前言

　　「法律經濟學」（Law and Economics）這個新興的研究領域，無疑是科際整合成功的典範；這可以從幾個方面看得出來：首先，自 1991 年 3 月起，JEL（*Journal of Economic Literature*）就在索引上開始列出「法律經濟學」這個項目；這表示在經濟學裡，這個領域已經有眾議僉同的地位。其次，這個領域豐碩的研究成果，不只見諸於「經濟學」和「法學」的主要期刊，而且以「法律經濟學」為主的期刊也逐漸增加。[1] 再其次，以「法律經濟學」或「法律的經濟分析」

---

[1] 除了 *Journal of Law and Economics*、*Journal of Legal Studies*、*International*

（Economic Analysis of Law）為主題或書名的教科書已經陸續出版，而且流通甚廣。[2] 並且，這個領域的學者不只是為學論述而已，其中有幾位已經成為位高權重的法官，把理論具體的運用到實務上。不只如此，（美國）最高法院在裁決上，都漸漸顯露出受到這個學門論述的影響。最後，「法律經濟學」不只是在發源地（美國）蓬勃發展，在其他地區也都蔚為風潮。因此，在經濟學向政治、社會等領域擴充中，把「法律經濟學」視為最顯赫的成果，並不為過。

不過，在近四十年的快速發展之後，「法律經濟學」也呈現了一些隱憂。首先，無可諱言的，在「法律經濟學」的專業期刊裡，數學化的程度愈來愈高。雖然，現代經濟學的語言就是數學；不過，這些以數學模型為主的論述，僅會使「法律經濟學」成為「應用經濟學」（applied economics）的一支而已，而對法學本身不一定有直接的影響。而且，對於大部分的法律學者而言，並不習慣這種論述方式。[3] 因此，數學化程度的提高，對於「法律經濟學」這個學科有智識上的意義，但對「法學」（law）和法律學者而言卻沒有太大的意義。其次，即使經過幾十年的發展，即使經濟學的基本觀念其實非常簡單，可是，很多法律學者卻似乎還相當排斥經濟學；而且，即使在同情或接受「法律經濟學」的學者裡，也有許多對經濟學的誤解。最後，雖然已經有三至四位諾貝爾

Review of Law and Economics 等期刊之外，由「美國法律經濟學會」（American Law and Economics Association）出版的《美國法律經濟論叢》（*American Law and Economics Review*）──主編為 Orley Ashenfelter 和 Richard A. Posner──也於 1999 年春季問世。

[2] Ponser 的書有可能成為類似 Samuelson《經濟學原理》般的暢銷和長銷。

[3] 舉例而言，在斟酌具體的案例時，很難想像大部分的法官會運用到比「韓氏法則」（Hand's rule）更複雜的數學。

經濟獎的得主都對「法律經濟學」有卓越的貢獻[4]，可是根據一位傑出的法律經濟學者的看法：「對於絕對大多數（美國）的法律學者而言，經濟學一無所用」。[5] 這真是令人沮喪的情況，而法律經濟學者顯然要負起相當的責任。本文的主要目的之一，就是希望藉由釐清法律經濟學的本質，能稍稍有助於改善目前的情況。

具體而言，雖然新的「法律的經濟分析」已經有近四十年的歷史，因此本文的內容似乎有「舊瓶裝新酒」和「炒冷飯」的嫌疑；不過，本文的探討有幾點重要的含義：第一，雖然經濟學的核心（或基本）概念很簡單，可是對於絕大多數的法學教授卻似乎一無所用；這種差距顯然值得彌補。因此，對於「法律的經濟分析」作本質上的探究，也就非常重要。第二，不論是贊成者或反對者，對於「法律的經濟分析」似乎有很多不同的認知和解釋。我希望能歸納出「法律的經濟分析」最核心的部分，或許可以成為大家都能接受的交集。第三，法律經濟學所涵蓋的主題範圍非常廣，而問題所牽涉的層次也非常可觀；那麼，「法律的經濟分析」是不是有一以貫之的基本邏輯？如果有，能不能從「法律經濟學」的論述裡，推導出這種經濟分析的「基本邏輯」？

為了能達到目標，我將循序漸進：本文會先描述、分析並比較 Coase、Becker、和 Posner 這三位重要學者的論述。

---

[4] 四位是指 Gary Becker、Ronald Coase、James Buchanan、George Stigler；三位是指 Gary Becker、Ronald Coase，和另外兩位之一。除了 Becker 和 Coase 之外，關於 Stigler 和 Buchanan 對法律經濟學的貢獻，在經濟學家之間似乎還沒有定論。

[5] 在給筆者的私人信函裡，哈佛大學法學院 Mark Ramseyer 教授表示：「The overwhelming majority of law school teachers have no use for economics.」

然後，我將嘗試說明，法律的經濟分析所採取的具體架構。而且，我會以 Coase 等三位學者的論述為基準點，闡釋「法律經濟學」或「法律的經濟分析」的核心。為了能更清楚的呈現這種本質，我將藉由一些極端的對比，說明「經濟分析不是什麼」。然後，我將利用「法律經濟學」裡的兩場論戰作為例子，澄清一些對經濟分析的誤解；最後，是全文的結論。

在開始以下的論述之前，我想先說明一下本文和本文所訴求對象之間的關聯。我的主要對象之一是法律學者，特別是對法律經濟學有興趣但不太了解、或從根本上排斥的人。我希望藉由下面的論述，具體的呈現「法律的經濟分析」主要的「慧見」（insight）。其次，對於在「法律經濟學」這個領域耕耘的經濟學者（或法律學者），我希望本文的分析可以促使他們今後在論述時，能更明確、前後一致的運用經濟分析的邏輯。最後，是對於一般的經濟學者而言，我希望本文能反映出當經濟學向其他「非經濟」（或稱為「非市場」）的領域伸出觸角時，經濟學所面臨的問題和所應有的因應。希望這種體會能促使經濟學者仔細思索，經濟分析的優點和潛在的限制。

一、Coase、Becker 和 Posner

在此我將說明、闡釋、且比較 Coase、Becker 與 Posner 這三位經濟學家的分析方法。選擇他們三位作為代表，是基於幾點考慮：首先，他們對法律經濟學都有顯著的貢獻，成就為眾所公認；他們的論著不但常被引用，而且往往是其他學者論述（或批評）的重點。其次，雖然他們都和芝加哥學派關係密切，可是在分析方法上卻各有所重，剛好可作為對照比較的材料。

最後，雖然他們在法律經濟學裡的地位都非常重要，可是他們對經濟分析的看法卻有很大的差別；而且，他們對「法律」本身涉入的深淺程度也大有不同，對「法律經濟學」的投入和期許也就不太一樣。因此，以他們的看法作為基準點，不但在智識上有相當的趣味，對於下面的分析也提供了重要的依據。無論如何，本文的重點是希望歸納出三位學者在經濟分析上的方法（method）或邏輯（logic），並且加以對照與比較。

二、Coase

Coase 一再強調，他的興趣所在是「經濟體系」（economic system）而非「法律體系」（legal system），而他所「傳教」的對象是其他經濟學者而非法律學者。可是，他在 1960 年所發表的論文，不只是所有經濟學文獻裡引用次數最多的論文，同時也是法學論述裡被引用次數最多的論文。這種現象真是令人又驚訝又困惑；而且，更有趣的是，一直到今天為止，經濟學者和法律學者都還不能很明確的認定，為什麼 1960 年的那篇論文會發生這麼大的影響。

就 Coase（1960）的內容而言，學者之間有不同的解釋；不過，我認為這篇論文的重點有下面幾點：第一，Coase 強調，侵權事件的雙方在行為上是「互為因果」（reciprocal in nature）；第二，權利本身是法律所決定、所賦予的；第三，在賦予權利時，法律不需要由公平正義的角度著眼，而可以由（或應該由）增進社會產值（the value of production）的角度著眼。第四，無論法律如何界定財產權，受影響的當事人自己會自求多福；他們往往會藉由各種巧妙的方式，掙脫或規避法律的限制。可是，除了第三點之外，這些見解在分析上並沒有一般性。因此，就「法律的經濟分析」而言，在這

篇重要的論文裡,Coase 並沒有提出明確的分析方法。

可是,雖然 Coase 沒有明確地說明自己的分析方法,1960 這篇論文卻隱含了一種簡單、具體、而且很有說服力、應用範圍很廣的分析方式。Coase 所採取的,可以說是一種「基準點分析法」(a benchmark approach)。具體而言,Coase 在這篇論文裡採取了兩種基準點。首先,他先說明當交易成本為零時,資源運用的情況;然後,他以「零交易成本」的世界作為基準點,再考慮在「交易成本為正的世界」中資源運用的情況。其次,當交易成本為正時,關於財產權應該如何界定的問題,他則是以「社會產值最大」作為基準點——也就是作為評估的尺度。

和 Coase 的分析方法相比,傳統法學論述所採取的可說是一種「教義式分析」(doctrinal analysis)——以正義、或某種學說、或某種原則作為論述的基礎。因此,抽象的來看,Coase 的「基準點分析法」和傳統法學論述的「教義式分析」其實是相當的。因此,這點共通性,或許有助於解釋為什麼 Coase 的論述會廣為法學界所接受。

三、Becker

Becker 對於社會學和法學都有重要的貢獻;可是,相形之下,Becker 對社會學的影響要大於對法學的影響。這當然和 Becker 在這兩個領域裡投入的心血,以及他所發表論述的數量有關。不過,Becker 在法學領域裡所發表的論述雖然不多,卻都有開創性的地位。

具體而言,Becker 關於歧視問題和犯罪行為的研究,可以說是正式的把經濟分析帶入法學這個領域。Becker 的研

究有幾點重要的意義：首先，他不是從規範性的角度來認知且解讀歧視和犯罪的問題，而是嘗試把這些現象看成是某些人（包括你我）選擇之後的結果。其次，既然是由選擇而產生的行為，當然就可以利用經濟學裡成熟的模型和技巧來分析。再其次，Becker 發現，經濟學的「理性選擇模型」（rational choice model）有相當的解釋力——歧視的代價高一點時，人就會少歧視一些；超速的罰款增加時，超速的人就會少一些。換句話說，法令規章罰則處分的輕重，就和商品價格的高低一樣，會影響人的行為。[6] 因此，經由 Becker 的妙手揮灑，經濟學為法律問題提供了一種結構嚴謹、理論紮實、而且有相當說服力的理論！無怪乎，Becker 對自己所拿手的新古典理論——可以以「理性選擇模型」為代表——有無比的信心；也無怪乎 Posner 會推崇他為「分析非市場經濟（行為）最偉大的實踐者和宣揚家」。

關於他的分析方法，Becker（1976，p.5）很明確的表示：

結合極大化、均衡和穩定的偏好這三者，然後毫不猶豫、盡其可能的加以運用，就是我認為的「經濟分析」。

可是，雖然這套分析架構確實強而有力，對「法律經濟學」來說卻有兩個明顯的弱點：第一，Becker 這套可以稱為「極大化分析法」（the maximization approach）的分析架構，幾乎都是以數學模型來推導和論述；可是，對於絕大多數的法律學者而言，一方面並不習慣這種論述方式，一方面也很難在簡化的模

---

[6] 在法律經濟學的教科書裡，往往把「刑罰」看成是罪犯所面對的「價格」。

型和複雜的案例之間作直接的連結。第二，Becker 的極大化分析法適合分析某一類的問題，特別是和行為以及行為之間互動有關的問題；因此，Becker 的分析法，可能很適合用來分析罪犯、原告、被告、律師、法官、仲裁者等等的行為。可是，如果問題的焦點不是行為以及和行為有關的問題，Becker 的分析架構就有時而窮。譬如，如果要討論「聯邦法院體系的改革」（The Reform of the Federal Courts System）這個問題，就很難想像可以用得上 Becker 的分析法。

總而言之，Becker 的極大化分析法也許長於分析行為（economic approach to behavior），但不一定能一以貫之的分析法學裡的其他問題（economic approach to law）。法律的經濟分析所隱含的基本邏輯，應該要比 Becker 的分析法更直接和明確。

四、Posner

和 Coase 以及 Becker 相比，Posner 有幾點明顯的差別。第一，Coase 關心的是法律對經濟活動的影響，而對法律本身並沒有特別的偏好；Becker 對法律問題的分析，只是選擇性的幾個議題。相形之下，Posner 論述所涵蓋的範圍非常廣，遠遠超出 Coase 和 Becker 的論述範圍。第二，Coase 和 Becker 都是經濟學者，活動的範圍就是學術界；相形之下，Posner 是聯邦上訴法院的法官，親自闡釋法律並做出裁決。因此，對於 Posner 而言，「法律的經濟分析」不只是智識上的活動，而是牽涉到關係重大、影響深遠的專業判斷（professional judgement）。

關於經濟分析，Posner（1998）在他的教科書中首先提出綜合性的看法：

> 在這本書裡，經濟學是研究在資源有限的世界——也就是我們所身處的世界裡，——理性選擇的科學。根據這種定義，經濟學的使命，是探究（假設）人是理性追求效用極大的含義——人會基於「自利」而設法追求他所認定的目標。

然後，他提出經濟學的三個「基本原則」（fundamental principles）：首先，是價格和數量之間反向變動的關係——需求法則。其次，是假設消費者，還有歹徒——會設法極大化他們的效用（快樂、享受、滿足）。第三個基本經濟法則，是在自願交易下——市場的資源會流向價值最高的使用途徑。

這三個基本原則隱含幾點啟示：首先，有些學者在Posner和他所提倡的「財富極大」（wealth maximization）之間劃上等號；然後，再將「財富極大」和「法律的經濟分析」之間劃上等號。因此，反對「財富極大」這個概念，也就是反對Posner和他所極力倡導的「經濟分析」。可是，Posner所提的三個基本原則和「財富極大」之間，並沒有必然的關係。第二，Posner顯然贊成「效用極大」的假設；因此，他在分析方法上的見解，要比較接近Becker而不是Coase。可是，第三，在具體的論述上，Posner的風格其實比較接近Coase而不是Becker。[7]

因此，Posner所列出的「經濟學基本原則」和他論述時所運用的邏輯推理之間，事實上還有一段落差。如果能彌補

---

[7] 在Posner大部分著作裡，他都是以文字而不是以數學來論述；即使用到數學，也是非常簡單的數學。

這個落差,顯然能使「經濟分析」的邏輯更明確具體,對法律學者而言也就更有說服力。

貳、經濟分析的本質

在法律經濟學者(legal economists)之間,已經逐漸形成共識:「法律的經濟分析」隱含著,經濟學是以一種「行為理論」(a behavioral theory)來分析法律的相關問題。而行為理論,是由人(或其他動物)的行為中,歸納出一套有系統的原理原則;這些原理原則能夠反映人(或其他行為者)的「行為特質」(behavioral traits)。譬如,Posner所提的前兩個原理(價格低則需求量增加、以及人追求效用最大),就是描述「個別行為者」的行為特質;而第三個原理(資源會流向價值最高的使用途徑),則是一群「行為者」之間互動之後的結果所具有的特質。同樣的,Becker所提分析架構中的偏好穩定及效用極大,也是反映個別行為者的行為特質;而「均衡」的概念,則是希望反映一群行為者互動之後,彼此之間關係發展成為一種穩定狀態的特質。

不過,經濟學的行為理論除了對人的行為特質有深切的刻劃之外,更重要的是這套行為理論所隱含的「邏輯」。如上述所指出的,當經濟分析進入法學這個領域時,研究的主題不一定和「行為」有直接的關係。這時候,經濟分析所提供的,是經濟理論所隱含「分析上的邏輯」(the logic of analysis),也就是一種分析事物的特殊角度(a unique perspective)。在此我將由兩方面來闡釋這個經濟分析的核心邏輯;我將先具體的說明如何運用這個經濟分析的邏輯,再歸納出這個分析邏輯的抽象概念。

一、經濟分析

一般人（包括法律學者和經濟學家在內）在認知或分析一件事物（譬如說 A）時，往往會想到這件事物的諸多面向。為了簡化起見，我們可以只注意兩種面向：正面的意義和負面的意義，並且假設 A 只有兩種正面和兩種負面。那麼，這件事就可以表示成 A：$P_1, P_2 ; N_1, N_2$；其中，P 和 N 分別表示正面和負面。[8] 和這種認知的方式相比，經濟分析要更精緻一些；讓我用下面兩個圖來說明：

A：$P_1, P_2 ; N_1, N_2$;　　　A：$B_1, B_2 ; C_1, C_2$;
A'：$P_3, P_4 ; N_3, N_4$;　　　A'：$B_3, B_4 ; C_3, C_4$;

圖 2-3　一般性的分析模式　　圖 2-4　經濟分析的模式

圖 2-3 和圖 2-4 的差別，就在於「正面和負面」變成「效益和成本」（benefit and cost）。因為這兩者差別不大，而且成本效益的名詞已經為大家所熟悉；所以，我將針對圖 2-4 來闡釋經濟分析的意義。

就表面上來看，圖 2-4 所代表的意義很清楚。首先，B 和 C 不一定是金錢上的成本效益，而可能是道德、良知、善惡、正義上的成本效益。其次，A 和 A' 之間的選擇反映了權衡取捨（trade-off）：如果選了 A，則能享受到 B_1 和 B_2 的效益，但是也承擔了 C_1 和 C_2 的成本；不過，選 A 而放棄 A' 也就意味著不能享受到 B_3 和 B_4 的效益，但是也避免了 C_3 和 C_4

---

[8] 更精確的說法是，P's 和 N's 不一定是數量，而可以是定性式的評估；參考以下的分析。

的成本。因此,無論選的是 A 或 A',得到的都是一種利弊參雜的結果(a mixed bag)。最後,成本和效益(B 和 C)都是主觀的概念,是由當事人自己所認定且賦予的。當然,如果彼此的認知有交集,則成本和效益就具有某種客觀性。

不過,這些只是表面上的解釋,更重要的是圖 2-4 所隱含較深的意義。第一,A 的意義是由 B_1、B_2 與 C_1、C_2 這些特性所襯托而出;也就是,A 的意義不是固定或絕對的,而是由當事人自己在有意無意下所賦予的。第二,A 的良窳是由替代方案 A'(和 A"⋯等等)所襯托而出的;也就是對於 A 的評估,不是基於某種客觀或絕對的尺度,而是藉由其他的可能性所襯托出。第三,更重要的,經濟分析的精義,就在於經濟學者會「有意識的」(consciously)去思索、探尋各種潛在的、類似的事例(potential alternatives)。而後藉著 A'(和 A"⋯)的襯托,來認知並評估 A 的意義。

藉由圖 2-4,可說明上述 Coase、Becker 與 Posner 等三位經濟學者的分析方法。首先,是 Coase 的「基準點分析法」。以 1960 年的論文為例,當交易成本為零時,A 是火車必須為火花所釀成的災害負責,A' 是鐵軌旁的農田必須自己負責。Coase 論證,當交易成本為零時,A 和 A' 是一樣的;這就是著名的 Coase 定理。當交易成本為正時,Coase 還是利用 A 和 A' 來比較:以哪一種界定財產權的方式,可以使社會的產值較高。譬如,航空公司必須為飛機所造的噪音負責,或者機場附近的居民必須自己負責。[9]

其次,是 Becker 的「極大化分析法」。就極大化這個概

---

[9] 在 Coase(1937)裡,A 是利用市場機能來運用資源,A' 是自己組成公司。在不同的情形下,企業家會在 A 和 A' 之間作出取捨。

念而言,顯然是在眾多的 A、A'、A"... 之間作比較,然後(利用微積分或其他方式)找出最大值。就「均衡」而言,這個概念本身是中性的——因為有高度均衡,也有低度均衡(low equilibrium)。不過,如果把均衡看成是 A,而把非均衡看成是 A',則很容易在 A 和 A' 之間作比較和評估。而且 A(均衡)的重要含意之一,就是這是一種自然而然,比較容易被環境裡的條件所支持、比較穩定的狀態,不論好壞。當然,抽象的來看,在 Becker 的眼裡,極大化分析法是 A,而其他的分析方法是 A';能夠讓 Becker 以「義無反顧而不貶眼的運用」(used relentlessly and unflinchingly)這種字眼來推崇,這種分析方法顯然是優於其他的分析方法(A',A"...)——起碼在 Becker 的心目中是如此。關於 Posner 的論述方式,因為之後會再作申論,所以暫不處理。

二、本質

由圖 2-3 和圖 2-4 裡,可以看出其中的差別。經濟學家習慣以成本效益(B 和 C)來認知事物,而一般人可能以正反、美醜、善惡、好壞(各種 P 和 N)等概念來認知事物。不過,這兩者之間只是名詞上的差別,至少在觀念上來看,美醜善惡等概念和效益成本之間是相通的。而且,圖 2-3 和圖 2-4 透露出最重要的訊息,是經濟分析所隱含的邏輯——「相對」(relative)和「其他可能」(alternatives)的概念。

前面曾經指出,A 的意義是由 B_1、B_2 與 C_1、C_2 所決定的。而且,A 的意義是相對於 A'(和 A"…),因為 A'(和 A"…)反映了在 A 之外、其他的可能性。因此,經濟分析所隱含的邏輯,不在於極大化或均衡,而是由「相對」的角度來認知、比較、並評估事物。而且,對於任何個人、社會、

法律等所希望追求的目標,經濟學者總是試著思索各種潛在的「可能性」。讓我藉由兩個法律經濟學裡重要的問題,闡釋「相對」和「其他可能」的意義。

首先,是「壟斷」(monopoly)。一般而言,經濟學者很排斥壟斷,而推崇競爭。可是,壟斷為什麼不好,而競爭又有什麼好?原因很簡單:競爭表示消費者可以面對兩個或兩個以上的「可能性」,而壟斷時消費者沒有其他的「可能性」。因為有其他的可能性,所以當市場有競爭時,廠商不會(過分的)誤用或浪費資源;相形之下,因為沒有其他的可能性,所以壟斷廠商可能會坐收暴利。因此,對經濟學者而言,廠商的數目並不重要,重要的是對消費者而言,是不是有一個以上、其他的可能性。即使廠商數目大於一,但是如果形成聯合壟斷,消費者在選擇時就喪失了其他的可能性。另一方面,即使只有一個廠商,但是只要有潛在的競爭者(potential entrants),這種形式上的壟斷也並不可怕——因為存在著潛在的其他可能性(potential alternatives)。

其次,是關於「效率」這個概念。法律學者對經濟學(和經濟學者)的主要批評之一,是「效率」這個概念並不是「價值中立」(value free)的。「效率」,是在特定的財產權結構、科技水準、和市場及政治的交易機制下所界定而出的;所以,如果財產權的結構不理想(或其他的條件不理想),在這種情形下所得到的「效率」並沒有太大的意義。可是,對經濟分析而言,「效率」的重要性是在於「手段」或「方式」,而不在於「結果」。換句話說,即使追求的目標是「正義」(或公平、或其他價值),經濟學者也是由「相對」和「其他可能」的觀點,找出比較有效率的方式來實現「正義」(或其他價

值)。因此,「效率」這個概念的重點,還是反映了「相對上」較好的手段或方式。

三、什麼不是經濟分析的本質

上述文章中,我說明了 A-A' 的對照與「相對」和「其他可能」的概念,並且強調這些概念反映了經濟分析的核心邏輯。為了更突顯這些概念和其他觀點的差異,在此我將從四個角度來說明「什麼不是經濟分析的本質」。

第一,經濟分析和金錢或貨幣並沒有必然的關聯。雖然這個論點非常簡單明確,可是還是經常有人誤解。可是,由 Becker、Buchanan 和 Posner 的研究中可以清楚地看出,經濟分析可以用來分析社會現象、政治過程和法律問題,而他們三位的論述都和貨幣無關。第二,經濟分析可以與數字和計算無關。這一點可以說是延續前面的論點;非經濟學者對經濟分析的認知或印象,往往認為經濟學是精於計算(或算計),是和數字分不開的。[10] 可是,在 Becker、Buchanan 和 Posner 這三位的論述裡,除了 Becker 之外,另外兩位的論述幾乎很少用到數學。他們都是以一種特別的角度——也就是經濟學的角度——來分析和論述,而不是一直在運用數字來計算。

前面兩點,可以說反映了非經濟學者對經濟分析的誤解;可是,以下兩點,卻可以說是反映了許多經濟學者(或接受經濟學分析的法學研究者)對經濟分析的誤解。

---

[10] 相關的一點:一般經濟學者在作成本效益分析,都是把相關的成本和效益轉為單一的價值(通常是貨幣),然後再作分析。可是,起碼在觀念上來看,有些成本和效益並不容易作這種「轉換」(transformation);A-A' 的結構隱含一種對照比較,但不需要轉換。

第三,經濟分析和「稀少性」(scarcity)沒有必然的關係。雖然在許多經濟學教科書裡,都把經濟學定義為「探討稀少性問題」的學科,而且很多學者把經濟問題和稀少性劃上等號;不過,就經濟分析的核心邏輯而言,和稀少性並沒有必然的關聯。這主要是基於兩點理由:首先,「稀少性」是一種狀態,而且很可能是促成行為的基本動力;不過,「稀少性」這個概念並不隱含一種分析上的邏輯。其次,對於許多問題而言,「稀少性」並不是重要的考慮。譬如,最高法院在處理一個案例時,可以花相當長的時間來斟酌,也可以退回案件;因此,對最高法院的法官而言,重要的是如何做(相對上)較好的裁決。「稀少性」的概念,並不是重要的考慮。

　　第四,經濟分析的邏輯與「選擇」(choice or choose)也沒有必然的關係。和「稀少性」一樣,很多經濟學教科書把經濟學定義為「探討選擇的學科」;可是,雖然選擇和人的每一樁行為都有關,卻並不能反映經濟分析的核心邏輯。具體而言,這是基於兩點理由。首先,在上面介紹的 A-A' 結構裡,所有 B 和 C 以及用來襯托 A 的 A',都是由人有意識或無意識選擇下的結果;可是,「選擇」只是對行為的描述,更重要的是行為的特質——怎麼做選擇?選擇的特性是什麼?而且,人在經濟活動、社會活動、政治活動之中都是不斷的做選擇,可是經濟學、政治學與社會學,在分析的角度上卻有明顯的差別。這種分析角度上的差別,也就反映了分析邏輯上的歧異;那麼,經濟分析邏輯上的特色是什麼?前面的分析指出,經濟分析是從「相對」的角度來認知、闡釋並分析;而且經濟學者總是藉由其他類似的、相關的「可能

性」，來襯托分析焦點的意義——也就是藉著 A' 來襯托 A。其次，前面曾經指出，當分析的主題和行為沒有直接的關聯時——譬如，聯邦法院改革的問題——「選擇」這個概念的重要性就大為減少。對於這些問題，當然還是可以以經濟分析來探討。可是，這時候顯然是以經濟分析所隱含的邏輯來分析和論述，而不是以「選擇」作為主要的分析性概念。

以上這四個觀點，即使在經濟學家之間，相信都會有相當的爭論。不過，我希望藉由比較極端的對照，能夠突顯出上述的論點：經濟分析的核心邏輯，是利用「相對」和「其他可能」的概念來認知、闡釋、分析且論述！

參、法學論述與經濟分析

在上述分析中，我以 A 和 A' 來反映經濟分析的特色，並且指出「相對」和「其他可能」是經濟分析的核心邏輯。在此我將以法學論述中，兩場有名的論對為例，進一步闡釋經濟分析的意義。

一、Tribe v. Easterbrook

Easterbrook（1984）是對最高法院 1983 年判決的回顧；在這篇論文裡，Easterbrook 提出了三個評估的指標：一，是事前分析或事後分析；二，是否考慮到在邊際上和在總量上誘因效果的差別；三，是否考慮到一般立法和特殊利益立法的差別。雖然這三種指標各有所重，但是都明顯的反映了 A-A' 的邏輯。首先，Easterbrook 認為，事前分析（ex-ante analysis）是一般性的通則，而事後分析（ex-post analysis）往往是針對個案特例來分析。因為是通則，所以事前分析會影響到「餅的大小」

（the size of the cake）；事後分析只是考慮個案和特例，等於是斟酌「怎麼切餅」（division of the cake），而忽略了長期的影響。因此，Easterbrook 認為，長遠來看，以事前分析的角度做出判決比較好。很明顯的，Easterbrook 對事前分析和事後分析的討論，是 A（事前）和 A'（事後）的比較。其次，判決所產生對行為的誘因效果，可以從邊際或從整體來看；這又是 A（邊際）和 A'（整體）的比較。最後，法案的立法精神是「利益團體立法」（private-interest legislation）或「一般利益立法」（general-interest legislation），這也是 A 和 A' 的比較。

利用這三個指標作為評估的基準，Easterbrook 對美國最高法院在 1983 年的裁決提出分析；他的結論是：由判決和判決書的意見來看，最高法院已經慢慢接受經濟分析，而且，進一步以經濟分析做出裁決。譬如，在文章裡，Easterbrook 討論的第一個判決是 Clark v. Community for Creative Nonviolence。[11] 美國內政部的國家公園管理局（National Park Service）明文規定，在華府特區內，不准露營。但是，該局特許 Community for Creative Non-Violence（CCNV）在白宮附近的 Lafayette 公園設置兩座「象徵性」的帳篷，以突顯遊民的處境和訴求。而且，該局還同意，示威者可在帳篷中躺下。但是，CCNV 得寸進尺，希望能讓示威者在帳篷中過夜，以吸引真正的遊民，能更真實而深刻的反映無家可歸的問題；管理局不同意。基於美國憲法第一修正案（保證言論自由），華府地區法院認為 CCNV 有理；案子送到最高法院的手裡，

---

[11] 因為這個案例也是 Tribe（1985）論述的焦點之一，所以剛好可以比較 Easterbrook 與 Tribe 的觀點。而且，有趣的是，在討論這個案例時，Easterbrook（1984, p.19）所用的標題是「靜態或動態的觀點」（Static Versus Dynamic Perspectives）——這又是 A 和 A' 的比較。

最高法院裁定，支持管理局的立場。

我們可以利用前面的 A-A' 對照，說明 Easterbrook 對最高法院判決的闡釋：[12]

A：公園管理局勝訴
　B_1：不准露營並不違憲
　B_2：規定適用於所有的示威者，而不是針對 CCNV。

A'：CCNV 勝訴
　B_1：已經設置了帳篷，在裡面睡覺不會有額外的困擾；
　B_2：示威者（或遊民）在裡面睡覺，能增加示威的說服力。
　C_1：一旦 CCNV 勝訴，會有更多的人申請設置帳篷；
　C_2：想在帳篷裡過夜（因為「抗議」旅館太貴）的人增加；
　C_3：更多類似的訴求，因此界定核准與否的尺度會持續受到挑戰。

由這個結構來看，Easterbrook 認為最高法院的觀點是：如果由 CCNV 獲勝，隱含的成本太高；因此，支持公園管理局主要是支持一種原則，而不是支持該局本身。抽象的來看，Easterbrook 的論述在兩種層次上運用 A-A' 的對照。首先，是在原則的層次上；區分出事前原則和事後原則，這顯然是 A-A' 的對照。其次，是在分析具體的案例上；對於公園管理局和 CCNV 所主張理由的利弊（B 和 C），更是採用了 A-A' 的對照。由此可見，法律的經濟分析主要是在分析和論述上，一以貫之的運用一套邏輯。

---

[12] 由此可見，A-A' 這個結構，剛好和官司裡的「原告－被告」相呼應。因此，以 A-A' 來反映經濟分析的具體內涵，相信比較容易引起法律學者的共鳴。

Easterbrook 的文章發表一年之後,哈佛大學法學院講座教授 Tribe(1985)發表評論。Tribe 的批評可以分成兩部分:一是對「經濟分析」和 Easterbrook 觀點的批評,二是對最高法院判決的批評。就經濟分析和 Easterbrook 的觀點而言,Tribe 有幾點主要的批評。首先,他認為經濟學只重視「效率」,而法律則強調「分配」的重要,這包括判決之前與之後在權力和財富上的分布。其次,他認為 Easterbrook 誤解了最高法院的基本功能。最高法院不只是在既定的目標下選擇達到目標的手段,而應該要選擇希望達到哪些目標。再其次,經濟分析往往以價值中立的假象,掩蓋了忽略程序正義和基本的權利和價值(irreducible and inalienable values)的事實。在具體的判決方面,Tribe 也以 Clark v. Community for Creative Nonviolence 為例,批評最高法院的判決。Tribe 的觀點,也可以利用下面的 A-A' 對照來說明:

A:公園管理局勝訴

　　B_1:不是針對個案,僅是維持通則;

　　C_1:對 CCNV 侵犯了憲法修正案第一條所保障的權利;

　　C_2:禁止某種行為可能只會造成某些特定人的損失,而不會傷及其他人;因此,表面上是通則,實質上是選擇性的闡釋法律;

　　C_3:行政部門基於自利而過度管制,會傷害到力量較小的弱勢(利益)團體。

A':CCNV 勝訴

　　B_1:真正的遊民會參與示威,能有效的展現和傳遞示威者所想表達的訊息;

　　B_2:在政府大門前示威,容易得到實質的濟助;以後類似的示威會減少,公園反而可以更潔淨漂亮。

C_1：對公園管理署造成行政上的困擾。

一般而言，B 和 C 項目數的多少，不一定能反映 B 和 C 項目之間的比重；不過，在 Tribe 對這個判決的分析裡，B 和 C 的項目數卻剛好反映他的看法——他認為，最高法院判決公園管理局獲勝是不好的判決！有趣的是，即使 Tribe 非常排斥經濟分析；不過，由上面 A-A' 的解構來看，他的論述事實上還是在運用經濟分析的邏輯。當然，在描述了 Easterbrook 和 Tribe 兩人的論述之後，我們也可以利用 A-A' 結構來評估一下他們的分析：

A：Easterbrook 的分析
    B_1：提出三個明確的評估指標；
    B_2：三個指標以及論述都有經濟學的行為理論作為依據；
    C_1：偏重對效率的考慮，對公平性（也就是分配上）的考慮較少。

A'：Tribe 的分析
    B_1：強調判決對權力分配和財富分配的影響；
    B_2：突顯出最高法院可以透過判決，追求某種社會價值的可能性和必要性；
    C_1：對於追求價值的方式，沒有提出具有操作性內涵的分析；
    C_2：論述時沒有行為理論作為依據。[13]

---

[13] 譬如，Easterbrook 認為，如果 CCNV 獲勝，會引發更多的（真假）示威者。而 Tribe 認為，如果 CCNV 獲勝，他們的訊息比較容易得到行政當局的重視；得到行政當局的濟助之後，就比較不會有類似的示威。讀者可以自己判斷，在真實的世界裡，人的行為比較接近哪一種分析——是 Easterbrook 的分析或是 Tribe 的分析。

總合來說，考慮 A 和 A' 所隱含的成本效益（或優點和弱點）、以及這些成本效益的輕重，可以得到兩點結論。第一，雖然 Tribe 關於憲法與最高法院的論點具有啟發性，但是論述本身缺乏（某種）行為理論作為依據；所以，缺少操作性的內涵，說服力也就相對薄弱。第二，Easterbrook 論述的重點是最高法院的判決，以及這些判決所可能造成的影響；相形之下，Tribe 論述的重點是最高法院應有的功能。而且，Easterbrook 的分析是實證性的，而 Tribe 的分析是規範性的。因此，兩人論述的焦點和兩人論述的性質本身都不一樣。基於這兩點理由，Tribe 對 Easterbrook 的指控可以說並不成立！

二、Malloy 和 Posner

Malloy 和 Posner 之間的論戰，表面上是因為兩人對 Adam Smith 的闡釋不同；可是，進一步的看，還是與兩人對法學以及經濟分析看法上的差異有關。這場論戰的背景，是兩人先經過期刊文字上的論戰，而後於 1989 年在 Syracuse University 進行一場面對面的辯論。Malloy 先發言，他對 Posner 及 Posner 所代表的經濟分析大加撻伐。他的論點也可以利用 A-A' 的對照來反映：

A：Posner 的分析
  C_1：沒有說服力——因為所主張的價值本身有問題，以及可能帶來不好的後果；
  C_2：財富極大化是反人文（anti-humanistic）和反自主主義（anti-libertarian）的；
  C_3：反對奴隸制的理由是基於「效率」的考慮，而不是因為在所有情況下，奴隸制都是違反道德的；
  C_4：把人的尊嚴和個人自由，降格成為由價格來宰制的問題。

C_5：不過是所謂經濟分析下,科學理論的傭僕。

A'：Malloy 自己的分析

　　B_1：效率、市場、財富極大化等概念都是達到目的的工具,而不是目的本身;

　　B_2：所主張的價值是合於道德的,而且(相信)能得到一般人的支持;

　　B_3：所有人應享有生命、自由和追求自身福祉的權利;而且,這些權利是自然的、不可或缺的(natural, inalienable);

　　B_4：在任何情況下,奴隸制都是不對的;

　　B_5：是駕馭經濟分析的主宰。

雖然這種對照是我的闡釋—— Posner 的立場全是 C,而 Malloy 的立場全是 B ——不過,由這些 B 和 C 也可以看出,Malloy 對 Posner 的立場苛責有加。在 Malloy 發表論述之後,Posner 提出他的見解。他的論點和他對「自然權利」(natural rights)論者的批評,也可以用 A-A' 的對照來反映:

A：Posner 的主張

　　B_1：財富極大化使經濟自由主義(economic libertarianism)具有操作性的內涵;

　　B_2：在作公共政策的分析時,可以先不考慮分配上的問題(distributive considerations), 而針對資源運用的效率來考慮;

　　B_3：在習慣法的範圍裡,法官可能不願意被關於分配的爭議所糾纏;因此,可能有意無意的接受效率這種中性的概念,並且以之作為裁決的依據。

A：基本權利論者的立場（Malloy 的立場）
　　C1：對於公共政策而言，不能作為一套完整、合理、有說服力的分析架構。任何政府的政策——無論本質上有多強的干預性和社會主義性格——都可以由基本權利的角度加以合理化；
　　C2：人所享有的基本權利愈多，能剩下作為公共政策討論的彈性空間就愈小；在這種情形下，民主代議和政策辯論變成有名無實；
　　C3：基本權利的出發點，是人在「自然狀態」下所享有的權利；可是，在「自然狀態」下，人類不過是一堆原始的猿猴，幾無「權利」可言。
　　C4：主張基本權利的人從未說明，為何「基本權利」應該作為討論的基準點。

由 Malloy 和 Posner 的論點來看，兩個人之間顯然有相當大的歧見。而且，這種歧見不全是因為在辯論的場合下，所以彼此的意見必然相左。更重要的，是兩個人之間的論點似乎沒有交集。以下我將利用三個事例——兩個是關於 Posner 的論點，一個是關於 Malloy 的論點——說明 Malloy 和 Posner 在論述方式上的差別。除了突顯他們論述方式的差異之外，也希望藉著這些事例作為橋樑，在 Posner 和 Malloy 之間產生某種連結或過渡（connection or transition）。

首先，是 Posner 對壟斷的分析；Posner 指出，壟斷有三點不好：第一，壟斷廠商會減產，提高價格；因此，資源運用的效率受到影響。第二，消費者必須支付較高的價格，某些消費者轉而購買其他替代品；因此，消費者的權益受影響。第三，其他廠商見賢思齊，會設法透過立法而享有壟斷地位，

而這種活動所耗用的資源純粹是浪費。所以，Posner 是以競爭市場作為對照，襯托出壟斷市場的意義。其次，是 Posner 對奴隸的解釋；在這場辯論裡，他有兩句鮮明的話值得引述：[14]

在群居社會裡的奴隸，要勝過在自然狀態裡無拘束的人。

當奴隸制度取代了戰爭裡對戰俘的屠殺，這可是道德上的進化。

在第一句引言裡，Posner 是以自然狀態下的自由人來襯托群居社會中的奴隸；在第二句引言裡，Posner 是以被屠殺的戰俘來襯托成為奴隸的戰俘。因此，在 Posner 的眼裡，「奴隸」這個名詞本身的意義，是由其他的可能性所襯托對照而出的。換言之，Posner 一直是以 A' 來襯托 A 的意義，也就是一直在運用 A-A' 的方式來論述。

第三個事例，是 Malloy 關於「原則性問題」（principle questions）的看法。具體而言，Malloy 表示：

我們會先提出原則性的問題，譬如，我們會問：「人們是否享有住的權利？是否享有基本醫療的權利？」對於這些麻煩的問題，經濟學並沒有任何答案。

---

[14] Posner 對奴隸問題的看法，引起許多爭議，也可以說是這場辯論的導火線之一。事實上，Posner 是希望藉著討論奴隸這種極端的事例，來闡明「財富極大化」的概念。批評 Posner 觀點的人往往把焦點放在奴隸制度上，而忽略了 Posner 真正想傳遞的訊息。

確實，對於這些困難的問題，經濟學和經濟學者不能提供明確的答案。不過，事實上經濟學者不會以這種方式來提出這些問題，他們會這麼提出問題：在享有基本居住的權利和享有基本醫療資源的權利之間，何者為先？如果要支持這一種（或這兩種）權利，一般民眾願意承擔多少的稅負？因此，第一個問題是以 A-A' 的方式提出；A 是享有居住的權利，A' 是享有醫療資源的權利。第二個問題也是以 A-A' 的方式提出，不過要稍微複雜一些。這時候，A 是多增加某個數量或程度的權利，但是必須繳稅；A' 是不增加這個數量或程度的權利，但也毋需繳稅。相形之下，Malloy 的論述方式隱含的 A 是享有兩種權利，而 A' 是不享有任何權利。可是，這種問法卻不需要面對如何支持權利、權利之間的優先次序、權利的多少等等實質問題。

綜合而論，在 Malloy 對 Posner 的嚴厲批評和他本身的論述裡，其隱含兩個問題。第一，他對 Posner 條件式的、相對式的，考慮其他可能式的分析方式──也就是經濟學的分析方式──了解不夠完整和深入；因為了解有限，所以他的批評也就有以偏概全的偏頗。第二，他自己強調「基本權利」的論述方式，在相當程度上只是一些價值判斷。對於這些價值判斷本身，他並沒有提出令人信服的分析。而且，利用這些價值判斷，他所能處理的問題其實非常有限。因此，基於這些理由，Malloy 對 Posner 的指控可以說是說服力有限；指控不成立！[15]

---

[15] 當然，這場論戰也引發了一個有趣、但深刻的問題：雖然「基本權利」的論點並沒有太強的說服力，可是這種論點在法學界顯然還是有某些支持者。針對這種現象，經濟分析能不能提出一些解釋呢？

肆、結論

在本文一開始，我強調本文的主要訴求對象之一，是法學研究者——尤其是對經濟分析有興趣、不了解、或排斥的法律學者。因此，在結論中，讓我也針對他們，歸納出本文分析的幾個重點。

首先，自從 1776 年亞當史密斯發表《國富論》(*The Wealth of Nations*)以來，經濟學這個學科的發展非常快速。當然，因為原先的研究主題都和商品勞務有關，所以經濟學往往和價格貨幣密不可分。可是，自 1960 年開始，經濟學者慢慢以經濟學的分析工具探討政治、社會和其他領域的「非經濟行為」。這時候，經濟學不再只是一些「研究主題」，而是隱含一套「分析方法」。我在本文裡強調，經濟學的「分析方法」可以分成兩類：一是行為理論，一是分析邏輯。在法律經濟學裡，過去多半是著重「行為理論」。可是，經濟學的行為理論往往就是新古典的「理性選擇模型」；對法律學者而言，效用、極大化、均衡這些觀念並不容易了解，也和他們所面對的問題有一段距離。相形之下，由「分析邏輯」的角度闡釋經濟分析，可能反而比較容易使法律學者所接受。

其次，在本文我是從兩個方面來闡釋經濟分析的邏輯。一方面，我以 A-A' 的對照來反映經濟分析的結構；另一方面，我指出在 A-A' 的後面，隱含的是「相對」和「其他可能」這兩個較抽象的概念。而且，我以 Easterbrook 和 Posner 的實際論述為例，說明這兩位法律經濟學者論述中的經濟邏輯。

最後，我在上述的分析中也強調，A-A' 的架構隱含一點

重要的啟示。不論是 A 所隱含的各種 B 和 C，或是用來襯托 A 的 A'（以及 A' 所對應的各種 B 和 C），都反映了分析者的判斷和取捨。因此，分析者必須有意識的思索這些 B 和 C、以及 A' 和 A" 等等；並且，分析者必須為這些選擇提出不只是能說服自己、同時也能說服別人的解釋。如果能做到這一點，顯然可以使經濟分析、法律的經濟分析，或法律的分析更為嚴謹且具有說服力。這麼一來，對於我們所面對的問題，我們不一定能找到最好的答案；但是，我們所掌握的，至少是找答案的方式裡比較好的一種！

第八章
「法律經濟學」在臺灣的現在和未來

　　法律經濟學，是經濟和法學的結合；經濟學提供分析架構，法學提供材料。臺灣的經濟學界，已經大致與國際經濟學界接軌，也已經有經濟學者耕耘其中；不過，研究成果主要是學理上的探討，而且發表在經濟學的期刊上。臺灣的法學界，主要以德日大陸法系為主。因為學科性質使然，和國際學術界的接軌有限；對於經濟分析的了解，還在起步萌芽階段。然而，法學研究裡，即使沒有用經濟學的術語，也是在處理是非對錯的權衡取捨。經濟分析的價值，就在於能提供一套完整清晰的架構，使分析與論證更有說服力。經濟分析並不足以取代法學論述，但是能為法學論述的工具箱裡，添增一副不同的工具。在臺灣，法律經濟學的發展有兩層意義：一方面，是學科之間正常的擴充和互動；另一方面，則是可能對華人社會產生深遠的影響。如果這兩層意義所隱含的，是值得追求的目標；那麼，在作法上，當然就是「要怎麼收穫，先那樣栽」。而且，臺灣在民主和法治的發展經驗，對中國大陸有重要的參考價值；對於這個過程，臺灣法學界可以發揮舉足輕重的影響，而經濟分析剛好可以助一臂之力。

壹、背景

　　自 1960 年開始，以芝加哥大學的經濟學者為首，開始

向政治、法律、社會等領域擴充,而且都已有豐碩的成果。在政治學的領域裡,布坎楠(James Buchanan)得到諾貝爾獎;在社會學的領域裡,貝克(Gary Becker)得到桂冠;在法學的領域裡,寇斯(Ronald Coase)也得到最高的榮耀。不過,雖然在各個領域裡,經濟學者都有可觀的成果;其中收穫最大、影響最深遠的,無疑是對法學的探索。今天,「法律經濟學」(Law and Economics)的領域裡,專業的學術期刊已經近十種;經濟學者也開始在法學院裡任教。

就廿一世紀初的臺灣而言,經濟學者在國際期刊上的「法律經濟學」領域裡,已發表過多篇論文。同時,中研院社科所也曾舉辦關於「法律經濟學」的學術研討會。不過,相形之下,臺灣法學界對這個新興領域,卻似乎停留在「好奇、有興趣、但懷疑、或敬而遠之」的態度。

客觀而言,在理論上,法律經濟學是經濟學近年來,發展最迅速的領域之一;在實務上,臺灣在自由化、國際化的過程裡,法學有可能將逐漸脫離大陸法系(德日)的傳統,而走向英美等習慣法的軌跡。譬如,對於高科技所衍生的諸多法律問題,大陸法系的法學理論,往往捉襟見肘。因此,對臺灣而言,無論是就學術發展或法律實務,「法律經濟學」都相當重要。

本文希望評估「法律經濟學」在臺灣的現況,並嘗試提出建議,以加速這個學科的發展。具體而言,本文將探討以下主題:第一,經濟學者的現況;描述在這個領域耕耘的經濟學者,其已有的成果、著重的主題和範圍。第二,法律學者的現況;少數法律學者,也曾有相關的中文論著發表。本文將探討現況,並和經濟學者的情形作一比較。第三,根據

前兩者，評估進一步發展的諸多方向；譬如，在經濟學者和法律學者之間合作的可能性？而且，研究臺灣本土法學的問題，在國際學術界發表的可能性？還有，臺灣學者與國外合作的可能性？而後，根據評估結果，提出綜合性建議。譬如，對於跨學門（結合法律學者和經濟學者）的教學和研究，是否可以採取階段性的特殊作法？

貳、法律的經濟分析

雖然在西方國家裡，法律經濟學已有蓬勃的發展；但是，對於臺灣的法學界而言，這個領域的內涵，似乎還是相當模糊。在進一步探討這個學科的發展之前，值得對這個學科本身進行闡釋與釐清。

對於法學界而言，經濟分析是一個不同的領域；因此，自然而然的，往往有一些先入為主的認知。譬如，最近在臺灣出版的一本刑法專論第一章中，作者就率直的臧否經濟分析。作者批評經濟分析的論證之一，是「通常情況下，重大犯罪必須不計成本追究到底」。[1]

這句話，非常有趣。句中提到「重大犯罪」，表示還有非重大犯罪，而且處理兩類案件值得有差別待遇。可是，這不就是經濟分析所強調的，要分出輕重大小、利害權衡嗎？所以，這位刑法學者，其實不自覺的在運用某種經濟思惟。

---

[1] 雖然作者沒有指名道姓，不過他提到：這位經濟學者曾經指導碩士論文，由經濟學分析老子的《道德經》。在我的指導下，曾有學生撰寫這方面的論文；因此，作者的描述，讓我體會到對號入座的趣味。參考林東茂（2001）。

還有,「不計成本追究到底」的邏輯,說來理直氣壯,其實大有問題。試問為破一個重大犯罪,值不值得犧牲一千位警察和司法人員?兩千位?五千位?值不值得動用所有的警力,耗盡所有的警政預算?因此,真的可以「不計成本」嗎?顯然,這句話前後的邏輯,彼此矛盾。在另外一個層次上,這位刑法學者所希望表達的,就是「某些事情非常重要,因此採取非常的手段」;這種思惟,當然隱含成本效益的考量。

對於經濟分析的誤解,通常有幾點:首先,一般人認為,經濟分析就是用數學、圖形、統計數字等等方式探討經濟活動。經濟學與數學之間,似乎有密不可分的關係。雖然在經濟學的專業期刊裡,數學和經濟學的關係愈來愈密切;可是,經濟學裡最重要的概念,不一定要藉由數學來表示。目前有許多經濟學的教科書裡,皆開宗明義列出經濟學最重要的一些智慧;毫無例外的,這些智慧都與數學(數字)無關。這些智慧,都是一些質量(qualitative)上的體會,而不是數量(quantitative)上的論述。

其次,一般人也常認為,經濟學和金錢密不可分。可是,在生活裡,和金錢有關的只占了一小部分;大部分的事物,都和價值有關、而和價格無關。特別是法學,強調公平正義,更和金錢相去十萬八千里。確實如此,人類已經存在了數十萬年,而金錢和貨幣的出現,不過是數千年前的事。人類的思惟未必和金錢有直接的牽連。不過,在經濟學中,對於金錢貨幣的探討只占了一小部分。而且,經濟分析不只是探討經濟活動;對於和金錢貨幣無關的非經濟活動,也可以應用經濟分析的思惟。譬如,眾所周知,諾貝爾經濟獎的得主們,曾經有一些膾炙人口的名言:「不要把所有的雞蛋,放在同

一個籃子裡」;「天下沒有白吃的午餐」;「官員不是天使」。這些體會是關於社會現象、人情世故的智慧結晶;和貨幣金錢沒有直接的關聯,也不只適用於經濟活動。

最後,一般人常認為,有些事物「是不能用成本效益來分析」。這種觀點,也常常出現在法律學者的論述裡。直覺上,成本效益是一種算計;面對牛奶麵包時,可以計算哪種便宜划算。可是,當面對某些價值、信念、道德時,純粹是個人的認知或良知,和成本效益無關;用成本效益來分析,不僅無濟於事,而且往往愈益反損,或是模糊問題的焦點,乃至於玷汙了道德倫理上的聖潔。這種誤解,其實是反映一般人的思惟方式,而和經濟分析沒有直接的關聯。一般人在生活和工作上,都要面對許許多多的問題。因此,如果能在理念上,先認定一些自己所接受信奉的原則,一旦真的面對問題,就容易應付裕如。因此,這種作法,降低了行為的成本,提升了處理事物的效率,有助於生活和工作。不過,無論是一般人或法律學者,通常不會進一步思索、甚至質疑:為什麼會採取這些信念?在哪些條件下,才會接受這些信念?如果環境裡的條件變化,是不是還會堅持這些信念,或是會作一些調整?如果需要調整,又是如何調整?

因為這些先入為主的概念,因此一般人對經濟學自然有一層隔閡;對許多法律學者而言,也就無法利用經濟分析這種工具。具體而言,和法學論述對照,經濟分析至少有幾點值得參考。

第一,在法學論述、特別是關於官司的論述裡,關鍵性的問題就是「是非」和「對錯」。一旦分出是非對錯,才能進一步決定官司上的勝負。而要判斷是非和對錯,主要

有兩方面的材料作為依恃。一方面,是以歷代的道德哲學為基礎;道德哲學,除了見諸於哲學家的論著之外,也在法學論述裡出現,同時也在一般人社會化的過程裡形成。另一方面,是法律學者本身的歷練,包括個人經驗和閱讀思索所得。無論是哪一方面的材料,都成為論證是非對錯時的參考座標(reference framework)。

是非對錯,像是光譜(spectrum)的兩個端點:一邊是對(是),一邊是錯(非)。相形之下,經濟分析所隱含的,通常不是光譜的兩個端點,而是考量到整道光譜、以及光譜上各個點的意義。也就是,價格的光譜,是由 0、1、2 等等點所構成;價值的光譜,是由許多不同的程度(degrees)所組成。除了對和錯這兩個點之外,還有許許多多的點——錯、一點點錯、小錯、中錯等等。因此,在分析問題時,經濟分析經常試著揣摩「相對」的高低、是非、對錯、美醜、善惡,而不是只針對光譜的兩個端點而已。

第二,在經濟分析裡,幾乎所有的結論,都是條件式的論證。也就是,在某些條件下,會得到某種結果。譬如,如果價格上升,對牛奶麵包的需要會減少;不過,如果價格上升,但是所得也上升,對牛奶麵包的需要就不一定會減少。行為本身,是受到環境裡的條件所影響。因此,對於法學所關心的是非對錯,經濟分析的立場很簡單:條件式的對和錯——在某些條件下對,在某些條件下錯。

相形之下,傳統的法學論述裡,往往採取一種規範式的論點。先根據道德哲學或信念,標明某種價值;然後,就以這種價值為準,論斷官司的是非對錯。因此,是非對錯,似乎是一種必然的結論,而沒有其它的可能性。道德哲學或

信念本身，其實也是特定時空下的產物；如果時空變遷，如何處理道德哲學和信念的調整，在法學論述裡卻往往隱晦不明。然而，現代社會裡，資訊進展日新月異，新生事物不斷湧現；行為的意義，也不斷地被賦予新的內涵。在這一點上，經濟分析條件式的論述方式，就有相當的參考價值。

第三，在經濟學裡，對於經濟活動的探討，一向是採取工具性的觀點（instrumental perspective）。買牛奶麵包，當然不是為了牛奶麵包本身，而是透過牛奶麵包的消費，得到心理和生理的滿足。牛奶麵包是如此，法律規章也是如此。人們發展出各種風俗習慣，社會採納各種法令規章，都含有功能性的考量；法令規章本身不是目的，而只是希望能發揮某些功能、達到某些目的。因此，法律可以視為遊戲規則，法律的鬆和緊可以視為價格的高和低。對法律的研究，可以平實的評估：在諸多遊戲規則裡，哪一種比較好；還有，法律要多鬆或多緊，才能發揮最大的效果。和傳統法學訓練相比，這種觀點顯然有很大的出入。對於許多法律學者來說，法律的目的，就是在實現公平正義；至於追求公平正義的最終目的為何，卻似乎沒有進一步的追究。而且，追求公平正義時，似乎有最好、唯一的方式。把法律的鬆緊比擬為價格的高低，似乎降低了法律的神聖和莊嚴。不過，經濟分析所能提供的，也許就是另一種視野、另一種分析問題的可能性。在思考追求公平正義時，什麼是比較好、比較有效的方式，經濟分析也許能提供一種平實清楚的論點。

總結一下：法學研究裡，即使沒有用經濟學的術語，也是在處理是非對錯的權衡取捨。經濟分析的價值，就在於能提供一套完整清晰的架構，進一步分析且論證，使其更具有

說服力。經濟分析並不足以取代法學論述,但是能為法學論述的工具箱裡,添增一副不同的工具。

參、法律經濟學的現況

要了解法律經濟學在臺灣的發展,最好以西方的主流作為參考座標;反映在經濟學這個學科上,當然也不例外。

二次大戰後,臺灣的留美學生裡,最早得到經濟學博士學位,並且回臺工作的是孫震和于宗先等人。他們回臺灣後,對於臺灣的經濟發展,都曾有重要的貢獻。不過,就經濟學的學術而言,直到陳昭南和麥朝成回到臺灣,才真正開始在歐美的學術期刊發表論文,參與經濟學的對話。在他們兩位開疆闢地之下,年輕一代的學者逐漸茁壯;在國際學術期刊發表論文,已經變成經濟學界公認的量尺。

到 2000 年左右,得到歐美博士學位的經濟學者,在臺灣已經有四百人以上,而且絕大部分在學術界工作。學術人口增加,也逐漸有專業化和分工。除了最粗糙的分為總體經濟學和個體經濟學之外,也慢慢的形成人口、區域、計量、國際金融、經濟發展等領域。因此,當法律經濟學在西方經濟學界蔚然成風之後,在臺灣自然也有萌芽的時刻。

臺灣經濟學界的現況,與美國法律經濟學的發展情況相比,有兩點特色。[2] 首先,至少在美國,經過幾十年的發展,法學和經濟學已經有相當程度的融合。今天,美國主要的法學院裡,幾乎都有一位或更多的經濟學者。同時,在經濟系

---

[2] 關於法律經濟學在臺灣的發展,可參考干學平(Kan, 2000)的描述。

裡，以法學為主要研究領域的學者，也已經大有人在；他們之中，有不少人也同時在法學院任教。因此，他們的研究成果，散見於經濟學和法學這兩個領域的期刊。相形之下，至少在 2013 年初，臺灣主要的法學院裡，沒有任何一位專業的經濟學者。經濟學者的論著，很少出現在法學期刊裡；法律學者的論文，出現在經濟學期刊裡，更是鳳毛麟角、屈指而可盡數。

其次，在法律經濟學這個領域裡，雖然臺灣經濟學界已經開始在歐美期刊上發表論文；可是，這些論文，幾乎全都發表在經濟期刊，而不是在法學期刊。而且，因為對實際法律（特別是歐美法系）的掌握有限，這些論文絕大多數是理論性的探討；這純粹是學理上的進展，而和實際法律有一段落差。此外，以臺灣的法律問題，發展出法學上的見解，再發表於歐美經濟學或法學期刊，更是有待來者。唯一的例外，是干學平引述中國大陸古代典籍的智慧，所發表的一篇論著。[3] 主要的慧見，是過失和處罰可以有更精細的連結；順手牽羊的人，犯過的是「手」，因此可以處罰手，而未必要把整個「人」關起來。

簡單的總結一下：臺灣的經濟學界，已經大致上和國際經濟學界接軌。法律經濟學，是經濟學的一環，也已經有經濟學者耕耘其中；不過，研究成果，主要是學理上的探討，而且發表在經濟學的期刊上。

---

[3] 另外一篇論文 Hsiung（1992），是關於臺灣三七五減租條例影響的問題，刊登在影響力不大的期刊。

肆、臺灣法學界的現況

法律經濟學,是經濟和法學的結合;經濟學提供分析架構,法學提供材料。要探討法律經濟學在臺灣的發展,必須了解臺灣法學界的狀態和特色。

和經濟學界的情況相比,臺灣的法學界至少有兩點明顯的特色。首先,二次大戰前,臺灣曾經為日本的殖民地;因為歷史背景使然,臺灣屬於大陸法系。主要法學院的師資,絕大部分是留學德國或日本;在 1990 年前後,才開始有留學美國的法學博士。因此,在法學論述、使用文獻、法學思想上,一向以德日為主要參考座標。這和經濟學界以美國馬首是瞻的情形大相逕庭。

其次,因為各個地區的法律,反映了各地區的實際問題;因此,在學科的性質上,地域性較強。英美法系的法律學者,對於德日法系的法律問題,未必有興趣;反之亦然。因此,各個地區,很可能形成各自有別的法學傳統。這種學科上的特質,使得法學界和經濟學界相比,國際化的程度要小得多。在世界各地的經濟學者,對於經濟學界最重要的期刊,心目中可能有相當一致的論斷;但是,世界各地的法律學者,可能卻沒有這種認知上的交集。

在這種背景之下,臺灣的法學界,也以本土法學研究為主;對於西方的法學論述,相當程度上,還停留在譯述和引介的階段。譬如,在主要的法學刊物裡,還刊載翻譯的作品;在經濟學的期刊上,則已幾乎完全不接受這種性質的作品。而在這種背景之下,對臺灣法學界而言,把作品投稿到國際性法學期刊,也不特別重要。無論是升等或研究獎助,在國

際期刊發表論著,並不是基本要件。無論是在歐美或德日的法學期刊,臺灣法學界所發表的論文數,遠遠比不上經濟學界的成果。

另一方面,在臺灣法學界,也已經有學者開始對經濟學發生興趣;他們嘗試援用經濟分析,探討法學問題。不過,也許因為他們的讀者,主要是法學界的同仁,對經濟學很陌生;所以,他們所引用的經濟學文獻,多半還停留在相當粗淺的層次,大多是經濟學原理的程度。此外,因為他們學術訓練的背景,主要是傳統的法學教育;對經濟學的掌握,當然比不上經濟學者。因此,他們運用經濟分析的深度有限,也就不容易說服他們在法學的同儕。連帶的,他們法學界的同仁或許覺得,經濟分析不過爾爾。這些因素,當然都造成經濟學界和法學界交流上的障礙。

最後總結一下:臺灣的法學界,主要以德日大陸法系為主。因為學科性質使然,和國際學術界的接軌有限;對於經濟分析的了解,還在起步萌芽階段。

伍、要怎麼收穫

對臺灣的法學界而言,臺灣在法治上的發展,對整個華人世界的法治有重大的影響。具體而言,臺灣法學界所面對的考驗,主要有兩方面。首先,臺灣對民主的追求,是經濟發展之後,自然而然的走向。但是,由民主過渡到法治,卻是另一段艱辛的過程。這個過程進展的快慢,政治力量固然仍是居於主導地位;但是,司法部門本身的舉措,也有實質的影響。法學界既是參與者,也是旁觀者。以參與者的身分,法學界可以發揮指引與督促的力量,加速法治的進化;以旁

觀者的身分,以超然客觀的立場,分析這個過程所遭遇的各種問題。

其次,臺灣的經驗,不只對臺灣本身重要,對中國大陸更有重要無比的參考價值。因此,臺灣法學界對於這個過程的觀察、記錄、分析、建議、檢討,將是華人文化中重要的資產;對於中國大陸有實質的影響,在學術研究上也有非凡的價值。而這兩方面的考驗,無論是在理論和實務上,經濟學都有參與貢獻的空間。在經濟學裡,有公共選擇(public choice)和制度經濟學(institutional economics)這兩個研究領域。公共選擇是以經濟分析的工具,探討政治過程;制度經濟學,是分析制度對經濟活動和社會發展的影響。這兩方面的研究,都和臺灣追求獨立自由的司法有密切的關聯。因此,對於華人社會而言,臺灣的法學界固然處於關鍵地位;而經濟分析,則將有助於法學界充分發揮關鍵性的影響。

總結一下:臺灣在民主和法治的發展經驗,對中國大陸有重要的參考價值;對於這個過程,臺灣法學界可以發揮舉足輕重的影響,而經濟分析剛好可以助一臂之力。

在臺灣經濟學界和法學界的現況之下,如果順其自然,法律經濟學的發展大概可以預期。經濟學界裡,持續有相關的論文在國際期刊發表;但是,訴求的對象,還是以經濟學界為主。法學界裡,對經濟學有興趣的人漸次增加;但是,訴求的對象,還是以臺灣本土的法學界為主。

相形之下,如果不順其自然,而希望採取一些人為的、有意識的、特殊的措施,以推動法律經濟學的發展;那麼,在思索著力點時,值得先釐清目標所在。一旦確定方向和目標,才可以進一步斟酌具體的作法。考慮主觀和客觀的條件,

在臺灣發展法律經濟學，可以有兩種主要的意義。

首先，純粹是學科之間的交流，也就是科際整合；利用經濟學的工具，探討法學問題。對於臺灣的法學界而言，這是指經由接觸、學習，而後採納一種分析技巧；等於是在工具箱裡，多了一種有力的工具。在這層意義上，法律經濟學的發展，約略是重複在英美等地的腳步。唯一的差別，是在臺灣經濟分析將和大陸法系互動；這種情況，大約是法律經濟學在日本或德國發展的翻版而已。

其次，是把法律經濟學這個領域，放在較廣泛的華人世界裡，然後試著萃取這個層次上的意義。在華人世界裡，主要有香港、新加坡、臺灣和中國大陸這四個區域。在 2004 年，就經濟學界而言，香港和新加坡的經濟學者，與國際學術界接軌的程度最高；這可以從發表論文和人員流動的情形上清楚地看出來。而後，是臺灣的經濟學界，再其次是中國大陸。不過，因為香港和新加坡人口較少，學術界的經濟學者人數也較少；大體而言，他們的經濟學者並沒有投入法律經濟學這個領域。另一方面，就法學界而言，香港和新加坡都曾長期受英國影響，屬於英美法系。中國大陸，過去是社會主義法制。改革開放之後，法學思想上類似處於中空；既不足以依恃社會主義思想，又沒有新的思潮或學術典範（paradigm）獨領風騷。

在這種背景之下，在臺灣發展法律經濟學，不只對臺灣的法學界增添養分；對於整個華人圈、特別是中國大陸，更可以有重大的影響。如果臺灣的經濟學界和法學界，能發展出較密切的合作關係；法律經濟學，可望成為法學教育中基本且必要的一環。而後，透過直接和間接的學術交流，經濟

分析很容易進入中國大陸，影響整個中國大陸的法學思惟。

　　這種影響表面上看起來，是對法學教育、法學實務上的衝擊；但是，這只是短期。一旦華人社會的法學界，都能容納、接受，且運用經濟分析，經濟分析可望成為法學界共同的語言之一。長期來看，因為華人社會的規模夠大，有共同的歷史文化，風俗習慣非常類似；而藉由豐富的材料，將逐漸發展出本身的法學思惟。這時候，經濟分析將不只是純理論上的探討，而是能和實際法學問題結合；法律經濟學的論述，將類似於美國法學界和經濟學界的情況。對華人社會而言，無論是對經濟學界或法學界，這都是令人期待的一種狀態。對臺灣的法學界而言，也將成為引領華人法學思惟的先驅；對臺灣的經濟學界而言，更是在實際的經濟問題之外，對社會上另一個重要的領域、產生實質的影響。

　　簡單的總結一下：在臺灣，法律經濟學的發展，有兩層意義。一方面，是學科之間正常的擴充和互動；另一方面，則是可能對華人社會，發生深遠的影響。如果這兩層意義所隱含的，是值得追求的目標；那麼，在作法上，當然就是「要怎麼收穫，先那樣栽」。

陸、先那樣栽

　　在臺灣，如果沒有特殊的作法，法律經濟學還是會延續過去的軌跡；但是，如果在因緣際會、相關條件的配合之下，就可能有較明顯且快速的發展。

　　對法律經濟學這個研究領域，主要的參與者是經濟學者和法律學者。他們依各自的興趣、以及環境裡的誘因，選

擇如何投入自己的心力。相對的，在提供有形資源（適當的誘因）上，主要有三者：教育部、國科會，以及主要的律師事務所。教育部的作法，偏重在教學方面；國科會，著重在推動研究；律師事務所，則可以兩方面並重。具體而言，要積極推動法律經濟學，就值得讓經濟學者和法律學者密切合作。如果各行其是，經濟學者將停留在彼此唱和的階段；而法律學者也將在經濟分析的圍牆邊緣遊走，不容易登堂入室、而後發光發熱。

透過教學上的合作，經濟學者能跨越法理層次的論述，而深入了解法學所面對的實際問題；同時，法律學者能很快的了解經濟分析的精髓，掌握法律經濟學目前的成果、以及最新的發展。因此，如果經過評估，教育部的科技顧問室把法律經濟學列為重點發展領域；那麼，就值得提供支援（主要是經費），鼓勵由經濟和法律學者合開課程。由兩位老師合開課程，目前還需要克服一些法規上的限制（和計算授課時數有關）。如果教育部能每年支持二十門課程，就表示這兩個領域裡，至少有四十位學者能密切合作而互惠。不出五年，無論在教學或研究上，都可望有具體可觀的成果。

其次，是國科會所能發揮的功能。和教育部一樣，如果國科會認定法律經濟學是重點領域，就值得採取階段性的特殊作法。譬如，在正常的研究計畫之外，每年提供十個名額，補助由法律和經濟學者共同主持的計畫；同時，在獎勵上，也鼓勵在區域性（如亞太地區）的學術期刊上發表論文。此外，以五至十年為期，每年安排不同學術單位舉辦法律經濟學研討會；促進兩個領域之間的學術交流，並且特別鼓勵由兩個領域學者共同撰寫論著。還有，每兩至三年，舉辦國際

性學術研討會,擴大與國外法律經濟學者的接觸,也增加臺灣學者研究成果在國際上曝光的機會。對於兩岸之間的交流和合作,也可以採取類似作法。

　　最後,是律師事務所的角色。在英美地區,已經有許多基金會(如 Ohlin Foundation),由支持法學研究進而支持法律經濟學的活動。臺灣的基金會,還沒有做這方面的投入;不過,主要的律師事務所(如理律),在能力上已經足以支持學術活動。而且這些事務所的業務裡,有相當大的比例與兩岸之間的經濟活動有關。因此,基於本身的利益,也值得推動法學經濟學這種「語言」;如果華人社會(特別是中國大陸)的法學界都接受經濟分析,這些國際性的律師事務所,將是最直接、也是最大的受益者。無論在推動教學或研究上,教育部與國科會都值得邀請他們參與。因為法律的實用性很強,因此「產官學」的合作,可望綻放出三贏的鮮豔花朵。

柒、結語

　　對於一般活動,經濟學者一向贊成地方分權、自由放任;但是,對於文化、藝術與學術等有外溢效果的活動,政府與其他團體某種程度的介入和參與,也有必要。在歐美等地,法律經濟學已經有璀璨的成果;在臺灣,如果天時地利人和,供給遇上需求,也可望有同樣可觀、甚至更為壯觀的景象。

第三篇
寇斯和寇斯定理

第九章
寇斯、凱克斯和英式風格

> Alfred Marshall considered that it was an essential task of an economist to demonstrate "the Many in the One, the One in the Many."
>
> —— Ronald H. Coase

本文先論證在寇斯（Ronald H. Coase）與亞歷山大・凱克斯爵士（Sir Alexander（Alec）Kirkland Cairncross, 1911-1998）之間，兩人對於經濟分析有許多極其類似的看法。而後，本文指出他們的看法和他們的「英式風格」有關。最後，本文強調他們的英式風格對經濟學未來的發展——特別是經濟學在英國未來的發展——有重要的啟示。

壹、前言

在經濟學和法學這兩個領域裡，Coase（1960）是被引用次數最多的論文。寇斯定理（Coase Theorem）是由這篇論文而來，新興的法律經濟學也是由這篇論文所引發。

而凱克斯這位經濟學者也是英國人，和寇斯不分先後（年齡只差一歲），而且也曾擔任皇家經濟學會的會長。在他的自傳裡，Cairncross 提到：

> **1933 年在劍橋大學寫博士論文時，不斷在腦海反覆出現的概念，就是 A 和 B 之間的關聯。當有人認為 A 引發了 B 時，他應該仔細思索，是不是其實是 B 引發了 A。**

這很可能（或應該）只是偶然，是經濟思想史上的花絮。不過，寇斯和凱克斯之間的巧合，還不只於此。

寇斯的學術生涯，一直是在象牙塔裡；而凱克斯的生平，大約剛好平分在校園和政府機構裡。可是，關於經濟分析，他們卻幾乎有完全一致的見解。這（應該）還是巧合，因為根據資料，他們並沒有私人往還，在學術活動上也沒有交集。（這一點，下面還會再交待。）然而，在另一個層次上，他們兩位對經濟分析無分軒輊的看法，卻不再是偶然或巧合。他們的觀點，可以說反映了本章標題的「英式風格」（Englishness）。本文的主要目的之一，就是試著指出這種英式風格的重要涵義。

本文的結構如下：首先，我會簡單介紹凱克斯的生平，包括他在學術和非學術領域的活動以及成就。然後，我將比較寇斯與凱克斯的異同；主要是關於「因果關係」和「經濟分析」，而且重點是在後者。接著則是說明所謂英式風格的涵義；並且把他們兩位對經濟分析的看法，和英式風格連結起來。之後，我將闡釋英式風格在經濟學發展上的政策涵義。最後是結論。

本文的內涵，會隨著以下的敘述而逐漸明朗；但是，本文的啟示，可以一言以蔽之：由經濟思想史上一連串的巧合，可以歸納出不容忽視的重要結論！

貳、凱克斯的生平

因為寇斯的生平比較廣為人知,在此我將簡單敘述凱克斯的生平;我大略分為兩部分:學術領域和其他領域(主要是政府部分)。為了便於敘述,避免夾雜過多的日期和年分,所以我盡可能在正文中避免這些數字。

1911年,凱克斯出生於英國北部的蘇格蘭,父親是五金行老闆。大學時,讀的是蘇格蘭最好的學府格拉斯哥大學(University of Glasgow),畢業後到劍橋讀研究所,受教於凱恩斯。他的博士論文,是關於在一次大戰前的幾個世紀裡,英國國內投資和海外投資之間的關係。[1] 取得學位後,他回到母校格拉斯哥大學任教;然後,根據授課筆記,在1944年出版英國最早的經濟學教科書之一。[2]

此外,他推動成立應用經濟系,籌組蘇格蘭經濟學會(Scottish Economic Society),發行蘇格蘭政治經濟評論(Scottish Journal of Political Economy),並擔任首任主編。還曾擔任牛津大學聖彼德學院(St. Peter's College)的院長,以及皇家經濟學會和蘇格蘭經濟學會的會長。有趣的是,他從會長的職位卸任後,還曾大力幫忙,使英國皇家經濟學會渡過難關。1972年,他被遴選為位極榮寵的母校格拉斯哥大學校長;他覺得非常高興,認為這就像被選為聖誕老人一樣(英制,實際行政由副校長負責)。

基於對凱克斯人格、學問和風範的敬意,聖彼德學院

---

[1] 主要是因為二次大戰的關係,他的論文幾乎二十年後才出版。
[2] 因為戰時紙張管制,所以第一版只比企鵝叢書稍大。第六版在1982年出版,Peter Sinclair 為共同作者。

在1991年,設立了以他為名的講座;當他過世之後,講座改名為「亞歷山大‧凱克斯爵士紀念講座」。[3] 此外,他曾受邀,在1984年美國經濟學會年會上,擔任著名的理查‧伊利(Richard T. Ely)講座,發表演說,題目是「經濟學的理論和實踐」(Economics in Theory and Practice)。[4]

他先後出版二十七本專著,還發表過詩集。在1945年到2001年間,《經濟論叢》(*The Economic Journal*)有16篇關於他學術性著作的書評,都是非常正面的評價。

另一方面,凱克斯曾經幾度進出政府;他在政府的部分活動,在分量上大概和他的學術活動平分秋色。二次大戰時,他以經濟學家身分,負責規劃軍用飛機的生產。戰後,他代表英國,到柏林參與重建德國的工業,所負的責任也愈來愈重。他曾受聘於世界銀行(World Bank),在美國首府成立世界銀行的經濟發展處(Economic Development Institute)。之後,他參與瑞克利福委員會(Radcliffe Committee),規劃貨幣制度;委員會的報告,就是由他起草。1961年到1969年間,他是英國政府的首席顧問。此外,他還曾受聘,擔任其他國家政府的經濟顧問。即使他退休之後,他還參與諮商,協助規劃興建英法之間的海底隧道。

1967年,受女王冊封為爵士,以表彰他在學術界和政府部門的成就。他和夫人瑪麗女士(Lady Mary)結婚五十五年,

---

[3] 2000年,講座成立十週年,演講者是凱克斯的大女兒法蘭西斯(Frances Cairncross);她本身也是一位經濟學者,目前在《經濟學人》(*The Economist*)擔任編輯。她在10月31日的演講題目是 Living with the New Century,當然是延續了父親的腳步——凱克斯的回憶錄書名即是 *Living with the Century*。

[4] 這篇演講也被收入美國經濟學會年會的論文集。

婚姻生活幸福美滿。他曾送她一本書，裡面引用一句詩：「如果只有一半的靈魂，人生何益？」（But with half a soul, what can life do?）[5] 她過世四個月之後，Cairncross 也離開人世。[6] 泰晤士報刊載的訃聞提到，他是大學和政府部門之間極少見的橋樑。在學術和實務（政界）上，Cairncross 都有很崇高的成就；不過，即使如此，他並不是家族裡最有名的人。[7]

根據任何標準，Cairncross 在學術和實際政策上都有很高的成就。但是，他卻很謙遜，在他自傳的最後一章裡，他表示：

> **對於學院式的純經濟學，我並沒有留下太多鴻爪。一方面，這是因為對處理實際經濟問題，我一向有比較濃厚的興趣；另一方面，我並沒有在學術期刊裡發表很多論文。最主要的，是我沒有留下學派、門生和信徒。我的影響大概只限於解決眼前的問題，而不是處理現代生活更根本的問題。**

---

[5] 引自 Peter Abelard，原詩句為拉丁文：「Nec ad vitam anima Satis sit dimidia」。

[6] 關於 Cairncross 和她的夫人，還有兩則故事可以反映他們的為人。2000 年 9 月起，我到牛津聖安東尼學院（St. Antony's College）休假一年。有一天，我和學院的一位朋友聊天；他問我住哪裡，我說：凱克斯教授的故居。沒想到，他突然坐直，眼睛連眨了幾下，一臉認真地說：「他是我最尊敬的人之一；如果查理王子或院長說『史蒂夫，往前跑！』，我會先弄清楚發生了什麼事；可是，如果凱克斯教授說『史蒂夫，往前跑！』，我會想也不想、立刻往前衝！」另外，有一天內人去倫敦看戲，深夜回到牛津，坐計程車回家。計程車司機一聽地址，馬上脫口而出：「那是亞歷山大爵士的家！」。然後，一路懷念，爵士夫人瑪麗女士（Lady Mary）多麼慈祥、人多麼好。

[7] 他自傳最後的附錄，是關於他的弟弟 John Cairncross；參考 Cairncross（1998, pp.299-305）以及他弟弟的自傳 Cairncross（1997）*The Enigma Spy: The Story of the Man Who Changed the Course of World War Two*。

在這一點上,寇斯似乎有同樣的特質(這也是英式風格的特色之一嗎?)。在寇斯接受諾貝爾獎而發表演講時,他的第一句話是:

> **在我漫長的一生裡,我認識許多偉大的經濟學者;**
> **但是,我從不覺得自己是其中之一,或躋身為伍。**
> **在學術上,我也沒有發展出深奧的理論。**

參、因果關係和經濟分析

在此我將比較 Coase 和 Cairncross 觀點上的異同,主要是針對「因果關係」和「經濟分析」這兩點。

一、因果關係

在 Coase(1960)裡,關於因果關係的討論不到一頁;不過,寇斯的觀點卻非常有啟發性。Coase(1960)第二節的標題是「問題的相互性」(The Reciprocal Nature of the Problem)。其中主要的論點是:

> **這種現象,通常大家會認為,是 A 傷害了 B;因此,關鍵在於,如何限制 A 的行為。但是,這是不對的。我們所面對的,是一種互為因果的關係。要使 B 免於受害,等於是要傷害 A。因此,問題的核心是:要讓 A 傷害 B,或讓 B 傷害 A。當然,最好能避免較嚴重的傷害。**

接著,他簡短的提到牛和麥田的例子;因為總有一些牛會跑到麥田裡,所以取捨關鍵就在於牛或麥田的價值較高:

> 選擇的性質非常清楚：選牛肉或是選穀類。該選哪一個，當然不清楚；除非，我們知道我們得到的值多少，以及損失的又是多少。

由寇斯以上的這兩段話裡，可以歸納出兩點；而這兩點，也比較容易和下面 Cairncross 的觀點作一對照。首先，在寇斯所關心的問題和所引的例子裡，兩者（牛和麥田、醫生和糕餅店、上下游的工廠等等）之間行為的先後，不是問題的重點。譬如，牛跑到麥田裡亂闖，可能是先有牛再有麥田，也可能是先有麥田再有牛；可是，無論是哪一種情形，在時間上，事件發生的先後順序不是爭議所在。其次，寇斯希望闡明的，可以說是關於雙方行為的內涵、意義和責任。如果整個區域都是牧場，只有一塊麥田，而且牛多田少；那麼，牛隻將是主流價值，值得保障。相反的，如果整個區域都是麥田，只有一個牧場，田多牛少；那麼，麥田是主流價值，值得保障。就觀念上來說，行為在時間上的先後並不是關鍵所在。

另一方面，Cairncross 對因果關係的看法，除了本文一開始所引述的之外，他緊接著做了解釋：

> 一般的印象，是較高的投資會帶來較高的所得；但是，這種印象其實有偏差。事實上，往往是較高的所得引發了較高的投資。

因此，Cairncross 對因果關係的見解，也可以歸納出兩點：首先，他所探討的現象（各個事件的變數如投資和所得等），在數量上都很明確。其次，在他所討論的現象裡，事件的先

後順序並不清楚。這可能是因為兩者彼此互相影響，形成一種循環關係；也可能兩者（幾乎）同時出現，無法分辨先後。Cairncross 希望掌握的，事實上是能釐清時間上的先後，然後可以在政策上採取因應措施。[8]

從上面的描述裡，可以看出 Coase 和 Cairncross 對因果關係，其實著重點不同。以 A 和 B 為代表，Coase 所關心的是 A 和 B 的意義，內涵和權利等並不清楚（譬如，牛踩壞麥田的意義、行為對錯、要不要負責等等），至於 A 和 B 之間的相對關係（牛踩壞麥田）則是非常明確。相形之下，Cairncross 所關心的問題；情形剛好相反。對他而言，A 和 B 的意義、內涵和權利都很明確（譬如，所得和投資的規模等等），但是 A 和 B 之間的相對關係卻很模糊（是所得影響投資，或投資影響所得）。

因此，雖然表面上看，Coase 和 Cairncross 似乎都指出因果關係的互動性質，而且在敘述上非常類似；但深究之下，他們關心的重點其實並不一樣。

二、經濟分析

在因果關係上，Coase 和 Cairncross 可能只是表面上的近似；不過，關於經濟分析的看法，他們確實相當一致。

關於經濟分析的看法，可以著重在很多不同的面向；譬如，對數學模型、對經濟政策、對經濟學家角色的看法等等。不過，在這裡，我將把焦點放在兩點特色上：現實性（real

---

[8] 此外，雖然 Cairncross 在回憶錄裡，說明對因果關係的好奇，是撰寫博士論文的動機；可是，在他的博士論文裡，並沒有指明這一點。

world relevance)以及簡潔的理論(simple theory)。原因很簡單，Coase 在這兩點的立場很特別；和 Friedman 的看法大相逕庭，而且廣為人知。此外，由這兩點特色，剛好可以呼應之後所要討論的英式風格。

首先，關於經濟理論的現實性。Coase(1988, p.19)認為，經濟學很多的研究，只是黑板上漂亮的圖表和方程式：

經濟學者所考慮的政策，是在黑板上操作的政策；他有全部的資訊，能採取各種措施，可是在真實的世界裡，卻沒有黑板上的景象。

因此，Coase(1982; 1994, p.18)強調，理論的目的，是要解釋現實世界；即使是「假設」，也必須合於事實：

假設必須合於現實，這種理論才能幫助我們了解實際狀況。強調假設要合於現實，使我們能面對真實的世界，而不是想像、不存在的世界。

相形之下，Cairncross 對理論和實際之間的差距，也有深刻的感受。他表示：

當我們面對理論的延伸和一般化，以及真實世界中複雜無比的糾纏時，兩者之間的差距往往是極其可觀的鴻溝。

而且，他也同樣重視現實：

在社會科學裡，最重要的是把事實弄對；因此，觀察的重要性，並不遜於邏輯推演。

其次,除了兩人都強調理論必須切合現實之外,Coase 和 Cairncross 也都認為:在提供政策建議時,最重要的,還是經濟學核心的基本理念。因為,Coase(1974a; 1994, p.53)覺得:

如果別人能聽得進去,我們所能提供有益的建議,其實只是幾個簡單的道理。

另一方面,Cairncross(1986, pp.3-4)也主張:

在了解現實社會和形成公共政策上,經濟理論所能提供的,就是最簡單、基本和明確的幾個觀念。

此外,對於經濟學所隱含的思惟方式,Coase 和 Cairncross 也有幾乎一致的看法。Coase(1982; 1994, pp.16-7)認為:

理論可以作為思考的依據;藉著幫助我們組織自己的思惟,理論使我們能理解各種現象。

同樣的,Cairncross(1986, p.6)也認為:[9]

經濟學者們最大的優勢,是他們思惟的方式。他們習慣於思索各種可能的方案,並且探究採行這些方案之後,在經濟體系中會造成的影響。

在經濟學裡,Coase 和 Cairncross 都不是狹隘的技師(technicians)。對於經濟學的內涵和方法,他們都有寬廣深

---

[9] 在其他方面,Coase 和 Cairncross 的看法也有很多相似的地方;譬如,他們都是從「競爭」的角度,闡釋經濟政策和各種經濟理論的供需。

遠的視野。雖然他們在經歷上差別很大,可是在看法上卻極其相近。這一方面令人驚訝,一方面也有相當的啟示:在某種層次上,也許他們兩人的看法,是高瞻遠矚的經濟學者之間的交集或共識。那麼,這種交集或共識的具體內涵是什麼呢?在呈現英式風格的面貌之後,我將回頭處理這個重要的問題。

三、兩人的接觸

Coase 和 Cairncross 之間,當然有很多差別。Coase 一直留在校園裡,而 Cairncross 則是在政府和其他機構裡,工作過很長的時間;Coase 一半以上的時間住在美國,而 Cairncross 除了短暫的時間在國外,絕大部分的時間都在英國。無論如何,雖然他們在不同的軌道上移動,在想法上卻有許多雷同的地方。他們彼此認識嗎?

毫無疑問的,根據他們的背景和軌跡,他們當然應該知道彼此。就 Coase 而言,他曾在位於蘇格蘭的 Dundee School of Economics and Commerce 任教(1932-1934),而於 1951 年移民美國。Cairncross 在 1954 年創辦《蘇格蘭政治經濟評論》(*The Scottish Journal of Political Economy*),又曾擔任皇家經濟學會的會長(1969-1970)和蘇格蘭經濟學會的會長(1969-1972);還曾應邀在美國經濟學會年會發表專題演講。因此,就常理而言,在這種情況下,Coase 不太可能不知道 Cairncross。

就 Cairncross 而言,當 Coase 在 1991 年得到諾貝爾獎時,他還在主持牛津大學聖安東尼學院(St. Antony's College)的研討會;且當年是他的八十大壽,格拉斯哥大學為他舉辦祝壽學術研討會,也還正陸續出版其他著作。因此,在學術上

他還非常活躍,不可能不知道 Coase 得獎的事。

可是,他們在學術上幾乎並沒有交集。在 Coase 的兩本選集裡,索引裡沒有 Cairncross。不過,這要怪編索引的人(芝加哥大學出版社);因為,在介紹 Duncan Black 的生平時,他確實提到 Black 和 Cairncross 曾在 1931 年同時獲獎。[10] Coase 會提到 Cairncross,顯然是因為他的知名度很高。另一方面,在 Cairncross 的《經濟學概論》(*Introduction to Economics*)第 1 到第 6 版裡,索引裡沒有 Coase。

不過,他們卻曾在 1972 年擦身而過。當年,皇家經濟學會出版《經濟論叢》的專集,以表彰經濟學者 Austin Robinson 的貢獻。[11] Cairncross 的論文是專集的第一篇,而且題目是〈再思最適廠商〉(The Optimum Firm Reconsidered)。然而,在這篇文章裡,他也沒有引用 Coase(1937)。不過,不只是 Cairncross 沒有引用 Coase(1937),專集裡另外幾篇討論廠商的論文,也沒有引用寇斯的文章。顯然,至少到 1972 年為止,Coase 的廠商理論還不是主流——即使他的文章已經發表了 35 年之久。[12]

他們之間學術上唯一的接觸,是在 1989 年,Cairncross

---

[10] Coase (1994, p.187), "In the previous year (1931) he had been awarded (jointly with Alec Cairncross) the Certificate of Merit in Social Economics." 不過,有趣的是,Coase 這篇文章,原先發表於 1981 年;在 1981 年的文稿裡,並沒有關於 Cairncross 的這一句;參考 Coase(1981)。可能的解釋是 Cairncross 於 1984 年受邀參與美國經濟學會年會演講後,Black 和 Coase 提到,他曾和 Cairncross 一起獲獎。

[11] Robinson 在廠商理論和市場結構上,有重要的著作;此外,他也曾在政府機關擔任要職,並長期負責主編《經濟論叢》。

[12] 有趣的是,在 Coase(1937)裡,他也引用 Robinson(1931, 1934)和 Kaldor(1934)的文章,並且作為他自己理論的分界點(或起跳點)。

受邀在經濟史學會（Economic History Society）發表演講。他提到，經濟史學家和經濟學者相比，往往更能掌握經濟活動的脈絡。他舉的例子之一，就是 Coase 的廠商理論。

簡單總結一下，雖然對於經濟分析 Coase 和 Cairncross 有非常一致的看法，可是在學術上，他們並沒有交集。要了解或解釋他們幾乎雷同的看法，就必須探討以下將談到的「英式風格」。

肆、英式風格（Englishness）

在此我將先討論英式風格（這個觀點）的由來，英式風格與 Coase 以及 Cairncross 的關聯；然後，我將試著闡釋這種關聯的意義。[13]

寇斯得到諾貝爾獎之後，亦敵亦友的蒲士納法官（Judge R. Posner）發表了一篇文章，名為〈寇斯和方法論〉。在文章裡，蒲氏指出寇斯作品的特色，是他不喜歡數學，也排斥抽象的模型或理論。這和時下一般經濟學者用大量的數學，當然有很大的差別。不過，蒲氏出人意表的認定，造成寇斯在論述上特立獨行的原因，是他的「英式風格」（Englishness）。他認為，在英國的文化傳統裡，就有這種重實際而輕視抽象理論的特色。具體而言，Posner（1993, p.204）表示：

---

[13] 精確的說，英式風格（Englishness）和蘇格蘭作風（Scottishness）代表不同的風格。當我告訴 Cairncross 的二女兒 Elizabeth，這篇文章的篇名時，她馬上說：「可是我父親是蘇格蘭人！」（"But my father was a Scot!"）不過，Englishness 和 Scottishness 之間，也有一些共同點。本文所指的英式風格可以看成是兩者的交集。

對於我的說法，也許讀者會覺得訝異：我認為，了解寇斯在方法論上的特質（包括長處和短處），關鍵就是他的英式風格。雖然從 1950 年中期開始，他就長住在美國，而且在美國寫出〈社會成本的問題〉；可是，寇斯也是一樣，他還是道道地地的英國人，一點都不像美國人。就像十九世紀在印度政府服務的英國人，在印度住得再久，還是不折不扣的英式作風。

可是，什麼是英式風格呢？Posner 接著這麼描述：

我指的是英國哲學裡重實際、反理論與強調常識的傳統。我指的是習慣法裡重實際、反理論的傳統；這和歐陸法學中強調抽象、體系架構的傳統，大不相同。

Posner 文章發表之後，專攻方法論的學者 Mäki（1998）不平而鳴，發表了〈反對蒲氏批評寇斯排斥理論〉（Against Posner against Coase against Theory）。他批評 Posner，認為他指控 Coase 排斥理論是無中生有。不過，也許英式風格這個概念真的太過特別，所以關於寇斯的「英式風格」，他卻完全沒有處理。而且，不只如此，Posner 所提到 Coase 的英式風格，在文獻裡似乎也沒有引起回響。

關於「英式風格」這個概念，當然可以衍生出一連串的問題：有沒有所謂的英式風格？什麼是英式風格的內涵？幾十年或幾百年來，英式風格有沒有變化？就本文而言，我認定有所謂的英式風格；而且，英式風格的內涵之一，就是強調「以簡馭繁」（simple theory）。

不過，即使接受這兩點，「英式風格」和「以簡馭繁」之間的因果關係，還是非常模糊：是英式風格雕塑出以簡馭繁的特性，還是以簡馭繁的特性形成所謂的英式風格（的一部分）？無論是以 Coase 或 Cairncross 關於因果關係的見解，事實上都不能回答這個問題。但是，如果 Coase 和 Cairncross 確實具有英式風格，那麼在 Coase 與 Cairncross 以及英式風格之間，關係卻非常明確：先有英式風格，再薰陶兩人；英式風格是主導的價值，兩人是受到影響後的結晶體（crystals）。因此，問題的關鍵是：Coase 和 Cairncross 是不是具有英式風格。

前面曾經指出，他們兩位都強調理論上以簡馭繁；但是，英式風格包含以簡馭繁，而以簡馭繁並不等於英式風格。要「證明」他們兩位的英式風格，必須把以簡馭繁和英式風格連結在一起，或者直接以英式風格來描述他們。就 Cairncross 而言，以下他自己的兩段話可以說為這種連結做了最好的展示：

> 蘇格蘭經濟學者的風格很特別。他們喜歡由較廣泛的層面，處理社會和經濟問題；採取一種實證的、就事論事的方式，而不是高度抽象的分析……蘇格蘭的傳統，也是重視體裁的傳統。一方面，排斥一長串逐步論證的推演；另一方面，希望在推演的每一步上，都能以日常生活的經驗，檢驗各項結論。

還有，

> 蘇格蘭人可能比英格蘭人更樂於抽象思惟，而且幾乎和英格蘭人一樣，寧願研究一個個的問題，而不是一個個的定理。

當然,除了他自己的描述之外,別人對他的印象也很鮮活。首先,Worswick(1987, p.761)提到:

但是,對於這位經濟學者的風格,值得先描述一二。如果我們只能用一個形容詞,那麼蘇格蘭人當之無愧──機敏──這意味著謹慎、小心和精於遣詞用字。

凱克斯是典型的英國經濟學家,他的逝去也為有濃厚英國風格的應用經濟學闔上一章。這種風格有兩種特色:首先,少用計量方法,但是特別著重精讀事件的變化和各種數據資料。其次,重視歷史,也相信直覺。

因此,由他自己與別人對他的描繪裡,Cairncross 可說是明顯具有獨特的英式風格。至於 Coase 的英式風格,最早大概出現在 Stigler 的回憶錄裡,他是這麼描述的:

羅納德從頭到腳(甚至到腳指頭)都是英國味,天生的獨行俠;他是既聰慧又典雅的學者。亞當斯密曾說──言下之意並不是恭維──在英國,到處都是店鋪掌櫃(a nation of shopkeepers)。我曾告訴羅納德,以他的獨立性和能力,他至少會是一個大百貨公司的老闆。

這是在 Coase 得到諾貝爾獎(1991 年)之前,當他得獎之後,除了 Posner 生動的描述之外,長期與 Coase 往還的 Demsetz 也有類似的看法:[14]

---

[14] 這段話可以說是 Demsetz 提到 Posner(1993)之後,替 Coase 所作的回應。

> 他通常透過各種文件、報告和司法檔案，了解人們在面臨衝突時，會採取哪些行為。在這層意義上，他的方法是實證的、但並不是數字計量的。他的成果是理論性的，但是他表達的方式卻是文字和推理，而不是訴諸於數學。

理論上以簡馭繁，是英式風格的內涵之一；英式風格的另一個明顯特徵，可以說是「歷史感」（sense of history）。對一個人和一個社會來說，歷史感是一種資產，也是一種限制。有歷史和傳統可以依恃遵循，可以降低行為的成本；但是，傳統和歷史也可能形成一種束縛，減少了行為上的自由度與創新求變的動機。[15] 和「英式風格」一樣，歷史感也是一個不容易捉摸乃至於量化的概念。不過，至少反映在 Coase 和 Cairncross 身上，可以清楚地看出歷史感的成分：在他們的著述裡，都有相當成分是屬於經濟史和經濟思想史的範圍。在 Coase 的兩本選集裡，都包含了很多這兩方面的材料。在 1988 的選集裡，〈經濟學中的燈塔問題〉（The Lighthouse in Economics）是有名的經濟史論著，〈社會成本問題〉（The Problem of Social Cost）和〈邊際成本的爭議〉（The Marginal Cost Controversy）也都與經濟思想史有關；在 1994 的選集裡，除了前 5 篇之外，後面 9 篇文章都可說是屬於這兩個範圍。其中，〈馬歇爾的父母〉（Alfred Marshall's Mother and Father）和〈馬歇爾的家族與祖先〉

---

[15] 有一個具體的例子可以反映所謂的歷史感：牛津大學已經有超過九百年的歷史，要在這個悠久的大學裡成立管理學院，顯然並不容易。賽德管理學院（Said Business School）的第一任院長 Kay 就曾經表示：「任何決策如果沒有前例可循，那麼那個決策或者是錯的、或者是立下危險的先例。由此可見，任何會成為『頭一遭』的事，都不該做！」。

（Alfred Marshall's Family and Ancestry），想必是 Coase 自己非常滿意的作品。另一方面，Cairncross 的博士論文就是經濟史，其他的包括《戰爭的代價》(*The Price of War*, 1986) 和《戰時計畫》(*Planning in Wartime*, 1991) 等多本當代經濟史。此外，他也曾撰述 Austin Robinson 的傳記。

事實上，由歷史感的角度，可以更清楚的解讀 Coase 的某些觀點。[16] 一方面，他對 Adam Smith 的著重，當然反映了他對歷史的態度；另一方面，他排斥經濟學進入法律和社會等其他領域，更充分突顯了遵循和維護歷史的立場——在 Adam Smith 的世界裡，沒有法律經濟學，也沒有 Becker 的效用極大化！

在 Posner（1993）裡，他提到 Coase 特別推崇 Stigler 在經濟思想史上的成就；他認為，這對 Stigler 是寓貶於褒（a back-handed compliment）。因為，在經濟學裡，經濟思想史是一個沒落而且幾乎已經消失的研究領域。持平而論，Posner 對 Coase 的解讀不盡公平。因為英式風格隱含的歷史感，加上 Coase 本身在經濟史和經濟思想史上的造詣；因此，他對 Stigler 在經濟思想史方面的肯定，其實有特別的含意。這有點像一位美國的籃球好手，說一位英國佬籃球打得很好；或者是一個英國的板球（cricket）明星，稱許一個美國佬板球打得很出色！

由上述關於英式風格的討論裡，可以歸納出幾點結論：

---

[16] 在 Coase 的諾貝爾獎詞裡，他最先提到的人是英國名小說家 G. K. Chesterton（1874-1936）。他會談到英國人和一本 80 年前出版的小說（*The Innocence of Father Brown*，出版於 1911 年），並不令人意外；不過，這也約略反映出他的英式風格和歷史感。

首先,Posner 所提出的英式風格,雖然是一個不容易掌握的概念;但是,由前面所列舉的各種資料可以看出,這個概念確實是有相當的意義。其次,由 Cairncross 和 Coase 身上,可以感受到英式風格強調理論簡潔、不能脫離實際、濃厚的歷史感。最後,在某種抽象的意義上,英式風格所隱含的這些特質,其實正像是 Coase(1992)所強調的「生產的制度性結構」(the institutional structure of production)。在這種制度性結構之下,經濟學的生產會是什麼狀態呢?效率如何呢?這些,就是以下所要處理的問題。

伍、政策涵義(Policy Implications)

英式風格強調理論要簡單,以簡馭繁;在經濟學的發展上,這種特色有兩點重要的涵義。

首先,經濟學所隱含的基本概念,不只可以分析經濟活動或經濟現象,而且可以用來探討人在其他領域的活動。政治、社會、法律等領域的現象,還是由人的活動所形成,也可以利用經濟學簡潔的架構分析。其次,經濟學簡潔的理論,不只能夠幫助政策決定者(policy-makers),以提升資源運用的效率;更重要的,經濟學的基本概念,應該可以幫助所有社會大眾,提升一般人運用資源的效率。

結合這兩點,方向其實非常明確:經濟學所隱含的基本分析概念,可以成為簡潔的思惟架構;一般人在生活裡面對各種問題(政治、經濟、法律、社會等)時,可以依恃這套思惟架構。和(目前)一般人由社會化裡得到的思惟架構相比,希望經濟學的這套思惟架構,能更簡潔有效!

回顧這四十年來的發展,經濟學的軌跡確實大致上反映出這種脈絡。在 Becker、Buchanan、Posner 等人和其他經濟學者的推動下,經濟學進入傳統上屬於社會學、政治學和法學的領域,而且已經有非常可觀的成果。此外,「經濟學的世界觀」也開始成為經濟學原理等教材強調的信念;雖然,對於「經濟學的世界觀」本身確切的意義,經濟學者之間還沒有眾議僉同的看法。如果這種發展延續下去,經濟式的思惟可望被一般社會大眾所接受和運用。而且,如果一般人的思惟方式能有所變化,對於提升資源運用的效率,顯然會有非常可觀的影響。

在概念上,Coase 和 Cairncross 都強調「經濟學是一種思惟方式」,因此英式風格理當成為(would have, could have and should have)啟動和主導這個趨勢的力量;然而,事實上,英式風格卻是置身事外。經濟學往外擴充的過程,主要是在美國,由美國的經濟學者 Becker、Buchanan 和 Posner 等人所推動。[17]

由後見之明來看,英式風格沒有發揮作用,是非常可惜的事。以法律經濟學來說,這是經濟學對外擴充中最成功的領域,而英國正是形成習慣法傳統的地方,有非常豐富的資料。由經濟學「效率」的角度,不需要任何數學模型,就可以對習慣法有非常深入生動的闡釋。可惜,英式風格沒有點

---

[17] 雖然 Coase(1960)公認是法律經濟學的奠基之作,不過 Coase 本人卻排斥經濟學對外擴展。可是,如果可以利用「產品的市場」作為指標,分析「理論的市場」—— Coase(1974b; 1994)的篇名是 "The Market for Goods and the Market for Ideas" ——那麼,為什麼不能把「罰款」(fines)看成是一種價格(price)? Coase(1977; 1994, p.45)表示:"Punishment, for example, can be regarded as the price of crime." 可是,他認為法律經濟學的快速發展,只是暫時的。

出這種聯結；即使到今天為止，在英國的經濟系和法學院裡，法律經濟學都不是活躍的研究領域。在近十種法律經濟學的期刊裡，也沒有任何一本是在英國編輯或出版的。另一方面，Black 嘗試結合經濟學和政治學，卻在英國受到一連串的阻力。他最早、最重要的貢獻，在英國遭到期刊和出版社的婉拒。[18] 在某種意義上，這正反映出學術領域中，英式風格意味著緊守傳統，因而阻礙進展。[19]

運用經濟學的分析概念，就可以幫助公共政策，提升資源運用的效率。在這一點上，英國的經濟學期刊確實非常重視公共政策；譬如，在《經濟論叢》和《蘇格蘭政治經濟評論》裡，都強調對公共政策的討論。但是，無論是皇家經濟學會或蘇格蘭經濟學會，卻沒有類似《經濟視角期刊》（*Journal Economic Perspectives*）的作法；一方面縮短尖端學術和一般經濟知識之間的差距，一方面作為向社會大眾普及經濟思惟的踏板（stepping stone）。[20]

由社會的觀點來看，經濟學者花氣力爭執彼此之間的歧異，所能得到的邊際報酬已經被壓縮得很小；相形之下，經濟學者花氣力闡揚經濟分析基本概念，所能帶給社會大眾的邊際報酬，卻龐大無比。如果以 Adam Smith 的國富論為指標，

---

[18] Coase（1994, p.197）提到，"While this recognition in the United States gave Black much pleasure, the lack of interest in his work in Britain somewhat embittered him."

[19] 這不由得令人好奇，這是不是 Coase 移民美國的主要原因？還有，如果 Coase 留在英國，會不會寫出"The Problem of Social Cost"這篇文章？如果他確實寫出了，會不會受到和 Black 一樣的待遇？

[20] 從 1999 年開始，《經濟論叢》每年出版 8 期，其中 3 期是政策專題（Features）；在功能上類似 *Journal of Economic Perspectives*，但是在內容上要狹窄一些。

使一般人的思惟更精緻,顯然更能提升資源運用的效率,促進財富的累積。當然,目前經濟學高度專業化和分工的情形下,對各個經濟學者來說,不一定有誘因,願意成為經濟學和社會大眾之間的橋樑。如果道路橋樑這些公共財,是由政府來提供;那麼,普及經濟學的橋樑也可以看成是一種公共財,而這種公共財,顯然也值得由經濟學者間的政府——各個主要的經濟學會——來搭建。而且,雖然有些經濟學家出版了一些通俗性的著作,以推廣經濟學;不過,這些就像是由私人興建而且收費的道路一樣,在規模和效果上遠遠比不上政府普遍鋪設的公路網。

1954 年,當 Cairncross 主編的 *Scottish Journal of Political Economy* 發行第 1 卷第 1 期時,他的發刊詞裡有這麼一段話:

回顧過去,令人驕傲;因為蘇格蘭人曾為社會科學奠定基礎;但是,回憶也帶來警示,因為對於往後的進展,蘇格蘭人貢獻有限。

如果把其中的 Scotsmen 換成 Englishmen,這段話現在依然發人深省。同樣的,Coase(1981; 1994, pp.18-19)也提到:

在 1930 年代,相當程度上,英國經濟學界就代表整個經濟學界。

Coase 的言下之意,當然十分清楚。因此,如果 Coase 和 Cairncross 所強調的——經濟學的現實性、簡潔的理論提供一種思惟的模式——能夠經由某些方式,成為一般社會大眾所參考依恃的思考架構,那麼英式風格的貢獻,將回到 Coase 和 Cairncross 所緬懷的時代一樣;而且,這將不只是對經濟學或

社會科學的貢獻,而是有益於整個社會的豐功偉績。

當然,要使經濟學隱含的思惟模式,成為社會大眾所接受和運用的工具,必須透過一些具體的作法。可是,哪些是具體的作法呢?不過,亞當斯密的鉅作是要探討富國的途徑;兩百多年來,經濟學者卻還沒有找到明確的答案。因此,經濟思惟的普及化和大眾化,也需要經濟學者投入相當的智慧和氣力,才能找到可行之道。不過,至少方向是非常明確;而且,在推展這項艱鉅的工程上,英式風格處於一種很特別的地位,可望發揮相當的潛力。

陸、結論

在本文一開始,我提到:雖然是一連串的偶然,但是卻隱含著重要的啟示。

寫成本文確實是一連串的偶然:到牛津時,住到Cairncross的故居;讀他的回憶錄時,看到他對因果關係的想法;和朋友聊天時,感受到Cairncross的可貴人格;翻閱《經濟論叢》時,看到關於他回憶錄的書評;在同一期裡,發現名經濟學者Krueger也提到Cairncross。

動手寫這篇文章後,在書架上拿錯《經濟論叢》的卷冊,卻看到Cairncross關於廠商規模的論文;隨手看Coase關於Black的回憶,竟然看到Cairncross的名字。這些偶然之外,還有內人和計程車司機的對話;更奇怪的,是我在火車上隨手撿起座位上的報紙,卻發現有一篇Cairncross執筆的訃聞![21]

---

[21] 他在生前應Guardian之邀,為朋友Edwin Noel Plowden所寫;Lord

不過,即使沒有這一連串的偶然,本文所指出的政策啟示本身,依然非常重要。本文前半段關於 Coase 和 Cairncross 之間的種種,可以說只是經濟思想史上的材料;可是,後半段英式風格和政策的部分,卻對經濟學的發展有深遠的含義。確實,即使沒有一連串的偶然,本文所強調的政策啟示依然重要。因為有這一連串的偶然,使 Coase 和 Cairncross 的英式風格與「啟示」之間的關係更生動、更有說服力。如果經濟學的英式風格發揚光大,經濟學對社會的影響將更為深遠,而經濟學也將有更濃厚的英式風格——不論是根據 Coase 或 Cairncross 所定義的因果關係!

Plowden of Plowden 於 2001 年 2 月 15 日過世,潤飾增修過的訃聞登在 2 月 17 日 Guardian 的訃聞版。

第十章
寇斯的英式風格和張五常的中國風味

雖然寇斯曾經強調,(經濟)理論隱含一種思惟方式;可是,他並沒有進一步闡釋這種思惟方式的內涵,也沒有展現要如何運用這種思惟方式。與寇斯是亦師亦友的張五常,卻在因緣際會下,揮灑出極其特殊的一片天地。經濟散文在中文世界的特殊傳承,由張五常一手確立。張五常所開闢的天地,對經濟學界和經濟學的發展而言,都具有相當的啟示。

壹、前言

本文的重點是張五常和他的中國風味;不過,如果沒有寇斯和他的英式風格,就襯托不出張五常和他的中國風味。

寇斯和張五常兩人是數十年的好友。在寇斯的諾貝爾演講詞裡,他特別提到的經濟學家之一就是張五常[1];相對的,張五常曾經多次表示,在眾多經濟學大師裡,寇斯的思想和他自己的最接近。當然,他們兩人之間的友誼與相知相惜,是經濟思想史上的佳話;是本文的背景,但並不是本文的重點。本文的重點,是從寇斯的英式風格裡,指出寇斯沒有完

---
[1] 參考 Coase(1992)。

成的心願;而後,再描述經由寇斯和張五常的巧妙聯結,張五常在中文世界中所開闢出的天地;最後,本文將分析張五常作為的涵義,並且探討對經濟學發展的啟示。

在此有兩點值得先作強調。首先,經濟學者的身分,大致可分為三大類:研究者、政策顧問、教師／傳教士。研究者的貢獻,是對經濟學知識和智識增加自己的心血;政策顧問的作用,是希望能經由影響實際的公共政策,提升資源運用的效率;教師／傳教士的責任,則是向自己的學生和一般社會大眾,宣揚經濟學的福音。寇斯的貢獻,主要是以研究者的身分,為經濟學增加了可觀的智慧;張五常的成就,則是以傳教士的精神,在中文世界裡,開闢了西方經濟學者可能難以想像的天地。他不僅奠定了一種新的文體,為傳播經濟學的福音發展出新的媒介;而且,他布道的內容涵蓋面非常廣,在討論公共議題時,有助於奠定經濟學者不可或缺的特殊地位。

其次,在經濟學者的三種身分之中,過去一向著重研究者和政策顧問。但是,當經濟學逐漸成為一個成熟的學科時,經濟學者在這兩種身分上的貢獻,開始變得片斷而微小。相形之下,經濟學者對一般社會大眾的影響,卻一直受到忽視。可是,如果政策顧問的功能,是希望經由影響政策而提升運用資源的效率;那麼,影響社會大眾,使社會大眾具有經濟思惟,不是更釜底抽薪、效果更為恢宏嗎?張五常在傳播福音上的作為,顯示了經濟學者在傳教士的身分上,似乎還有很大的發揮空間──傳教士的邊際產值,可能要遠高於政策顧問或研究者的邊際產值。如果資源值得流向價值最高的使用途徑,張五常的作為和成就,顯然值得經濟學界再三思!

當然，要了解張五常的作為和成就，最好的出發點就是寇斯和他的英式風格。

貳、寇斯的英式風格

關於寇斯的英式風格，最早見諸於文字是 Stigler（1988）；他認為，寇斯是「由頭到腳、徹徹底底的英國味」。[2] 不過，Posner（1993）的描述更為生動：

雖然從 1950 年中期開始，他就長居於美國，而且在美國寫出〈社會成本的問題〉這篇論文；可是，就像十九世紀在印度政府服務的英國人，在印度住得再久，還是不折不扣的英式作風。寇斯也是一樣，他還是道道地地的英國人，一點都不像美國人。[3]

即使很難明確的界定，英式風格到底是什麼；不過，就寇斯的論述而言，大致上這是指他以優美的散文論述、不喜歡數學；在理論上強調以簡馭繁、不能脫離現實、批評「黑板式經濟學」（blackboard economics）；對歷史很敏感，而且有高度的興趣。此外，他也曾指明，（經濟）理論隱含一種思惟方式；可是，即使這個論點本身很精湛，寇斯在理論上的矛盾，也由此可見。[4]

---

[2] Stigler (1988, p.159): "Ronald is English to the tips of his fingers."

[3] Posner (1993, p.204): "Although he has lived in the United States since the middle 1950s and wrote 'The Problem of Social Cost' here, he is as much an American as a nineteenth-century Englishman in the Indian Civil Service was an Indian."

[4] Coase (1982; 1994, pp.16-7): "A theory also serves as a base for thinking. It helps us to understand what is going on by enabling us to organize our

在 Coase（1988, p.4）裡，他提到：「我指的價格不只是貨幣上的價格，而是任何廣義的價格。」[5] 因此，雖然寇斯沒有明白列舉非貨幣的、廣義的價格是什麼。不過，他的意思非常清楚：在加油站前排隊等著加油，等候時間的長短是一種價格；追（男）女朋友時，花費多少心思也是另一種價格。

廣義的價格，加上（經濟）理論隱含一種思惟方式，寇斯在理論上的立場其實非常明白：經濟學不只可以分析涉及貨幣的經濟活動，也可用來探討價格理論及人類的其他活動。在某種意義上，寇斯也確實身體力行，以行動證明他的想法。在〈商品的市場和言論的市場〉（The Market for Goods and the Market for Ideas）這篇文章裡，Coase（1974a; 1994）利用商品的市場為例，探討言論自由的意義。同樣的，在〈經濟學家和公共政策〉（Economists and Public Policy）的文章裡，寇斯（1974b, 1994）把經濟學者比擬為推銷商品（政策建議）的推銷員。兩篇論文都具有以簡馭繁、不脫離現實的特色；而且也都生動的反映了，價格理論極其廣泛的應用範圍。

然而，可惜的是，寇斯卻沒有一以貫之。在〈經濟學和相關學科〉（Economics and Contiguous Sciences）這篇文章裡，Coase（1977; 1994）明確的表示，他反對經濟學向法律、政治、社會等學科擴充。他認為，長遠來看，在其他學科的範圍裡，經濟學者並不具有相對優勢。可是，這種論點，不

---

thoughts."

[5] Coase (1988, p.4): "in almost all circumstances, a higher (relative) price for anything will lead to a reduction in the amount demanded. This does not only refer to a money price but to price in its widest sense."

但否定了 Buchanan（政治）、Becker（社會）與 Posner（法律）和其他經濟學者開創性、廣受好評的貢獻，也否定了他自己關於價格理論的立場！[6] 寇斯在這篇論文的論點，可以說是非常奇怪。也許是基於他的歷史感，以及他對亞當斯密的推崇──在亞當斯密的世界裡，沒有公共選擇、家庭經濟學或法律經濟學──他似乎認定經濟學有明確的範圍，經濟學者應該循規而不逾矩。不過，就像 Posner（1993）所說的：「寇斯的論點，大有可議之處」。[7]

因此，即使寇斯筆下有優美易讀的散文，即使他堅持以簡馭繁、不脫離現實，即使他深信（經濟）理論隱含一種思惟方式，即使他的分析方法有非常廣泛的應用範圍[8]──也就是，即使寇斯具有一個好的傳教士所該有的所有條件，能有效的向社會大眾傳播福音；可是，至始至終，他是一個傑出的研究者／經濟學者，而不是傑出的傳教士／經濟學者。

傑出的傳教士／經濟學者，非張五常莫屬；或者，至少在中文世界裡，非他莫屬！

參、由寇斯到張五常

張五常 1935 年在香港出生，高中畢業後，到美國加州洛杉磯大學（UCLA）讀大學及研究所，主修經濟；然後到芝加哥大學從事博士後研究；他在華盛頓西雅圖大學（University of Washington at Seattle）任教，1981 年離開美國；回到香港後，

---

[6] 參考 Lazear（2000）對經濟學帝國主義的描述。
[7] Posner (1993, p.208): "There must be something wrong with this view."
[8] 參考 Hsiung（2001）。

擔任香港大學講座教授,直到 2000 年退休。

表面上看,張五常求學工作的經驗無足為奇,很多人都經歷類似的軌跡。不過,因為張五常個人極其特殊的性格,他在美國讀書工作的過程,一點都不平凡。由幾件事情上,可以約略反映出他非凡的經驗。

當他還是大學生時,修 Hirshleifer 的價格理論,覺得不僅內容有趣,而且老師的思惟方式大有可觀。因此,他修完課後,還繼續旁聽;一聽再聽,連續旁聽了好幾年。[9] 當他在讀研究所時,Alchian 在課堂上宣布下週將討論失業問題;張五常到圖書館裡,把「所有」相關的論著都借回家,而且「全數」看過。下次上課時,老師問大家對失業問題的意見,大家鴉雀無聲(因為書都被借走了);張五常大聲說道:「我對這個問題沒有意見,不過我知道書裡的意見全是錯的」。據張五常表示,Alchian 聞言大為讚賞。[10] 當他到華盛頓任教時,刻意住在海邊,後院有溪流經過,流入海裡。他就近觀察鱒魚逆流而上、產卵、再回到海中的生命週期,並且思索漁民們如何處理以大海為家的鱒魚,所有權的歸屬問題。[11]

以小見大,張五常在美國求學和工作的經驗都非常特別。而且由這幾件事情可以看出,他有濃厚的好奇心,並且特立獨行;對從事學術研究的人來說,這兩種特質可是珍貴的資產。不過更重要的也許是他因緣際會,剛好趕上了芝加哥大學的黃金歲月。

---

[9] 參考 Cheung(1989, p.254)。
[10] 參考 Cheung(2001a)。
[11] 參考 Cheung(1989, pp.30-39)。

從經濟學發展的過程來看，1960年代左右，可說是二十世紀爆發力最強的一段時光；而芝加哥大學，正是這一切活動的中心。經濟學對政治學（Buchanan & Tullock, 1962）、社會學（Becker, 1957）、法學（Coase, 1960; Posner, 1973）的擴充，都是在這一段時間展開，而且都直接或間接源於芝加哥大學。張五常於1967年至1969年待在芝大，不但與執世界經濟學牛耳的大師們形成亦師亦友的關係；而且，他也經歷了新領域奠基時期波濤洶湧、雷霆萬鈞的過程。他不但參與，而且本身有重要的貢獻。當然，在眾多經濟學的巨人裡，張五常和寇斯的交情最深。

張五常曾經強調，他自己的想法和寇斯最接近；其實，在很多問題上，他們的看法有明顯的差別。譬如，寇斯反對效用極大化，張五常卻贊成；[12] Friedman 認為結論比假設重要的立場，寇斯反對，張五常卻認同；寇斯覺得試著以事實來否定理論並不重要，張五常的態度卻剛好相反。不過，張五常和寇斯的相同點，顯然更重要。寇斯強調理論不能脫離現實，張五常親自訪問果農和養蜂人，寫成〈蜜蜂的神話〉（The Fable of the Bees）這篇經典。[13] 寇斯主張理論上要以簡馭繁，張五常同樣強調在解釋社會現象時，要「淺中求」。寇斯不用數學，張五常除了博士論文之外，在往後的論述也幾乎只用文字。寇斯寫得一手優美的散文，張五常的文筆率性、犀利而流暢。

---

[12] 張五常批評效用（utility）這個概念空洞無稽。
[13] 相形之下，寇斯寫成〈經濟學裡的燈塔〉（The Lighthouse in Economics），主要是參考歷史文獻，而並不是根據實地調查。

當然,最重要的是兩人對產權問題都有濃厚的興趣。寇斯的兩篇經典之作,可以由產權問題的角度連貫;張五常由博士論文到後來的主要論著,也同樣是以產權問題為主軸。就張五常而言,兩人交往所激盪出的火花,就是一篇篇充滿洞見(insights)、廣受好評的論文。

當張五常在 1981 年離開美國回到香港時,他已經是知名的經濟學者。另一個截然不同的世界,正等待他的揮灑。

肆、張五常的世界

在中華文化裡,長久以來讀書人(也就是智識分子)有兩種特質:他們善於為文,文章反映才華、也反映學養;另外,他們寫成的文章可以涵蓋各種議題。「家事國事天下事,事事關心」,是很好的寫照。張五常在這種文化傳統中長大,當然受到這個文化傳承的薰陶。張五常能文善論的這種中國風味,在西方學術界高度專業化和分工的環境裡,也許並沒有施展的空間。然而,當他回到他生於斯長於斯、他所熟悉的環境裡時,他醞釀發酵已久的中國風味,即將破繭而出、發光發熱。

一、其文

張五常於 1983 年 11 月 29 日開始撰寫《信報》的專欄,是他經濟學者／傳教士生涯(或事業)的開端。當然,他所面對生產的制度性環境,值得稍作說明。

首先,是華文報紙的副刊;這是華文報紙的特色,是一般西方報紙裡所沒有的版面。在副刊裡,有詩、散文、短篇小說,還有連載的武俠或愛情故事;副刊裡有專人執筆的專

欄，也有一般作者投稿的作品。副刊的讀者不限於特定的族群，而是所有的讀者、一般社會大眾。

其次，是《信報》（*Hong Kong Economic Journal*）的特性。一言以蔽之，《信報》可說是香港的《華爾街日報》（*The Wall Street Journal*）；無論在性質、水準和影響力上，都是香港財經報紙的佼佼者。《信報》的發行人是林山木，本身是劍橋出身的經濟學者；除了數十年幾無間斷、每天長約兩千字的評論之外，他還曾撰寫一系列文章，介紹經濟學和經濟思想史上的掌故。林山木的每日專欄和其他文稿，後來都累積成冊出版；到2005年為止，他的作品已經出版了超過70冊。

在這種天時地利人和的情況下，張五常受邀為《信報》開闢一專欄，名為「論衡」；張五常下筆很勤，每月大約七至八篇，每篇約兩千五百字。專欄推出之後，大受讀者歡迎。1993年起，張五常轉而為新發行的《壹週刊》撰寫專欄。同時，在中國大陸發行的《經濟學消息報》（*Economic Highlights*）和《經濟學系茶座》等刊物，也不定期轉載他的文稿。因為這些文章，加上他經常接受邀請，且發表公開演講，因此他在香港和中國大陸都有非常高的知名度。稱他為華人世界中最著名的經濟學者，一點都不為過。

張五常取材的範圍非常廣，除了寇斯的燈塔、他自己養鱒魚的經驗，他也描述除夕夜在街頭賣金橘，實地體會價格分歧的意義；此外，中國大陸的體制改革、香港本身的教育、兩岸三地的關係等等，也是他筆下的重點。除了這些具體的議題之外，他還討論讀書的方法、思考和分析問題的途徑。甚至，他筆下還論述攝影和書法。抽象來看，張五常的文章反映兩點特質：一方面，雖然他將價格理論進行廣泛的運用；

不過，不像寇斯，他並沒有採取「（經濟）理論是一種思惟方式」的立場。另一方面，他筆下所處理的問題，遠遠超出經濟學的範圍；而且在處理這些千奇百怪的問題時（包括鄧小平、鄧麗君和在香港的英國公僕等等），他並不是從經濟學的角度著眼。在這種意義上，他的鋪陳，反映的可說不是一位經濟學者的分析，而是一位智識分子，根據他敏銳的觀察力所提出的特殊觀點。

二、其人

張五常有多方面的才華；除了是出色的經濟學者之外，他在攝影和書法上的造詣，也很受矚目。而且他還曾經得過加拿大全國乒乓賽的冠軍。[14] 不過，雖然他有許多優點，謙虛卻絕對不是其中之一。

關於這一點，不只是經濟學界同事朋友之間口耳相傳，而且普遍見諸於文字──張五常自己的文章裡，例證就不勝枚舉。譬如，他提到目前經濟學盛行的博弈理論，是引發自他在 1970 年所發表文章的一個注腳。[15] 他認為，是他的文章使寇斯那篇 1937 年的文章「死而復生」。[16] 他批評布坎楠等人，在公共選擇理論裡，並沒有得到重大的收穫。[17] 而且他

---

[14] 參考 Cheung（2001a）。

[15] Cheung（2001b, p.150）：「想不到，這注腳竟然成為今天經濟學行內大行其道的博弈理論（Game Theory）的導火線。」

[16] Cheung（2001b, p.152）：「我在〈合約的選擇〉一文內，指出寇斯在 1937 年發表的〈公司的本質〉（The Nature of the Firm）中雖然沒有提到合約，但內容也是合約的選擇。光這一點，寇斯認為我是他遇到的鍾子期，也是這一點，寇斯 1937 年的鴻文死而復生，變得在行內沒有誰不知道。」

[17] Cheung（2001a）：「近二十年來，國家理論（Theory of the State）漸漸成為經濟的一門學問，參與的高手如雲，包括布坎楠（J. Buchanan）、史蒂格勒（G. Stigler）、貝克（G. Becker）、德塞姆茨（H.

也不諱言,自 1969 年之後,就很少讀其他學者的作品。[18]

最後,他更表示:「(我的)《經濟解釋》在許多方面都超過人類歷史上最偉大的經濟學巨著——亞當斯密的《原富》。」[19]

對於張五常的同事和同儕而言,他的狂傲自負想必造成很多困擾(也提供了很多「口耳相傳」的材料);不過,對千千萬萬的讀者而言,他們毋需和作者直接接觸。張五常的文章睥睨群雄、不可一世、霸氣十足的架勢,反而成為他作品的特色之一;對於這種李小龍式的水仙花情結,張五常引以為傲,讀者引以為樂。[20]

三、成就

張五常回到香港之後,在經濟學的學術上,幾乎不再有新的、重要的作品[21];不過,他在非學術上的作為,卻是經濟學者中很罕見且具開創性的貢獻,對經濟學的發展也有重要的啟示。具體而言,在中文世界裡,他有兩項非凡的成就。

首先,他筆下痛快淋漓、論述有據、一氣呵成的文章,開創了中文一種新的文體——經濟散文(literary economic

Demsetz)等人,但都沒有重大的收穫。……我自己曾……創立了一個政制理論,自覺滿意。」

[18] Cheung(1998, p.515): "I like to sail the strange seas of thought alone, and have seldom read other people's publications with the seriousness they deserve after I left Chicago in 1969."

[19] 21CN Business Herald, p. 22, Sep. 3, 2001.

[20] Jan(1995, p.VI):「張五常的文章像是李小龍,是不可解釋來歷的超級英雄。」

[21] 雖然 Cheung(1983)曾被多次引用,不過根據張五常自己的說法,這篇論文的題材已經在他的腦海裡盤旋十年以上;參考 Cheung(2001a)。

essay）。經濟散文不但結合優美流暢的散文和論述有據的學理，更與日常生活經驗相連結；因此，張五常等於是集培根和亞當斯密於一身，又能和一般人的經驗呼應。在經濟學和文學上，這都是了不起的成就。[22]

其次，雖然張五常並沒有採取「（經濟）理論是一種思惟方式」的立場，而且他的論點往往和經濟學無關；但是，他筆下包羅萬象；經濟學和非經濟學議題，經過他的處理都有新意。對讀者而言，張五常為經濟學者掙得極其特殊的地位；在讀者（也就是一般社會大眾）的心目中，經濟學者可以對社會裡的大小議題，提出言之有物的一得之愚。經濟學者不再是象牙塔裡不食人間煙火、不辨菽麥的學究，而是社會大眾可諮詢、甚至是仰仗的參考座標。

張五常的這兩項成就，不僅在中文世界裡無人能出其右，在西方的經濟學大師裡，都很難有人望其項背。Stigler的文字才情，可能要勝過張五常；但是，在經濟學界之外，一般人對他很陌生。Becker 在《商業週刊》（*Business Week*）的專欄，也有可觀的讀者；不過，在文采和問題的涵蓋面上，Becker 都遠遠不及中文世界裡的張五常。[23] 然而，即使張五常因緣際會，在中文世界裡有開創性的成就；可是，

---

[22] 張五常自己也表示：「經濟散文是我的發明，《賣桔者言》之前，中國沒有經濟散文」；語見 Wang（2001）。不過，最早認定張五常的特殊文體，是 Jan（1995）。

[23] Barro（1996）、Thaler（1992）和 Landsburg（1993）都有普及經濟學的功能；但是在涵蓋面上都不及張五常的文稿；而且張五常文章出現的頻率非常高，對讀者的影響自然也較大。在某種意義上，張五常的文章和 Lightman（1996）的作品非常接近—— Lightman 是結合物理學思惟和生活經驗。

如果他的作為純粹是個人特質的展現，其他人無以為繼；那麼，他的成就將只是曇花一現、光閃耀目，但是稍縱即逝。還好，張五常所開創的世界，後繼有人。

張五常無意間開創的文體，已在中文世界占有一席之地。結合經濟學和文學（技巧）的經濟散文，已經呈現百家爭鳴、百花齊放的盛景。在香港、大陸和臺灣，都有許多經濟學者的作品集結出版；此外，自1999年起，中國大陸的《經濟學消息報》還舉辦徵文比賽，進一步提升這種文體的知名度和影響力。還有，1993年在臺灣，有兩篇經濟散文被選為高中階段國文課本的課文；經濟學者的作品成為語文課程的教材，對文學和經濟學而言，都是有趣又有意義的注腳。[24]

在中文世界裡，經濟學者已成為社會科學裡很特別的一群。如果經濟思惟值得推廣給社會大眾，使他們能像經濟學者般的分析和思考；那麼，張五常開風氣之先的經濟散文，已經成為平易近人、說服力極強的媒介。在中文世界之外的地區，顯然還沒有類似的景況。

四、解釋

張五常的成就以及經濟散文的現象，值得稍作解釋。當然，原因可分為張五常的主觀條件，和環境裡的客觀因素；換種說法，原因不外是供給和需求。

就張五常的主觀條件而言，當他開始在香港報刊「傳教」

---

[24] Buchanan（1989, chapter 5）以看足球賽超級盃為例（Super Bowl），因為時間過長而有罪惡感的例子，說明不工作而嬉戲會產生負的外部性（negative externality）。我引申這個觀念，婉轉的駁斥「只要是我喜歡，有什麼不可以」這首歌所反映的思惟；參考 Hsiung（1993）。

時，他已是知名的經濟學者；他參與了經濟學發展過程中最輝煌的階段，並且和經濟學大師比肩齊步；他的生活經驗非常特別，且豐富、精彩而有趣；他筆鋒犀利、文字流暢，讀來痛快淋漓。當他回到香港時，在他的年齡層裡，沒有其他的華裔經濟學者有類似的條件；事實上，在整個華文世界裡，張五常也是唯我獨尊、無人能出其右者。

在客觀的環境上，香港因地理位置使然，是資本主義發揮得最淋漓盡致的地方之一；一般的讀者，對經濟知識本來就有潛在的需求。張五常的散文，除了有經濟學之外，還有智識上的趣味，更有文采；加上張五常取材的內容，呼應了一般讀者的生活經驗；且香港回歸中國大陸、對中港臺的關係影響深遠。因此，讀者對張五常的散文反應熱烈，可以說是有以致之。此外，對中國大陸的讀者而言，思想上經過幾十年教條式的束縛，一旦解放，等於是處在智識真空的狀態；無論是在經濟活動或智識上，需求都更為殷切。尤其張五常還宣稱，他準確地預言中國大陸將走資[25]；因此，這些額外的因素，使張五常在中國大陸的地位更為特別。

最後一點，是主觀和客觀、供給和需求的結合。兩岸三地都是華人社會，皆受到中華文化的影響；和任何悠久的文化一樣，中華文化有很多自成體系的思想觀念、風俗習慣。就像運用簡單的經濟學概念，可以有效的解釋習慣法（common law）的傳統；對於這些文化思想觀念、風俗習慣，經濟學也很容易發揮「知其然、也知其所以然」的作用。這對於出身芝加哥大學、擅長價格理論和產權學說的張五常而

---

[25] 參考 Cheung（2001a）。

言，更是輕而易舉。在芝加哥學派有名的立場「存在即有效率」（What is, is efficient）之上，張五常稍加刪去繁蕪，濃縮要義，就可以得到更有說服力的解釋——存在，是在限制條件下的效率（What is, is constrained efficient）。對於華人世界的讀者，這些論點當然有相當的吸引力。[26]

伍、涵義和啟示

由張五常開風氣之先，中文世界早已成氣候的經濟散文傳統，是經濟學（和文學）中很值得探討的現象。除了描述這個現象的來龍去脈之外，這一系列演變的涵義、以及對經濟學未來發展的啟示，當然值得思索。

一、臧否

對許多經濟學者而言，經濟學是一門實證科學（positive science）。因此，判斷理論好壞的重要尺度，是某個理論能不能以實際資料來驗證；也就是，根據這個理論，是不是能推導出某些假說（testable hypotheses），然後再以實證資料來檢證這些假說。

對於某些理論，以實際資料來驗證，並不困難；譬如，蘋果價格上升，需求量減少。但是，對於另一些理論，至少在剛提出時，可能並不容易檢驗。這時候，只要理論的推論

---

[26] 例子之一，是 Tullock（1967）所提出的競租（rent-seeking）理論。這是他在美國駐天津領事館服務時觀察到的有趣現象，因而寫成；不過不要忘記，他的背景是政治學的薰陶，等他和 Buchanan 合作、嫻熟經濟學之後，才寫出那篇開創性的論文。例子之二，Krueger（1974）提出與 Tullock 類似的理論，也和她在印度待過有關。由中國大陸和印度這兩個歷史悠久、又很傳統的社會發展出競租理論，顯然不是巧合。

過程合理,結果又和實際現象不直接牴觸;那麼,經濟學者根據專業判斷,而不是根據實證資料的檢驗,就可能(暫時)接受這個理論。貝克在 1976 年提出對歧視的理論,就屬於這一類。另外,當經濟學者提出某種論點,和社會現象不直接相關,但是具有說服力。這時候,這種論點可能比較接近意見,而不是方程式般的理論。譬如,布坎楠的許多論述,就是屬於這一類。

因此,就第二和第三種「理論」而言,理論成立與否,不是直接訴諸於實證檢驗,而是訴諸於經濟學者的專業判斷。符合他們判斷的,就是可以接受的理論;理論,確實是和思惟有關,而不是「假說測試」(hypothesis testing)。對社會大眾而言,更是如此;經濟學者的理論,只要符合他們的經驗、或是讓他們耳目一新,就可能為他們所接受。檢驗理論的,是他們腦海裡所累積的生活經驗,而不是嚴謹的「假說測試」。

張五常的經濟散文,涵蓋面廣泛,同時包含這三種理論。他的作品,能得到許多讀者的垂青和喜好,很可能就是他能呼應讀者的期望。他的文章和「理論」,自成一家之言,而且似乎言之成理。然而,這也可能正是問題所在;他的經濟散文與文章裡的許多觀點,只是「意見」而已;不算是學術性的論證,也沒有經過嚴謹的檢驗。他以學者的筆調、經濟學家的身分,表達了許多個人見解。這些個人見解,有的頗有爭議(他的書超過《國富論》),有的根本違反學界的共識(他文章的注腳開啟了戲局理論)。因此,張五常推廣經濟思惟的貢獻,值得肯定;但是,在某些方面,他的經濟散文卻和經濟學的專業背道而馳。

中文世界裡,張五常的經濟散文掀起之旋風,無庸置疑;不過,對於張五常經濟散文的本身,值得作仔細的評估。一旦要作價值判斷,便會立即涉及到判斷的人和衡量的尺度;也就是,涉及裁判和裁判所用的量尺。關於他的經濟散文,顯然有兩群明顯的裁判:經濟學者、和一般讀者。

就經濟學者而言,評估某種「論述」的好壞,有許多廣為人知的尺度。譬如,Friedman(1953)主張,論述的好壞就看預測能力的高低;好的論述,預測能力強,假設是否真實,並不重要。Popper(1959)所提出的「證偽說」(falsification test),在經濟學界也有廣泛的影響力:一個理論或假說,必須能被實際資料所檢驗;而且,資料只能否定理論,但卻不能證明理論為真。相形之下,就一般讀者而言,他們並不會關心理論的真偽;而且,很多文章無關預測,因此預測準確與否,未必是他們關心的重點。對一般讀者來說,文章的實用與否,可能更為重要。實用,可以包含文章有趣、增加知識、幫助認知世界等等。

張五常的經濟散文,對於經濟學者和一般讀者這兩個群體而言,因為運用的尺度(criteria)不同,也就有不同的評價。具體而言,經濟散文並不是學術論文,因此不適合、也不需要面對學術的量尺。中文世界裡,經濟學界同儕對張五常的保留和批評,主要是他回香港之後,幾乎停止學術論述;而且,在經濟散文裡,他口氣狂妄、不可一世。這是經濟學者這個群體,對「經濟學者」張五常的評斷。

對一般讀者而言,張五常的經濟散文,顯然符合他們所採用的量尺。藉著兩個事例,可以約略反映。首先,當他開始在《信報》為「論衡」專欄撰稿時,最早的幾篇文章,是

關於「共有資源」（common resources）。他以大海的魚群為例，再回憶自己在西雅圖海邊，親眼目睹鮭魚逆流產卵的經驗。此外，城邦集團總裁詹宏志，本身大學主修經濟；他提到初看張五常的這些文章，「驚為天人」。

　　張五常所介紹的，其實是經濟學的一個小理論；對詹宏志和眾多讀者而言，這個理論的好處不在於「預測」，而在於「理解」和「組織思惟」。共有資源的概念，不僅適用於大海的魚群，也可以用來理解有關公園、博物館、公共海灘、地鐵、高速公路的種種現象；香港人口密度高，共有資源的問題隨處可見。透過一個小理論，可一以貫之、以簡馭繁的解釋諸多社會現象，其理論的好處多矣。對中國大陸讀者來說，文革時期吃大鍋飯和人民公社公有制的經驗，更直接呼應了「共有資源」、「草原的悲劇」（tragedy of the commons）、「白吃者」（the free-rider problem）等問題。因此，張五常所擅長的產權問題，正是香港和中國大陸讀者身歷其境、關心無比的問題。張五常的文章，使讀者從知其然到知其所以然；這是智識上的增長，讀者自然反應熱烈。

　　其次，1988年5月4日，他在報刊發表〈擦鞋何罪？〉一文。文章的背景，是北京幾位大學生，到街上擦鞋打工賺錢；政府官員認為，這是丟國家的臉，因此加以干涉。接著，張五常回憶在美國求學時，自己打工賺錢的經驗；然後，引申到「思想教育」和「有價值的知識」，再論證大學私立，市場就可以發揮競爭淘汰的功能。這篇文章發表在五四運動紀念日，也許只是巧合。對一般讀者來說，這篇非學術的散文，文章內容有趣（北京官員反對大學生打工賺錢）、增廣見聞（私立大學和市場的關聯）、啟發思惟（大學如何提供

「有價值的知識」）；相形之下，經濟學者所關心的預測和證偽，顯然都很遙遠。

因此，張五常作為「經濟學者／研究者」（economist/researcher）的身分，受到經濟界同儕的質疑，有以致之。張五常作為「經濟學者／傳教士」（economist/preacher）的身分，受到一般讀者的肯定和歡迎。這兩種反應，同時存在，也各有各的道理。以經濟學術語來說，這是「分離均衡」（separating equilibrium）──經濟學界和一般讀者，運用不同的尺度，對張五常有不同的評價。以張五常自己的話來說，這是「限制下的效率」（constrained efficient）。

二、啟示

張五常和經濟散文在中文世界的成就，是許多因素湊巧結合下所促成；在其他時空和別的文字裡，未必有類似的機緣。不過，從這個特殊現象裡，其實可以得到對經濟學發展的一些啟示。

寇斯曾經表示，（經濟）理論隱含一種思惟方式；可是，對於這個觀點的涵義，寇斯並沒有多作引申。有趣的是，經過對經濟史長期的研究，諾貝爾獎得主 North 得到令人意外的體會：長期來看，影響社會繁榮與否的，表面上是這個社會的制度矩陣（institutional matrix）；但是，更根本的因素，其實是社會大眾的「思惟架構」（mental construct）。[27] 然而，如何影響社會大眾的思惟架構，North 卻沒有進一步闡明。

---

[27] 參考 North（1990）和 North & Denzau（1994）。

相形之下，張五常卻在無意中促成這種聯結。對張五常來說，寫經濟散文的出發點，可能只是要展現價格理論的優越性、要突顯自己的絕頂聰明、或影響香港和中國大陸的經濟（公共）政策；不過，無論如何，經濟散文的地位已經確立。經濟學者要影響社會大眾的思惟架構，以提升資源運用的效率，經濟散文是明白有效的媒介。

另一方面，在經濟學者的三種身分裡（研究者、政策顧問、教師／傳教士），關於研究者、政策顧問和教師的角色，已經大致成形；而且，在這些身分上作為的邊際產值，已經逐漸遞減而趨於片斷和零碎。相對的，以傳教士的身分向社會大眾宣揚經濟學的教義，卻仍然處在萌芽階段；經濟學者所能發揮的空間，還非常寬廣。經濟學者在這方面的作為，不折不扣的是以企業家的精神，開創進取而承擔風險。他們的投入和成果，本身就是經濟學裡值得研究的主題。

首先，經濟學者的基本信念之一，是經濟分析能提升資源運用的效率。經濟學者提出的政策建議，就是基於這種信念。不過，如果影響政策制定者有助於提升效率，讓一般社會大眾具有經濟思惟，當然也有同樣的效果。而且，考慮兩者之間的規模，後者的重要性顯然遠超過前者。然而，要使一般人能具備經濟思惟，需要思考以下的諸多問題。

在諸多問題裡，最重要的有兩點：一方面，對於什麼是「經濟思惟」（或經濟學的世界觀），經濟學者之間並沒有眾議僉同的看法。而且，相對於經濟思惟，是一般人目前有的、正常的思惟；正常的思惟，是由成長過程、社會化的經驗中累積而成。可是，正常思惟和經濟思惟的明確內含各是如何，顯然需要釐清。另一方面，無論採取的方式如何，在

使社會大眾由正常思惟過渡到經濟思惟，當然不能只靠符號和概念，而必須搭配具體的、生活經驗裡的材料。然而，這些材料應該涵蓋哪些範圍，顯然也需要仔細考慮。在目前經濟學原理的教材裡，有些已經囊括公共選擇；可是，對於同樣重要的社會學和法學材料，卻幾乎完全付之闕如。

其次，是推動經濟思惟的方式。張五常和經濟散文的成果，重要的原因之一是中文報刊裡的副刊；在其他的文字裡，即使經濟學者有同樣的才華，卻未必有類似的園地。以中文世界的經驗為借鏡，社會大眾對「生活化的經濟學」其實有潛在的需求。但是，經濟學界的誘因結構，使得經濟學者沒有意願投入「傳教」的行列；當然，沒有適當的發表園地，更使潛在的供給無法露面問世。

也許，在直接向社會大眾訴求之前，可以先在經濟學界讓潛在供給和潛在的需求都浮出水面。譬如，主要經濟學會旗下的學術刊物（美國經濟學會的《經濟視野》*Journal of Economic Perspectives*，JEP；南方經濟學會的 *Southern Economic Journal*，SEL；西方經濟學會的 *Economic Inquiry*，EI；皇家經濟學會的 *Economic Journal*，EJ 等），可以在正常的期數之外，每年先出版特輯，刊載類似經濟散文的稿件。然後，再逐漸發展出定期刊物，最後再推廣成一般社會大眾所能閱讀、所願意閱讀的刊物。以《經濟視野》（*JEP*）在短期內就非常成功的經驗來看，特輯與專門刊物都可望廣受經濟學界的歡迎。事實上，《經濟文獻》（*Journal of Economic Literature*）的大部分功能，已被姊妹刊物《經濟視野》（*JEP*）和網路上的資料庫所取代；因此，這份刊物轉變為名符其實的「經濟文學」，順理成章、而且可望水到渠成。

陸、結論

寇斯曾被譽為二十世紀除了凱恩斯之外、最好的英國經濟學者，有顯著的英式風格；不過，在他的英式風格和諾貝爾獎之間，關聯似乎並不明顯。相比之下，張五常很可能是二十世紀最著名的華裔經濟學者；他在中文世界裡的成就和他的中國風味，密不可分。

另一方面，雖然寇斯表示（經濟）理論隱含一種思惟方式，他卻未做進一步的闡釋或發揮。張五常在論述裡未曾表示過這種立場，卻無意之中為這種觀點做了極其成功的展現。他一手創立的經濟散文，在中文世界的影響力與日俱增。對西方經濟學者和經濟學的發展而言，他所引發的現象都有相當重要的啟示。

當然，在寇斯的英式風格和張五常的中國風味之間，並沒有前後或因果的關聯。不過，由寇斯的英國風格和張五常的中國風味裡，也許透露出一個共同的訊息：經濟學者所處的文化環境或所具有的特殊性格，是經濟學本身「生產的制度性環境」裡的一項特質，值得經濟學者慎重以對！

第十一章
寇斯定理和臺海兩岸衝突

　　在文獻裡，往往以「單一主人」的思惟方式，來想像寇斯定理成立的情況：一個主人，同時擁有權益彼此衝突的資產；就容易找出運用資源的適當方式，使產值極大。本文指出，過去在運用單一主人的思惟方式時，都隱含更高層次的權威；當這個條件不成立時，必須依恃其他的思惟，以解決紛爭。本文在理論上闡明相關的論點，並且具體的用來處理臺海兩岸的衝突。

壹、前言

　　在魯賓遜的世界裡，沒有人際之間的衝突、勾心鬥角、或爾虞我詐；可惜，魯賓遜的世界，是小說裡的情節。自有人類歷史以來，就有無止盡的紛爭。當然，化解或處理紛爭，也有諸多文明與野蠻的方式。

　　本文從理論上探討，處理紛爭的文明方式，並且以臺海兩岸的衝突為例，論證如何運用理論上的發現。本文的結構很簡單，除了第一部分的介紹之外，第二部分是對理論的探討；第三部分是應用，第四部分討論相關的問題，最後是結論。

貳、寇斯定理

在經濟學裡，以文明的手段來解決紛爭，有兩種著名的方式：一種是由諾貝爾獎得主何尚義（J. Harsanyi）所提出，無知之幕的概念——一般人訛傳，以為是由哲學家羅爾斯（J. Rawls）所提出。[1] 每個人可以設想，在自己眼前有層薄紗，因此不知道自己未來身分地位、聰明才智如何；在這種情形下，每個人都會同意：設計出一套合情合理的制度，以處理未來必然出現的爭議。

第二種處理紛爭的方式，是由另一位諾貝爾獎得主寇斯（Ronald H. Coase）所引發。當兩人之間發生衝突時，就可以設想：如果兩人相愛結婚，利益一致，會如何處理原先的爭議？也就是，當雙方發生衝突時，可以藉著「單一主人」（single-owner）的概念來思索；如果爭訟雙方結婚，或者由同一位主人、同時擁有權益發生衝突的資產，那麼就可以重新檢驗整體的權益。譬如，上下流的工廠，由同一主人所擁有；或者，機場附近的居民，也同時是航空公司的股東；或者，在暴風雨中的貨輪，船長可以假設自己就是船主和所有貨物的貨主。

藉著單一主人的思惟方式，可以試著找出運用資源最好的方式，使社會產值（value of social product）極大；事實上，這也正是寇斯在 1960 年的論文裡，所強調的論點。因此，以

---

[1] 參考 Harsanyi（1953, 1954）和 Rawls（1971）；而且，在 Buchanan & Tullock（1962）的名著裡，也提到「不確定之幕」（veil of uncertainty）的概念。此外，參考 Dworkin（1977）對無知之幕的質疑。

「單一主人」的思惟方式,確實可以具體表達出寇斯定理的內涵。

不過,過去在運用單一主人的思惟方式時,都隱含了一個非常重要的前提:在爭訟或衝突的雙方之上(或之外),有一個更高的權威,可以作出裁定,並且加以執行。譬如,法庭認定,根據單一主人的思惟可以興建機場,但是要合理補償居民;或者,法院裁定,根據單一主人的思惟,船長可以作緊急處置,把某些貨物推入海中、以減輕重量,事後再由貨主分攤損失。

可是,在寇斯的論文裡,並沒有假設、或明白提到這個更高層次的權威。寇斯所依恃的,是訴諸於當事人的自利心;當他在1988年的論文集裡,為寇斯定理提出辯護時,更是明確提到,爭執的雙方通常會自己摸索出解決之道。因此,雖然單一主人的思惟方式,有助於分析衝突;但是在實際應用上,卻必須注意到相關條件的配合。如果沒有更高層次的權威可以依恃,就必須以當事人的自利心為基礎;合於當事人利益的安排,才可能被當事人接受而成為現實。

事實上,無論是哪一種方式,解決紛爭的關鍵,追根究柢顯然還是在當事人的「自利心」;只要在理智或情感上,當事人覺得對自己有利,就自然會有所取捨。這個觀念,可以藉一個有名的歷史故事來反映。當孟子見梁惠王時,惠王問他不遠千里而來,帶來什麼好處?孟子回答:沒有世俗的利益,但是有層次較高的利益——仁義。然後,就一展如簧之舌,試著說服惠王,追求「仁義」可以得到諸多好處!因此,雖然孟子的用語和一般人不同,其實還是訴諸於惠王的自利心。

在廿一世紀初,地球上最重要的衝突之一,無疑是臺灣海峽兩岸的對峙。既然沒有更高層次的權威可以依恃,那麼有沒有觀念上的巧思,能說服雙方基於自利而化解紛爭呢?

參、海峽兩岸關係

關於處理海峽兩岸的衝突,在利用單一主人的概念而提出「解決方案」之前,不妨先呈現一些事實。

在經濟方面,2002 年臺灣人口是 2,300 萬,每年產值大約 3,080 億美金;在經濟上,非常依賴對外貿易。中國大陸的人口是 12.4 億,是臺灣的 56.5 倍;每年產值是 10,800 億美金,是臺灣的 3.5 倍。此外,在面積上,中國大陸是臺灣的 267 倍。在客觀的條件上,中國大陸是全球最大的單一市場。如果中國大陸經濟維持目前成長的幅度,很快地將成為國際經濟體系中,最主要的一分子。同時,在政治方面,臺灣的「中華民國」成立於 1912 年;在中國大陸的「中華人民共和國」成立於 1949 年。中華民國有 90 年的歷史,中華人民共和國有 53 年的歷史;和中華文明 5,000 年的歷史相比,兩個政治組織都很年輕。

根據這些事實,可以進一步考量:就兩岸衝突而言,由單一主人的角度著眼,什麼是「利」之所在?怎麼追求?

在觀念上,中華民國和中華人民共和國,都只是政治組織(political configurations)。涵蓋這兩個政治組織的「單一主人」,是中華文明或華人社會;而對中華文明或華人社會來說,利之所在,當然是在舉世的各種文化裡,能延續且發揚華人的文化,包括語言、文字、思想觀念、風俗習慣、生

活方式等等。而要延續文化，中外歷史一再證明，必須有適當的機制，能保持文化的活力，避免文化的陳腐衰頹。

回顧華人的歷史，朝代不斷更迭；號稱統一天下的盛世，也不過維持二三百年而已。原因很簡單，大一統隱含單一的文化；因為缺少多元文化彼此競爭，所以當開國時，自我節制的機能退化時，就會漸漸窒息而終於改朝換代。因此，當兩岸華人已經在經濟上站穩腳步，準備進一步揚眉吐氣時，就值得仔細思索：如何追求「文化的延續和繁衍」這種長遠的利益？更具體的問題，就是如何在華人文化的體系內，發展出競爭的機制？事實上，在華裔經濟學者張五常和楊小凱的論述裡，都曾指出這個「大哉問」。

對於繁衍和發揚中華文化，當然必須透過政治組織來操作；考慮海峽兩邊的人口和面積，中華人民共和國顯然要負起主要的責任。可是，怎麼做呢？

在中國大陸境內，有政經體制的限制，還有國防上的考慮；所以，要有意的維持文化內的多樣競爭，並不容易。以海峽相隔的臺灣，在歷史因緣際會的巧妙安排下，剛好提供了最好的機會。具體而言，對於中華人民共和國來說，基於繁衍文化這個長遠利益的考量，值得主動宣布，放棄對臺灣使用武力！

可是，一旦中共這麼做，臺灣宣布獨立怎麼辦？確實，這會是絕大多數人的直覺反應；不過，換個角度想：臺灣獨立，只是第一步，那第二、三、四步呢？

試想，當中共宣布放棄武力時，假設臺灣真的獨立；但是，這只不過是政治組織的調整而已。在語言文字、工作生

活等各方面，臺灣還是華人社會的一部分。而且，在經濟上，臺灣對中國大陸依賴的程度，只會日漸加重。既然在經濟上，雙方不可能漸行漸遠；因此，在四五十年之後，兩岸關係幾乎必然會像歐盟各國或美加兩國般的互通互惠，但同時又各有立場、各有特色。增加臺灣的自主性、讓臺灣的空間更大，最大的好處是創造華人文化裡多樣化的競爭機制。因為，對中華人民共和國而言，臺灣的經驗同時是刺激、提醒、標竿和參考點。對世世代代的華人而言，海峽兩岸的競爭，可能是確保中華文化可長可久、乃至於發揚光大的契機！

何況，兩岸的衝突是華人內部的矛盾；中國大陸真正的敵人（競爭者），不是使用同樣語言文字、有同樣血統文化的臺灣，而是使用別種語言文字的其他文化。因此，在輕重上，華人內部的矛盾，當然比不上敵我之間的矛盾。如果臺灣獨立對中華人民共和國有利、也對中華文化有利，臺灣獨立有什麼不好？以中國大陸經濟的規模，在兩岸經濟事務上，顯然是居於主動、優勢的地位。憑恃著經濟理性，中國大陸其實毋需擔心臺灣獨立；試問：臺灣獨立，又改變了什麼？對臺灣而言，無論獨立與否，還是必須解決本身的經濟問題，也還是必須建立和大陸互動互惠的經貿關係。也就是，臺灣是中華文化的一部分；以中國大陸的規模和力量，當然有責任承擔延續並發揚中華文化的主要責任。相反的，如果中國大陸以「大一統」為最高指導原則，來處理兩岸關係，將是忽視了中國大陸歷史上一次又一次的教訓！

中國大陸宣布放棄對臺使用武力，最大的反彈大概是解放軍。對於捍衛「中國大陸」領土主權的完整，解放軍一向採取強硬的立場；但是，有兩點值得考慮：首先，一旦對臺

灣動武,解放軍將在華人歷史上背負兄弟鬩牆、骨肉相殘的臭名。其次,即使軍事行動成功,中國大陸和臺灣都將承擔可觀的成本,憑白削弱了華人的力量。

此外,以目前兩岸對峙的情況,美國剛好大玩兩手策略,而且從中獲利。一方面,美國向中國大陸宣稱,支持一個中國大陸,反對台獨;另一方面,美國又支持臺灣,以牽制大陸,並且每年賣給臺灣可觀金額的軍事裝備。一旦中國大陸宣布放棄對臺灣動武,兩岸關係自然緩和。臺灣不需要再花費大筆鈔票在軍備上,對本身的經濟活動當然大有幫助(臺灣每年花在國防上的經費,占政府總預算的 20% 左右;相形之下,以色列的國防預算,只占總預算的 16% 左右)[2];沒有中共的武力威脅,臺灣對美國的依賴降低,中國大陸在太平洋受美國的牽制也隨之減少。這時候,對美國而言,長遠的利益將繫於繁榮穩定的兩岸,而不是以鄰為壑式的從兩岸衝突中取巧牟利。

一言以蔽之,解決紛爭的方式有很多種,「自利心」是關鍵所在。對於解決兩岸僵局,可以由單一主人的角度著眼;既然中國大陸已經成為主導力量,基於繁衍發揚華人文化的自利考慮,中國大陸就值得主動宣布放棄對臺灣使用武力,然後讓兩岸的發展走向競爭互惠的軌跡!

肆、含義

在此,我將思索上述論述的一些含意;主要分為兩部分:

---

[2] 資料來源:國防報告書(2000, p. 105-108)。

針對單一主人的考量，以及關於臺海衝突的分析。

首先，關於單一主人的衡量。對於中國大陸和臺灣而言，使用同樣的語言文字，來自於同樣的文化源流；因此，由「單一主人」的角度來看，很容易把「延續和發揚這個文化傳承」界定為雙方利益的總合。但是，運用單一主人的概念，去思索其他類似的衝突時，脈絡就不一定是那麼明顯。譬如，關於南北韓的衝突、或印巴間的爭端，由單一主人的角度思索，就並不容易有明確的答案。因為，雖然「不衝突」在短期對雙方都有利，但是當長遠的利益不明確時，化解紛爭的手段也變得模糊；譬如，長期來看，兩韓合而為一是否較好？長期來看，印巴是否值得調整邊界？這些問題的答案，都並不很清晰。由此也可見，無論是寇斯所強調的「產值極大」或單一主人的思惟，都是「部分均衡分析」（partial equilibrium analysis），而不是「一般均衡分析」（general equilibrium）。局部的利益比較明確，影響全局的利益比較難掌握。

其次，在經濟學的文獻裡，可以找到一些相關的討論，支持前面的論點。具體而言，在產業組織的理論裡，強調大公司各部門之間，值得採取「內部定價」（internal pricing）的作法；藉由內部定價的方式，在運用資源時，可以有較明確的參考資料。同樣的，當組織的規模持續增加時，為了避免決策層級過多而降低效率，很可能有意的成立副牌（sister product）；或者，以水平擴充的方式，有意維持競爭關係。

接著，是關於臺海衝突的分析。在上一部分的論述裡，隱含了兩點假設，值得稍作引申。第一，我假設中國大陸的經濟會持續穩定成長，而且景氣循環和其他非經濟因素，不

致於成為主導政策的力量。因為,若景氣循環帶來大量失業,或是所得分配不均造成社會動盪,都可能在中國大陸內部蓄積不滿情緒;而藉著強勢處理臺灣問題,中國大陸可以轉移內部不滿的情懷。第二,我假設隨著經濟快速發展,中國大陸一般民眾的思惟和公共政策的決定,都愈來愈符合「經濟理性」(economic rationality)。簡單的說,經濟理性就是以實質、具體的成本效益為考量基礎;而不是以國家尊嚴、民族自尊等抽象的理念,作為行為取捨的依據。

關於中國大陸的經濟理性,有些跡象可以參考。一方面,過去中國大陸經濟相對落後,所以一般民眾很在乎抽象的國家光榮、民族自尊等等。對於奧運金牌的數目,民眾非常在意;對於奧運金牌的得主,民眾和政府也非常重視。隨著經濟活動快速發展,民眾有機會從經濟活動中得到實質的好處;相形之下,奧運金牌的數目和金牌得主,就不再那麼受人重視了。另一方面,中國大陸內部經濟快速發展,加上經濟活動全球化的程度日益提升;在這兩股力量的督促之下,中國大陸的經濟理性確實可望持續增加。

此外,在上一部分的論述裡,單一主人是指包含中國大陸和臺灣在內的中華文明或華人社會。在具體的作法上,則是以中國大陸的取捨為主要考量;對於臺灣的舉止,並沒有作明確的分析。這種明顯的差別待遇,主要是因為中國大陸和臺灣的相對大小。無論在軍事和經濟上,中國大陸都是居主導的地位。因為,臺灣經濟對中國大陸依賴的程度,遠遠高過中國大陸經濟對臺灣的依賴。譬如,根據統計資料,臺灣對中國大陸的出口占本身總出口的百分比,由 1987 年的 2%,持續增長到 2002 年的 23.5%;同一時期,中國大陸對臺

灣出口占本身總出口的百分比,卻一直維持在 2% 以下。[3]

而且,在和中國大陸打交道的國家裡,臺灣對中國大陸的貿易依存度最高;在貿易上,臺灣對中國大陸的依存度已經達到 20%,而次高的韓國只有 12% 左右。[4] 這種態勢,還會延續並加強。因此,基於自利和經濟理性的考量,臺灣幾乎必然要跨越意識型態的束縛,在經濟上與中國大陸發展出互惠互利的關係。

最後,關於華人文化的繁衍和發展,不妨以其他文化的發展經驗為對照。就近取譬,日耳曼人和日本人的聰明才智、紀律、勤奮,個別來看絕對超過英國人;可是,為什麼今天英語成為世界語,美加澳紐等英語系國家在國際社會引領風騷,而德日卻依然故我?顯然,如果在文化裡沒有自我防腐的機制,最多只能像德日一樣維持小康而已。

伍、結論

我在本文延伸了文獻上關於寇斯定理的討論;並且,以理論的考量為基礎,進一步分析處理兩岸關係的具體作法。因此,在性質上,希望本文同時在理論和應用上有所增益。

最後一點,與寇斯以及寇斯定理有關。寇斯和華人社會之間,一向有極其特殊的關係;他和張五常的友誼,是廣為流傳的佳話。而且,經由張五常的介紹,寇斯已經成為華人世界最著名的西方經濟學者(之一)。如果由寇斯定理引發

---

[3] 資料來源:行政院大陸委員會,網址:www.mac.gov.tw/,及台灣國貿局,網址:www.trade.gov.tw/。

[4] 資料來源:兩岸共同市場基金會通訊(2002, p. 47)。

的思惟,能幫忙解決臺海兩岸的僵局,那麼寇斯定理不但是經濟學裡最著名的定理之一,而且也將是化解人類歷史上最重要衝突之一的推手。(經濟學者的)觀念能改變世界,這將又是明顯的例證!

第十二章
寇斯定理與我

對於〈航向沒有交易成本的美麗新世界〉這篇論文，本文描述寫作的背景與過程、以及投稿時所經歷的曲折。此外，並進一步指出，這篇論文所隱含的兩點啟示。

什麼是「寇斯定理」？

十年前，我也不知道什麼是寇斯定理。十年後，我也沒想到自己不但對寇斯定理知之甚詳；而且會在國際知名學術刊物發表論文，推翻這個經濟學裡最著名的定理。十年，對歷史而言，並不算長；可是，對一個人而言，卻是一段不算短的歲月……。

壹、寇斯

「寇斯定理」是以寇斯為名；因此，要了解寇斯定理的重要性，可要先知道寇斯是何許人也。

寇斯於 1910 年在英國出生，是家中的獨子；後來在學術的追求上，也是一輩子獨來獨往，忍受孤寂而無怨無悔。當他得到 1991 年的諾貝爾經濟獎時，諾貝爾委員會特別推崇他在 1937 年和 1960 年發表的兩篇論文。這兩篇論文分別開創了兩個嶄新的研究領域：前者引發了產業經濟學這個學門，

而後者則公認是法律經濟學的奠基之作。

　　「寇斯定理」，就是寇斯 1960 年論文裡的主要結果。這篇論文被廣為引用，不但是經濟學裡被引用次數最多的論文，也同時是「法學」這個領域裡被引用次數最多的論文──只要想想法學界中歷來有多少出類拔萃的學者、有多少跨越時空的經典，就知道寇斯的成就確實是難能可貴。寇斯（定理）對法學的影響，就有點像哥白尼一樣：科學家們原來接受地球中心說，後來變成天體運行說的擁護者。「天不生仲尼，萬古如長夜」的說法，當然稍嫌誇張；不過，寇斯在經濟學裡的地位，會讓人聯想到這句話。

　　寇斯定理自 1960 年問世以後，一方面受到推崇和禮讚，一方面也受到質疑和挑戰；包括史蒂格勒（G. Stigler）和布坎楠（J. Buchanan）等諾貝爾獎得主在內，都曾發表專文討論寇斯定理。可是，經過數千篇論文專書的引用和討論，寇斯定理一直屹立不搖；對我而言，和寇斯定理的接觸可是有點曲折。

貳、初遇

　　我在 1987 年夏通過博士學位的口試，然後回到母系臺大經濟系任教，擔任的課程之一是研究所的個體經濟學。因為我的論文和「資訊經濟學」有關，而且這又是當紅的研究領域；所以，我選了一些和「資訊經濟學」有關的論文當教材。因為資訊的多少，會影響到契約的性質和內容，而契約又和經濟活動密不可分；因此，契約理論是探討的重點之一。在林林總總的各式契約裡，地主和佃農之間的契約顯然是最

古老、也最重要的契約之一。提到地主和佃農的契約，就自然會碰上「張五常」。張五常在香港成長，但是博士論文是以臺灣三七五（地主佃農）租約為主；論文以書出版後，成為經濟學裡很有名的文獻。

所以，我由資訊經濟學碰上契約理論，由契約理論碰上張五常，再由張五常而體會到臺灣的經濟問題。當時，我好奇的倒不是地主佃農怎麼訂約，而是在經濟發展之後，三七五租約這種特殊歷史條件下的產物會怎麼變遷：地主和佃農解約之後，雙方的權益如何劃分？然後，因緣際會，我去參加一場農業經濟方面的研討會，批評其中一篇論文，因而認識了幾位農委會的官員。和他們深入談到地主佃農之間的緊繃關係時，他們竟然同意委託我研究「如何解決三七五租約問題」！現在回想起來，這又把我向寇斯定理拉近了一大步。

這大概是 1990 年間的事；等我完成委託研究的期中報告，就寫成論文，並且在系裡的研討會上報告論文。當我說明造成三七五租約問題的關鍵因素、使地主佃農僵持不下、兩不相讓時，同事黃鴻教授舉手發言：根據寇斯定理，只要交易成本為零，資源的運用都是有效率的；因此，是否我們毋需擔心地主和佃農之間的問題？

這是我這輩子第一次聽到「寇斯定理」！當然，我不知道這個定理的內涵是什麼，因此當時也就含混帶過。事後，我開始慢慢看相關的文獻，也開始慢慢琢磨「什麼是交易成本為零」……。

參、寇斯定理

想像一個情景：河川的上下游各有一個化學工廠；上游工廠所排放的汙水，影響了下游工廠的生產過程。對於這種情形，傳統的經濟學認為，上游的工廠只承擔了生產成本，但對於所排放的汙水卻毋需負責。因此，私人的成本和社會（總）成本之間，有了差距；這時候，政府就應該介入。一方面，以課稅和其他方式，使上游的工廠負擔全部的成本；另一方面，以補貼的方式濟助下游的工廠。

和傳統經濟學的看法相比，寇斯定理的看法是：如果交易成本為零，那麼無論財產權如何界定，資源的運用都會是有效率的，因此政府毋需介入。以上下游的工廠為例：如果下游工廠以清水來生產，能創造出比上游工廠更高的利潤；那麼，即使上游工廠享有法律所賦予的權利，可以汙染河水，可是，下游工廠可以毫無困難地（因為交易成本為零）從上游工廠的手中買得清水。相反的，如果下游工廠享有法律所賦予的權利，自然能得到清淨的河水。所以，只要交易成本為零，無論財產權如何界定，資源的運用都是有效率的——下游的工廠都可以得到清淨的河水。因此，當權利發生衝突或重疊時，政府不一定要介入。

當寇斯提出這種離經叛道的看法後，馬上引起經濟學界的側目。對於寇斯定理的質疑爭議挑戰批判，風起雲湧。在經濟文獻上，有兩個很有名的故事。

當寇斯提出他的看法之後，芝加哥大學（經濟學的重鎮）的經濟學家們，聯名邀請寇斯到芝加哥大學一爭長短。鴻門宴設在系主任家裡，包括史蒂格勒、弗里德曼（M.

Friedman）在內二十一位經濟學界的頂尖高手和寇斯過招。開始時是 1：21，寇斯 1，其餘是東道主。經過一番論對，比數變成 22：0；寇斯大獲全勝。史蒂格勒後來在自己的回憶錄裡，以專章論述當晚的盛況；他認為，那個夜晚是他智識上最受衝擊的時刻之一。

另外一個典故是：當晚在場的弗里德曼口才便捷，有一次搭機要到東北角開會；在機場碰到另一位經濟學家，正要同機去羅徹斯特大學演講，題目是：寇斯定理的謬誤。經過弗里德曼在機上的開導，那位經濟學者下機時已經有了新的講題：寇斯定理（成立）的又一証明！

肆、初識

等我開始閱讀一些相關文獻之後，我慢慢體會到寇斯定理的意義。不過，對於「交易成本為零」這個概念，卻始終百思不得其解。我一直想用一個真實世界裡的例子，來想像「交易成本為零」的狀態。

有一天，搭國光號到台中去；我坐在右邊靠窗的位置，看著窗外的景觀一幕幕的向後退去。當經過桃園附近時，窗外是一大片黃澄澄的稻田。突然，在稻田之中出現一座小農舍，而旁邊還有一個豬圈。我腦中靈光一閃：如果農舍豬圈的主人和稻田的主人是同一個人，那麼，他自己和自己說話，也就不會有人際之間交往的「交易成本」了。而且，因為同時擁有豬圈跟稻田，他自己會權衡得失，作最好的安排。就像上下游的工廠一樣，如果兩個工廠之間的交易成本（協商、議價的成本）為零，這等於是由同一個老闆所擁有一樣；那麼，自然會找到兩全其美之計，而毋需政府介入。

後來，我讀到史蒂格勒 1989 年的一篇論文，也提到可以用「同一個主人」這個概念，來想像零交易成本的世界。當時，我覺得自己的想法能和諾貝爾獎得主的想法一致，頗為高興。不過，又過了幾年後我才發現，這個概念早在 1972 年就由另外兩位學者提出，而且賦予一個專有名詞——「單一主人」。

　　經過這些轉折，我對寇斯定理稍有體會。而大致也在同時，我開始寫短文；每篇一千字左右，藉著一些生活上的事例，闡明經濟學的觀念。在我一番構思之後，寫成了五篇短文，題為〈無所不在的寇斯〉之一至之五。文章稍長，內容較抽象，不適合一般報紙；所以，我把文章寄給天下文化的高希均教授，投稿「遠見」月刊。高教授和我素昧平生，但非常客氣的打電話約我見面。他覺得文章不適合遠見，不過很欣賞我的取材和用心；因此，他在「遠見」闢了一個專欄給我。高教授識才惜才的胸懷，我一直非常感念。

　　「無所不在的寇斯」之二，是用選舉買票的例子來闡釋寇斯定理。我所描述的故事是：當交易成本為零時，等於是資訊透明化，大家都知道相關的資訊。因此，民意代表不可能在議會內圖利自己，否則馬上人盡皆知，也會被司法體系糾舉。既然民意代表不會（不敢）為非作歹，在選舉時買票將變成送錢作功德而已——買票沒有問題。

　　不過，當我寫完這篇短文之後，我隱約覺得，寇斯定理有點邏輯上的問題。如果在沒有交易成本的世界裡，資訊是完整的，因此民意代表不會勾結圖利。可是，當資訊是完整的時候，我們還會有司法體系嗎？我們還需要法官來判決嗎？我發現，一旦把「交易成本為零」的世界作一些比較細

緻的推演，整個世界可能會變得非常不一樣。雖然我並不十分肯定，可是我已經在腦海裡對寇斯定理劃下了一個問號。也許，我該試著去找出答案……。

伍、起步

雖然我並不知道最後能得到什麼答案，可是我隱約覺得，自己的體會可以幫「寇斯定理」添增一些新的內涵。於是，我在 1992 年 9 月間提出研究計畫，向國科會申請研究補助。在時機上看，我似乎有一點是在湊熱鬧；因為，寇斯剛剛在 1991 年得到諾貝爾獎。不過，這純粹是巧合，寇斯定理已經在我腦海裡盤桓兩三年了。

在研究計畫裡，我提到：

雖然寇斯（1960）的論文曾被引用不下三千次；但是，以往的討論幾乎完全沒有處理「沒有交易成本」的世界到底是什麼樣的景象。在沒有交易成本的世界裡，人的行為特質又是如何？本研究就是要針對「沒有交易成本的世界」作深入的探討。這有兩層意義：一是藉著探討沒有交易成本的世界，可以對寇斯定理有更精緻的了解；二是藉著比較「沒有交易成本的世界」和充滿交易成本的真實世界，可以對經濟活動的本質、人的行為，乃至於人偏好的形成等問題有較清楚的認知。

而且，我提到：「『沒有交易成本的世界』到底如何，需要高度的想像力」；顯然，當時我已經意識到，這個智識上的

探討所採取的方式,可能會和一般經濟學的論文有一些差距。至於研究計畫裡提到的兩層意義,現在看來,我也確實有所發揮。

不過,學者之間的看法畢竟不同。在次年 7 月 13 日,我接到國科會人文處的一份傳真,摘要列出兩位審查人對我研究計畫的看法:

研究主題:

審查者 A 意見:立基於傳統個體經濟理論的福利經濟學,在「無市場失靈」之假設下,推導出 n 個有名的基本定理。「無市場失靈」之假設實際上即包含了「無交易成本」在內,換言之,傳統個體經濟理論所敘述的應即是「無交易成本之世界」。國外文獻所以欠缺專文探討「沒有交易成本的世界」,其理由應即在此。因此,我個人實在不能瞭解本研究真正所要探討的問題是什麼,也難以體會本研究的重要性及價值。

審查者 B 意見:這是一份相當學術性且頗為艱深困難的研究課題。事實上,本課題也頗為抽象,且研究動機亦頗為有野心。

成果預估:

審查者 A 意見:基本上我個人對本項研究的必要性與價值,抱持著保留的看法,也不太能認同本研究所擬採用的敘述性分析方式。因此,我個人對本研究獲致良好成果的可能性,也難以寄予厚望。

審查者 B 意見:非常難研判,可能是巨著,也可能一無所得。

對於審查者 A 的自以為是，我當然不敢苟（認）同；可是對於審查者 B 的慧眼，我一直心存感謝。在一正一反的評價下，也許國科會把計畫送給第三位審查人；我並不清楚。還好，後來接到國科會 8 月 17 日的公文，通知我人文處已經通過我的研究計畫，將提供經費上的支持。雖然我很高興，但是還是有一點不快和慍怒。不過，事後我一直沒有仔細想過：如果國科會最後不支持這個計畫，我會不會還是義無反顧地直道而行？經濟學大師奈特曾說：「人生，是由一連串的機遇和偶然所編串而成」。其實，學問上的探索，不也是如此……。

陸、切磋

我是在 1992 年 9 月間提出研究計畫，到 1993 年 8 月才知道國科會最後的決定。在這段期間裡，我和甘尼培教授（Patrick Gunning）有一段很密集、也很有趣的論對。甘尼培是美國人，曾經受教於布坎楠和塔洛克（Gordon Tullock）。可能是他性格中有漂泊的成分，所以得到學位後，在美國、新幾內亞和其他地區遊學式的任教。我們認識時，他是在新竹清華大學的經濟系任教；兩年後，他轉到台北的中興法商學院財稅系。他的專長包括奧國學派、公共選擇和經濟學方法論。

我們先在電話上討論了一陣，同意合寫論文，一起研究對寇斯定理的挑戰。在 1993 年 2 月 26 日，我先傳真一份大綱給他；除了列出主要的內容之外，我建議的題目是：〈美麗新世界？──對零交易成本世界的探討〉。

「美麗新世界」是莎士比亞劇本裡的一句名言，而且，這句話語帶反諷。後來，英國名小說家赫胥黎以「美麗新世界」為名，用虛擬小說的形式，描繪未來科技世界的景況。因此，赫氏的「美麗新世界」也帶有嘲諷的意味。我引用「美麗新世界」作為論文題目，一方面醒目，一方面當然也是承繼文學上的傳統。言下之意，是指零交易成本的世界，並不是像一般經濟學者所認定的（在效率上）盡善盡美。

甘尼培在 1993 年 3 月 1 日回了一份傳真：

> 「雖然我也喜歡醒目俏皮的題目，不過我認為你建議的題目涵蓋太廣；我建議的較不俏皮醒目，但較能反映內容——零交易成本下未必達成的交易……」

1993 年 3 月 2 日，我發的傳真：

> 「3. 寇斯批評其他主流經濟學家，認為他們所作的不過是『黑板經濟學』；其實，同樣的批評也適用在寇斯身上。試問：在沒有交易成本的世界裡，人的功能為何？他們比較像是計算機器，而不是有血有肉的人。……
>
> 4. 把『生產成本』和交易成本分開並不容易；因為價格體系是在交易成本為正的情形下所形成，所以當交易成本為零時，連原料的價格都變成未定……」

1993 年 3 月 3 日，甘尼培發：

「3. 我想寇斯對其他經濟學者的批評，是因為他們對很多政策問題或企業決策提出意見，卻從來沒有真正觀察過實際的情況——就像燈塔的例子。

4. 確實如此……許多早期的非數理化的經濟學者，在推論的每一個步驟都考慮交易成本。可是，受到華爾拉斯（Walras）、巴瑞圖（Pareto）、艾吉渥斯（Edgeworth）等人優雅簡潔的數學模型影響，主流的經濟學有點迷失方向。現在，即使是非數學化的經濟學者如熊彼得（Schumpter），都在分析裡忽略交易成本這個概念。……不過，你的觀點要更深一層。你認為關於生產成本和交易成本的劃分，需要重新檢驗；而且，在每一個推論的過程上，都要仔細界定清楚。這是絕對正確的……」

在交易成本和生產成本之間不容易劃分，這個觀點也出現在諾貝爾獎得主諾思（D. North）1990 年的名著裡；不過，如甘尼培在回應所提出的，我的著眼點要更深刻一些。兩種成本不但不容易劃分，而且在界定上要比一般學者所認知的還困難。

1993 年 3 月 5 日，我發：

「1. 人——包括經濟學家在內——利用對比來闡明概念。因此，只有當我們以『白天』作為對比，才知道『夜晚』的意義。同樣的，好壞、是非、對錯……等等也是如此。寇斯建構了零交易成本的世界，藉此而闡明了交易成本無所不在的真實世界……」

1993 年 3 月 5 日,甘尼培發:「在你的傳真裡,對於第 1 點我完全同意⋯」。然後,1993 年 3 月 9 日,我發:

> 「讓我的思惟繼續馳騁⋯⋯
> 1. 在沒有交易成本的世界裡,有沒有價格?如果沒有——你似乎也同意這個觀點——那麼我們如何衡量效率?
>
> 2. 更根本的問題是關於偏好的形成;到底人的效用函數(反映偏好的結構)是透過什麼方式而決定的?人的偏好不是經由社會化的過程而形成的嗎——而在這個過程裡,貨幣和非貨幣的價格都會影響到偏好的內涵。因此,交易成本和人類互動是密不可分的;我們將很難界定零交易成本的世界——除非我們把注意的焦點侷限在一個小範圍裡。⋯⋯」

1993 年 3 月 9 日,甘尼培發:

> 「1. 我想我們應想像這麼一種情況:每一個人都有一個電腦,而且和其他人的電腦連線。⋯⋯交易不只是由雙方、以貨幣換取商品或勞務;交易是多方同時進行的。每個人提出願意交易的商品勞務,也說明希望換得的商品和勞務。因此,如果能有共同的尺度作為計算自己淨利的基礎,似乎對每個人都好。不過,這是錯的。因為計算不需要耗費任何成本,所以每個人都可以以自己的效用為計算的基準。⋯⋯

2. 經濟學者通常假設偏好的排序是內生的,『社會化的過程』是一個涵蓋面很廣的概念。對於偏好是如何形成的,我相信經濟學者不會有太大的興趣……。」

在 3 月 11 日我們交換了兩份傳真;然後,1993 年 3 月 12 日,我發:

「6. 頭腦體操:在沒有交易成本的世界裡,會不會有奧林匹克運動會?可能不會有,因為當資訊是完整的時候,我們事先就知道誰將獲勝。但是,這麼一來,誰又會為奧運訓練?最後,在零交易成本的世界裡,選美大會會是什麼模樣?…」

1993 年 3 月 13 日,甘尼培發:

「……除了和交易有關的思惟過程之外,還有一些其他的思惟過程也和經濟學有關;不過,在日常生活裡,只有當這些其他的思惟過程和那些與交易有關的思惟過程結合,對經濟學而言才有意義。我想這大概可以回答你關於奧運會的問題:交易成本不存在,並不意味著萃取資訊的成本也不存在;在魯賓遜的一人世界或沒有交易的社會裡,萃取資訊的成本也存在。……」

由三月初到三月中旬,透過一連串密集的傳真,甘尼培和我似乎正逐漸的釐清問題,而且問題的焦點正慢慢浮現。誰知道,甘尼培 3 月 19 日的傳真卻令我大感意外:

「……雖然上學期系裡的委員會就明確表示，希望我繼續留下來，而我也答應起碼會再待一年。可是，最近他們卻通知我，明年不續聘我……（他們）似乎違反了所有的規則……因此，雖然我曾經明白表達我們在來年合作的想法，不過，現在我已經不再是那麼確定……」

這是那段時間裡，甘尼培給我的最後一份傳真。雖然我們還沒有進入著手寫論文的階段，雖然論對裡有很多時間是在不著邊際的凌空揮拳，可是，彼此腦力激盪確實綻放出一些智慧的火花。（我一直很感謝甘尼培；幾年之後，我們終於有再合作的機會，合寫了一篇論文，而主題竟然還是和寇斯有關。）在短暫的享受了智識上的共鳴之後，我又回到自己踽踽獨行的日子。雖然我又開始忙其他的事，不過「零交易成本的世界」還是在我的腦海裡醞釀，若隱若現。等到我再集中心思想這個問題，是我著手要交國科會的研究報告了。在列出論文大綱時，我定的題目已經變成〈航向沒有交易成本的美麗新世界〉。時間是：1994 年 8 月底。

柒、三個故事

在文獻裡，寇斯定理有很多種版本，著重點各有不同；不過，一般而言，經濟學家大體上接受的版本是：

當交易成本為零時，則無論財產權如何界定，資源的運用都是有效率的。

因此，共有「當 A，則 B，而 C」這三個環節。過去對

寇斯定理的挑戰，大部分是集中在 B 和 C 這兩個環節上。對我而言，有興味的是 A 這部分：到底零交易成本的世界是什麼模樣。

每天晚上在師大操場跑步時，我就在腦海裡琢磨，怎樣才能描繪「沒有交易成本」的世界。後來，我找到了一個關鍵：文獻裡總把交易成本定義為搜尋、議價和踐約的成本，而造成這三種成本的根本原因，是當事人所擁有的資訊不完整，或彼此的資訊不對稱。既然造成交易成本的原因是資訊問題，所以可以把交易成本為零的世界定義為「資訊完整」的世界；然後，再以資訊完整作為推論的基礎。

在「資訊是完整的」這個假設下，我描述了三個故事。首先，如果資訊是完整的，我們坐在家裡就擁有所有的訊息；因此，不需要到市場裡去搜集資訊，「市場」是不存在的。而且，「貨幣」的出現是為了降低交易成本；當資訊是完整時，交易雙方可以利用任何方式來衡量價值。所以在資訊完整的世界裡，我們所熟知的貨幣也不存在。既然沒有貨幣，也就不會有「價格」；雙方交易時，會以各種「交換比例」來進行。沒有價格，無法衡量產值；資訊運用的效率變成一個空洞的概念，寇斯定理失去依恃。

其次，當資訊是完整時，每個人都擁有全部的資訊；因此，會選擇和議價條件最弱的對手交易，以獲得最大的利益。可是每一個人都這麼想，這麼做；最後，兩兩相配，達成交易時，沒有任何人享有正的交易利得。既然如此，交易與否並沒有差別，交易不一定會出現。

最後，魯賓遜的故事。在零交易成本的世界裡，資訊是完整的。所以，一旦魯賓遜飄流到孤島上之後，他馬上知道

環境裡的資源有哪些，分布如何。可是，如果資訊是完整的，魯賓遜能不能事先預知他會漂流到孤島上？他是不是知道今天在海邊有幾條魚會游過，有多少野兔躲在洞裡睡覺？當星期五出現時，因為資訊完整，所以兩個人會馬上知道彼此的偏好和能力，而且知道兩個人之間各種交換和分工的可能性。可是根據這種推論，人類（經濟）活動中的學習、摸索、調整和創新將無從發生。

由三個不同的角度出發，我把「零交易成本的世界」推展到極致，結果得到幾乎完全相同的結論：在零交易成本的世界裡，我們所熟知的交往或交易無從發生；既然如此，「效率」變成一個空洞的概念——寇斯定理不成立！

我每天寫一千五百字左右，邊寫邊跑步邊想；大概一個星期寫完這篇論文。寫完之後，自己也覺得推論的過程很有趣。大部分的經濟學者是以數學來推論，而我在這篇論文裡，則是以說故事來推論。雖然我覺得論述有據，可是別人（別的經濟學者）會不會接受我的論點，顯然還是一個很大的問題！

捌、考驗

寫完論文也交了國科會的研究報告之後，我開始到幾個學校的研討會去報告這篇論文。包括高雄的中山大學、台中逢甲、香港中文大學等等在內，我提出我的論點，也接受與會者的質疑和挑戰。大體而言，聽眾的反應都是正面的，他們認為我對寇斯定理的批評有點道理。在諸多意見裡，我印象特別深的有兩個。

在新竹清華大學報告論文時，我提到：一旦把資訊完整這個假設推展到極致，人可以預知未來將發生哪些事（魯賓遜知道明天會碰上幾隻野兔）；生活裡不再會有驚奇、喜悅、創新、學習，這將是一個靜態的世界。黃春興教授表示，這種世界有點像是佛教裡的涅槃；那麼，既然心情一片死寂，人應該會自殺才對。他的講法讓我有點意外，不過我一直記得他的論點。後來，我把他的意見變成論文裡的一個註腳；再後來因為他的聯想，我因緣際會接觸佛教典籍，寫成一篇論文——〈經濟學對金剛經的闡釋〉；當然這是後話。

另外，在中研院經濟所時，專攻戲局理論的莫寄屏教授告訴我：依他的見解，這篇論文觸及經濟學非常核心的問題，很值得繼續探索。而且他提醒我，「貨幣」的問題在經濟學裡已經有上百年的歷史，不乏重要的文獻；既然我在論述裡觸及貨幣存在與否，最好找些重要的文獻參考參考。對於他的諍言，我一直心存感激。

我原來交給國科會的論文，是用中文寫成；在各地報告時，用的也是中文稿。既然各方面的反應還好，我覺得好像已經完成一樁事。我又開始忙手邊其他的事，想其他的問題；這篇論文也就始終躺在我的檔案櫃裡。等我再找出這篇論文，並著手翻譯成英文，再投稿到國外的學術期刊，已又過了將近三年的時光⋯⋯。

玖、折騰

幾年來，我一直以自己認為好的方式，為週遭的人思索，為推廣經濟學而付出；可是有些自己的事卻一直放在一旁。

1996年年底,生活中的一樁事深深觸動了我的思惟。有天晚上,我躺在床上,回想這些年來的種種;當思緒飄到對寇斯定理的挑戰時,突然打了一個哆嗦:萬一別的經濟學者捷足先登,比我先發表同樣的論點,我的努力不是又變成一場空,憑白放棄在經濟思想史留下痕跡的機會?我冒出一身冷汗,決定不能再拖了。

第二天我開始把中文論文翻譯成英文,再補上一些參考文獻;不過,還是保留原來的題目:航向沒有交易成本的美麗新世界。經過幾次潤飾,在 1997 年 4 月初,我把論文寄給《政治經濟評論》(Journal of Political Economy,JPE)——這是經濟學的頂尖期刊之一,也是(寇斯所屬)芝加哥學派的旗艦刊物。6 月中旬,我接到編輯若森的信和評審的審查意見。信裡,若森建議我改投芝加哥法學院出版的 Journal of Law and Economics(JLE)或 Journal of Legal Studies(JLS)。不過,評審的審查意見很有意思:

> 「這篇討論寇斯定理和『交易成本』的論文很有趣,但是對 JPE 的讀者而言可能過專門;也許作者可以考慮投稿到 JLS 或 JLE。……這篇論文很有意義,因為寇斯本身並沒有清楚地界定過『交易成本』,其他眾多討論寇斯定理的文獻裡也沒有;因此,作者在論文裡所作的澄清,是很有意義的。……」

能得到顯然是行家的指點,我覺得很高興;而且,評審似乎也同意,我的論點確實有一得之愚。接著,我把論文先後寄給評審所建議的兩個刊物,可是都被退稿。兩個刊物的編輯都表示,文章有趣,但是他們已經刊登了太多關於寇斯

定理的文章，讀者大概受夠了。

我又寄給一個法律經濟學方面的期刊，又被退稿；而且，評審意見之一還有一句很「惡毒」（？）的話：

「我很難理解，為什麼作者會選擇這樣一個華而不實的題目——特別是他是來自一個問題很多的國家…」

也許，由我的所屬單位，他把臺灣和中國大陸混為一談。不過，即使作者是中國大陸的學者，這句話也非常不得體。因為這句話的含義是：你自己國家有那麼多問題，為什麼不研究？等研究（處理）好自己社會裡的問題之後，再研究寇斯定理這種問題吧！言下的粗魯傲慢，表露無遺。

剛好，這時候我正和法律經濟學的巨擘蒲士納教授（Richard Posner）通信，討論另外幾篇論文；我就把這篇論文和幾份評審意見一起寄給他，請他指點。沒有多久，我接到他的回信；他提出兩點具體的建議：一是把文獻回顧部分大幅刪減，使論述更緊湊；一是可以試著投 European Journal of Law and Economics（EJLE）或 Economics and Philosophy 這兩份期刊。他認為，以我論述（講故事）的方式而言，這兩份期刊可能會有興趣。雖然我和蒲士納素昧平生，也沒有門生故舊的關係；可是，他好幾次很慷慨的指引迷津，我非常感激他。

1998年2月中，我把修改過的論文寄給 EJLE；很快的就接到編輯的信，表示希望在一個月裡完成評審的過程；這是二月底的事。可是，過了三四個月，都沒有進一步的消息；

因此，到了七月底，我寫了一封信給編輯詢問情況。兩個星期之內，我就接到回信，可是發信日期有兩個：4月21和8月5日。顯然，4月21日寄出的信函我沒收到，在接到我的信之後，8月5日又再寄了一次。除了編輯（由秘書代為簽署寄出）的信之外，還有兩位評審的意見，各一頁。編輯建議我針對評審的意見修改，並且最好能舉一些和歐洲有關的實例。有趣的是，接到這封信之後兩天，我又接到編輯早在4月21日寄出的信和評審意見；令我大感意外的，是評審意見共有三頁。在8月5日寄出的函件裡竟然少了一頁，而且是最重要的一頁！

由這份兩頁的審查意見裡，可以清楚地看出其中一位評審完全掌握我論文的企圖和重點：

「如果我瞭解得沒錯，這篇論文批評一般對寇斯定理的闡釋——以零交易成本為出發點，再作推論。一般認為在交易成本為零的假設下，所有互惠的交易都會實現；可是，事實上並非如此。當交易成本為零時，情況會變得和我們所熟知的世界大不相同；幾乎大部分的經濟問題都消失不見。

推論的過程如下：把零交易成本的假設推展到極致，所有的資訊都不費錙銖的垂手可得。這表示一個人不但立刻知道他交易的對象是誰，並且會馬上達成交易。因此，價格機能不會出現。當然，這意味著：經濟學者對這個世界絕大部分的了解，都因此而一無所用。……

> 財產權的概念有用嗎?大概用處不大。因為所有的人都可以看透共有資源問題所隱含的囚犯困境,因此最好的辦法就是各自揮汗播種,各自收穫果實。任何策略性的行為(念頭),會馬上為眾人所週知,因此會徒勞無功。這進一步隱含著經濟學裡的『稀少性』問題並不存在;一旦得到這個結果,我們不妨闔上經濟學的扉頁。⋯⋯
>
> 我認為這篇論文的現狀不令人滿意;讀者會問:(寇斯定理的世界有問題,)那又怎樣?但是,作者正朝向某些非常重要的東西邁進⋯⋯」

我馬上寫了一封信給期刊編輯,一方面謝謝他前後兩次的信和信裡的建議,一方面表示希望在兩三個星期之內能完成修改。接著,我就著手修改論文,並且加了兩個跟歐洲有關的例子。一個是 1999 年 1 月開始發行流通的歐元;根據報導,歐洲統一貨幣之後,每年省下的交易成本大概是歐洲年產值的 1.5%。在零交易成本的世界裡,不需要有貨幣,所以也不會有歐元。

第二個例子是兩位經濟學者所寫的,名為《亞當斯密邁進莫斯科》的一本小書。故事是一位經濟學者受聘,擔任前蘇聯聯邦之一的顧問。這個聯邦想放棄社會主義經濟而發展市場經濟,但卻不知如何著手。經濟學者就和總理進行一連串的對話;一連七天,每天談一個主題。(當然,以七天的時間就能化腐朽為神奇,把社會主義變為資本主義的市場經濟;除了上帝能在七天造世界之外,大概也只有經濟學者有這種自信和傲慢!)可是,在零交易成本的世界裡,資訊是

完整的,所以事實上不需要七天的時間。而且,如果資訊是更完整的話,那個社會主義國家會一開始就知道社會主義的缺失,而毋需花了幾十年的時間,才得到慘痛的教訓!

拾、注腳

兩個多星期後,我在 1998 年 9 月初把論文的修正稿寄給主編,並且附上了一封極其客氣的信。除了說明我已遵照他的建議和評審的意見修改之外,我也強調很樂意再作進一步的修改。9 月 23 日星期三,上午我在推廣中心上完課,和國防管理學院送到臺大的一班軍官們舌劍唇槍論對一番。下午在信箱裡發現一個方型的信封,是主編的來信;開信時我很緊張,不知道際遇如何。信很短,只有三四行;他表示接受我的論文,論文將在 1999 年刊出。我有一股衝動,想打電話告訴一些朋友,我推翻寇斯定理了!

現在回想起來,我覺得很幸運;這篇以散文論述的方式、挑戰寇斯定理的論文,終於能在一份知名的學術期刊露面。我希望刊出之後,能再次引發經濟學者對寇斯定理的興趣。因為這篇論文的評審過程裡,我意識到有兩個學理上的問題有待深究。一是關於「資訊完整」這個概念,一是價格機能的基礎。首先,過去在經濟學的文獻裡,對「資訊」的定義往往只有兩種可能性:資訊完整、資訊不完整。可是,由我的論文裡,我體會到這是非常非常粗糙的劃分方式。資訊的多少,可以看成是一道很寬廣的光譜;在一個極端是完全沒有資訊,而另一個極端是完全的資訊(永恆即瞬間)。在這兩個極端之間,其實還有無窮多的點,代表不同數量和性質的資訊。只要在資訊結構上稍有不同,就可能影響經濟活動

的性質以及分析的結果。因此，在推論的每一個環節上，都必須非常小心資訊到底有多少。

其次，對於價格機能的認知，以往學者都認為只要有「相對價格」，且能反映物物之間的交換比例就行了。可是，由這篇論文的論述裡，我深切的體會出，這種觀點正是寇斯所批評的「黑板經濟學」——在黑板上以漂亮的圖形或方程式刻劃經濟學的世界，但是卻和真實世界相去十萬八千里。在真實世界裡，必然存在著資訊不完整，也就是有交易成本。而因為有交易成本，所以才會發展出價格和貨幣。而且，這些價格不只是「相對價格」，而是需要有某種具體的、實質的衡量單位作為基礎——也就是要有可以摸得到、看得到的貨幣作為基礎。在處理絕大部分的經濟問題時，這種體會並不十分重要。可是，對於經濟學的某些核心問題（特別是福利經濟學和一般均衡理論）而言，「實質的價格」卻是不可或缺的。

因此，以這篇論文的觀點為基礎，我覺得還需要很多篇論文，才能真正澄清寇斯定理的內涵——包括寇斯定理的意義和侷限。並且，值得以這種結果為基礎，進一步檢驗且修正其他的經濟理論。

拾壹、尾聲

寇斯定理是經濟學裡重要的智慧結晶之一，也是唯一能同時被「經濟學」和「法學」這兩個學科所廣為引用的定理。可是，就經濟學而言，臺灣是學術上的邊陲地帶。因此，能夠在臺灣、以散文講故事的方式寫成論文，而後在國際知名的學術期刊發表，我覺得有點欣慰。不過，我也很感謝期刊

的主編;由一位邊陲地帶的學者對寇斯這位經濟學裡巨人的挑戰,他願意冒險接受刊登,可以說是需要相當的勇氣。

當然,我不知道這篇文章會引發多少迴響;也許刊出之後,會被其他的經濟學者有意無意的忽略。不過,回想從十年前因緣際會接觸寇斯定理,到今天為這個重要的定理添增了一點新的內涵;對我來說,這是一個艱辛但有趣的過程。由這個過程裡,我也知道經濟學巨人的思想並不是那麼遙不可及。只要在智識的追求上下功夫,自然會慢慢有所得……。

拾貳、補遺

看過成龍主演電影的人都知道,在電影最後,會有一段影片,剪輯拍片過程中的片段。這些片段,多半是忘了台詞、打鬥出錯、或表情錯誤的畫面,增添了影片的趣味。

不過,成龍的電影通常是喜鬧劇,所以這些「片外片」,發揮了相加或觸媒的效果。如果是一部歷史或悲劇電影,取類似的作法,顯然會破壞影片原先留下的印象。可是,真的有這種狗尾續貂的例子。

我的這篇文章,在性質上稍有成龍做法的意味,希望能添增智識上的一些趣味。不過,描述一篇論文的背景、構思和寫作、投稿和退稿的過程,乃至於事後的心得,除了能較完整的烘托出原論文的含意之外,除了是個人心智活動的記載之外,也希望是為學術活動留下一點有意義的紀錄。

第四篇
經濟學 012

第十三章
經濟分析的智慧結晶

　　本文希望透過四個簡單的「定理」，勾勒出經濟分析的智慧結晶。這四個結晶，一方面必須符合經濟分析的主流，符合絕大多數經濟學者眾議僉同的部分；另一方面，這四個定理，必須能呼應一般人的生活經驗；也就是，除了經濟學者、經濟系的學生之外，一般社會大眾也能從這四個定理中，體會到經濟分析的精髓，並且能在生活和工作之中運用。

　　具體而言，這四個定理是：第一，0＞0；這表示「人是理性、自利的」，這也是經濟分析的起點。第二，1+1<2，表示「存在不一定合理，存在一定有原因」；對於不合理、奇怪的社會現象，毋需作價值判斷，而可以先試著找出這種現象存在的原因。第三，1+1>2，表示「好價值的出現，是有條件的」；要有好的、理想的狀態出現，必須有對應的支持條件。分析社會現象時，可以試著辨認出主要的支持條件。第四，0~0，表示「一件事物的意義，是由其他事物襯托而出」。任何人事物的意義，都是由其他相關的、類似的人事物所烘托而出。而且，對於目前的作法，可以試著琢磨出更好的替代方案。

壹、前言

經濟學和其他社會科學之間,是很有趣的對比。一方面,社會科學裡經濟學被視為「社會科學之后」,享有特別的地位;而且向外攻城掠地,又被稱為是「經濟帝國主義」。其他政治、法律、社會等學科,似乎都沒有類似的地位或自我期許,也沒有類似惹人憎嫌的形象。另一方面,經濟學者似乎普遍認為,經濟分析隱含一種特殊的視野,可以稱為「經濟學的世界觀」(the worldview of economics)。[1] 在政治、法律、社會等學科裡,似乎很少有類似的用語。

關於經濟學的世界觀,經濟學者之間還沒有共識;不過,卻已經有很多具體的表達方式。最簡單的,是一言以蔽之,用一句話來捕捉經濟分析的精神。弗里德曼(M. Friedman)的說法——「天下沒有白吃的午餐」——膾炙人口。同樣的,莫迪里阿尼(F. Modigliani)的提醒——「不要把所有的雞蛋放在同一個籃子裡」——也廣為人知。此外,布坎楠的名言——「官員不是天使」——雖然知名度較低,但是稍微琢磨,也能勾勒出經濟學的神韻。如果把經濟學看成是一座金字塔,三位諾貝爾獎得主,等於是從不同的角度,歸納出這座金字塔的精神。

這幾位諾貝爾獎得主,畫龍點睛似的,用一句話來闡釋經濟分析;除了這種做法之外,目前在暢銷的經濟學教科書裡,也都紛紛以「十大智慧」或「十二大結論」的方式,

---

[1] Becker(1976)的書名是 *The Economic Approach to Human Behavior*,而 Becker(1993)接受諾貝爾獎時,演講的題目是 "The Economic Way of Looking at Behavior." 兩者之間的差異,微妙的反映出他對經濟分析與日俱增的信心。

在書前扉頁或首章裡列出經濟學的重要結論。幾乎所有的作者，都會提到這些概念：稀少性、成本效益、比較利益、機會成本、均衡、效率。這些重要的概念，既歸納出經濟分析主要的內涵，也展現了經濟學世界觀的特殊視野。

本文希望以另一種方式，呈現出經濟分析的核心精神。具體而言，透過四個簡單的「定理」，希望能烘托出經濟分析的智慧結晶。因此，與「一言以蔽之」以及「十大定理」相比，這是介於其間的做法。歸納出這四個智慧結晶，主要是基於兩種考量。首先，這四個結晶必須符合經濟分析的主流，也就是符合絕大多數經濟學者眾議僉同的部分，而不是自說自話、只此一家式的囈語。其次，這四個定理，必須能呼應一般人的生活經驗；也就是除了經濟學者、經濟系的學生之外，一般社會大眾也能從這四個定理中，體會到經濟分析的精髓，並且能在生活和工作當中運用。[2]

強調四個定理和一般人之間的關聯，主要是呼應「經濟學隱含一種世界觀」。經濟學者普遍深信，由經濟分析的角度，可以有效地解釋社會現象；而且，透過經濟分析，可以提升資源運用的效率。可是，經濟學者所訴求的對象，一向只是政策制定者（decision makers）。如果政策制定者能接受經濟分析，公共政策的效率可望大幅提升。然而，政策制定者，數目畢竟有限；而且，他們真正面對的利弊得失，可能

---

[2] Lipsey（2001, p. 172）提到，經濟學主要的發現都是「定性」（qualitative）而不是「定量」（quantitative）；而且，Posner（1997, p. 14）強調，經濟學的精髓是慧見而非技巧（"The heart of economics is insight rather than technique."）。因此，經濟學的精髓，應該能和一般人的生活經驗相呼應，而為一般人所運用。此外，關於經濟論述的性質，參考 McCloskey（1985）。

不是經濟學者所認定的，因此未必會接受經濟學者的傳教。比較平實的作法，反而是希望一般社會大眾，都能具有「經濟學的世界觀」。如果一般社會大眾，都能接受並且運用經濟分析，在提升資源運用的效率上，效果可望更為恢宏。

最後，是關於本章章名「經濟學012」裡的數字，有兩種含意。一方面，經濟學012，類似於「經濟學ABC」；這是指經濟學的入門，也就是經濟分析最根本、最重要的部分。另一方面，經濟學012，是指利用0、1、2這三個數字，希望能反映經濟分析的核心精神。

貳、0 > 0

一、理論

經濟分析的第一個智慧結晶，可以用兩個大小不一的圈圈來表示；這個關係意味著：對人來說，大比小好，多比少好。用文字來表示，這是指「人是理性（rational）和自利（self-interested）的」。

就經濟學者而言，對於「人是理性、自利的」有兩種立場：一種是強勢，一種是弱勢。強勢的立場，認為人確實如此；這兩種特質，平實而精確地反映了萬物之靈的人。弱勢的立場，認為這只是一種假設，便於分析；由這種假設出發，可以發展出一套強而有力的分析架構。採取強勢立場的經濟學者，可以援引《自私的基因》作為例證：具備了理性和自利的特質，使人類有較強的競爭力；在大自然物競天擇、適者生存的鐵律下，得以存活和繁衍。當然，即使在經濟學界，對於這種強勢的立場，也還有許多爭議。不過，這些爭議主要是學理之爭，和一般社會大眾無關。

和一般社會大眾有關的,不是這種立場有沒有意義,而是這種立場好不好用。因為,「人是理性自利的」是一種立場,「人有時理性自利、有時不然」是另一種立場;當然,還可以有其他各式各樣的立場。如果把「人是理性自利的」看成是一種假設(working hypothesis),人未必真的如此,但是以這種假設作為出發點,比較好。那麼,這種弱勢的立場,好在哪裡?

判斷理論的好壞,至少有兩種尺度。諾貝爾獎得主弗里德曼(M. Friedman, 1953)曾表示,好的理論具有好的預測能力;另一位諾貝爾獎得主寇斯(R. Coase, 1988)認為,理論的好處,是能組織思惟、幫助思考(theory serves as a base for thinking)。這兩種尺度之間,有一點微妙的差別:弗里德曼強調,最好能事前預測得準;寇斯主張,最好能事後解釋得通。對於專業經濟學者而言,弗里德曼的立場可能比較重要;因為,經濟學者最好能「事前」預測將有通貨膨脹,央行才能早為之計。可是,對社會大眾而言,理論的重要性,在於能幫助他們「理解」社會現象,進而有效的因應。所以,如果由「人是理性自利的」這個假設出發,比較能解釋各種社會現象,這就是一種好的假設。寇斯的立場,顯然比較能呼應一般社會大眾的需求。

經濟學者認為人是理性自利的,然後用一種「效用函數」(utility function)來代表人;而後,再對效用函數加上一些限制,來反映這兩種特質。一旦可以用函數來代表人,經濟學(者)就可以利用繁複多變的數學,來分析人的行為和社會現象。數學的精確簡潔,似乎相當程度意味著「客觀性」(objectivity)。然而,追根究柢,無論是理性或自利,都是

一種「主觀的」（subjective）概念。

理性，是表示人能思索，而且會思索。喝醉酒的人、住在精神病院的人、腦部先天或後天受損的人，因為不能思索，所以被排除在外。他們的行為，由生理學家或心理學家來分析，可能更適合。除了這些人之外，其他的人都是理性的，也就都是經濟學（者）分析的對象。自利，是表示人會設法追求自己（所認定）的福祉。對於「自利」，常有的質疑是，人「應該」是利他的。可是，如果接受「人應該是利他的」這種原則，那麼一個人如何處理不同關係的交往呢？和家人相處、和親戚相處、和好朋友相處、和陌生人相處。這些關係的親疏遠近，難道不是反映出「自己」這個因素的重要性？也就是，一個人會根據自己（利害）的考慮，而決定「利他」的程度。而且，「應該」代表的是一種束縛，也就是限制了行為上自由取捨的空間；一旦把這種束縛形成內在的一種規範（我應該誠實），那麼遵守規範本身也隱含自利的成分（因為我說了實話，所以我心裡很坦然）。不過，更關鍵的問題是，為什麼人會為自己加上一些束縛，為什麼人要自綁手腳？——除非在某種意義上，是對自己有利的。

如果一般人的行為都是理性自利的，那麼什麼是不理性、不自利的呢？理性自利的假設，會不會成為一種鋪天蓋地、無所不包的套套邏輯（tautology）；既然涵蓋（解釋）了所有的行為，也就等於什麼都沒有解釋。對於這種質疑，每個人只需要自問：眼前有兩個選擇，去看電影、或留在家裡看電視。經過思索，決定去看電影。因此，「看電影」，是被選擇、被觀察到的行為；「看電視」，是被揚棄、觀察不到的行為。對於這個行為者而言，看電影是自利的；和看

電影相比，看電視就是（比較）不自利的。因此，「不自利」的可能性確實存在，但是在行為上卻觀察不到。[3]

二、事例

人理性自利的特質，大多表現在行為上，就是日常所見的諸多現象：大家都希望住寬敞而漂亮的房子，希望薪水多事情少；買水果的時候，會盡量挑選大的、新鮮美味的。人會有意識或無意識的，選擇對自己比較好的舉止，希望能增進自己的福祉。[4]

不過，在根本上，理性自利是主觀的觀念。因此，對於有些行為，必須從「當事人」而不是「旁觀者」的角度來解釋。如當義工，是使自己得到滿足喜悅；德瑞莎修女（Mother Teresa）的行誼，是追求且實現她自己所設定、所願意追求的目標。吸食毒品的人，即使知道長期的後果；但是，眼前立即的滿足，勝過了遙遠、還沒有出現的未來。自殺的人，可能是眼前的生活太過辛苦，因此選擇一個解去重擔的方式。自焚和引爆身上炸藥的人，為了追求某種聖潔的目標，甘願從事異於常人的舉止。然而，對於自焚、衝到火場裡或跳進急湍裡救人的人而言，他們絕大部分並不知道將面對的風險和苦楚；如果他們僥倖重生，下一次再面對同樣的情境，可能會有不太一樣的取捨。這有點像小朋友希望一直看卡通和吃巧克力，而一般成年人不會；雖然都是基於理性自利，

---

[3] Buchanan & Tullock（1962）表示，"We do not have a theory for the world of angels." Posner（2003, p. 4）強調，人只不過是一群聰明的動物。兩種立場，都反映了經濟學者以平實的態度，看待萬物之靈的人。

[4] 因此，前面的符號 0 > 0，事實上是一種簡化的表達方式。住處的噪音，當然希望愈小愈好。

成年人和小朋友有不同的資料庫,也就會有不同的抉擇。

在某些情況下,有些人的行為似乎違反大比小好、美比醜好的通則。曾經有人指證,市場賣蛋的攤子前,眾人都挑大的,但是就有人專挑小的;看起來奇怪,其實很容易解釋。這是賣早點或茶葉蛋的小販,選小的有道理。此外,有一位經濟學博士曾經表示,他買水果時,有時候故意不選大而漂亮的,而都挑些小而醜的。追問之下,他表示有兩種考慮:一是別人都選大而美的,他希望不同流俗;還有,選小而醜的時候,他認為自己「吃虧就是占便宜」。仔細掂酌這兩點理由,顯然是高度的理性自利。[5] 而且,他提到,他只是「有時候」選小而醜的水果;當他買房子和找配偶的時候,不知道會不會特別選小而醜的。[6]

一般社會大眾往往認為,理性和感性、理智和情感是彼此衝突的,而且人同時具備這些特質。然而,在經濟學者眼裡,情感和理智並不衝突;情感,是受到理性的駕馭。法蘭克(R. Frank)解釋:有些人說謊話時,會臉紅;這等於是放出一種訊號,告訴其他人自己在說實話。誠實的品牌一經建立,通常對自己有利。理智駕馭情感的作法,可以藉著一個更世俗的例子來反映:男女朋友,第一次約會和第十次約會時,表露的情懷(喜怒哀樂、用字遣詞)通常不同。除了「邊際效用遞減」的原因之外,最合理的解釋,是第一次約會,

---

[5] 當有人說「吃虧就是占便宜」時,重點是在前面的「吃虧」、或是後面的「占便宜」?

[6] 這是在某大學演講時,我親身所經歷的情況。此外,很多人認為,宗教行為是「利他的」。和一般人的日常行為相比,確實如此。然而,教友通常對自己教堂的人較好,對其他教堂的人和非教友,態度不太一樣。這種差異微妙地反映了,「利他」顯然也有程度上的差別。

犯錯的成本高;第一次犯了錯,可能就不會有第十次。因此,第一次約會時,要小心翼翼,好好控制自己的情緒。

事實上,人理性自利的程度,往往超過一般人的想像。柯斯米迪(L. Cosmides)和涂比(J. Tooby)論證,經過長時間的演化,人的理性自利,是由一種更高層次的理性自利所雕塑。對於經常出現的狀況,人們有充分的能力來處理;對於偶爾出現、甚至數十年才出現一次的情境,人們就不具備適當的思惟能力來因應。原因很簡單,對於難得出現的情況,毋需耗費資源、長期維持對應的理性。因此,一般人碰上火災車禍,往往驚惶失措;消防隊員和救護車人員,卻能從容因應。性質上,這和人「理性自利」的結構若合符節。對於一個社會而言,有條件維持消防隊和救護車;對於一個人而言,卻未必如此。人,是理性自利的。

參、1+1<2

一、理論

理性自利的人,在人際互動之後,到底會呈現出什麼樣的景觀?對經濟學者而言,至少在智識上,這是很有興味的問題。

芝加哥學派著名的標幟之一,是「存在即有效率」(whatever is, is efficient)的立場。[7]然而,市區之瘤(ghetto)、貧窮陷阱(poverty trap)是有效率的嗎?因此,張五常等經濟學者,提出修正的意見:存在,是(環境裡)限制條件

---

[7] Peltzman(1976)的論點可作為代表;他認為,政府的管制措施,事實上是由被管制者(利益集團)所誘導而形成。在管制的市場裡,供給和需求達成均衡。

下的效率。[8] 然而，關於競租（rent-seeking）、貪污等等現象，是諾貝爾獎得主諾斯（D. North）眼中的低度均衡（low equilibrium）；用「效率」來描述這些現象，幾乎扭曲了文字的正常含義。因此，比較平實而有說服力的立場，是不直接觸及效率與否的問題，而著重在分析和解釋。當一加一小於二時，可以先不作價值判斷，而試著解釋為什麼兩個理性自利的人，加在一起之後，總和會小於二。存在不一定合理，存在一定有原因。

對每一個人而言，因為是理性自利的，所以都會選擇對自己合情合理的行為；但是，加總之後，結果卻不一定好。也就是，由個別理性（individual rationality）出發，不一定會導致群體理性（group rationality）。這是經濟學的重要體會，而且反映在諸多研究裡。哈定（G. Hardin）研究草原的悲劇（tragedy of the commons），奧爾森（M. Olson）研究集體行動的邏輯，賴比凱（G. Libecap）研究油田合併和公海漁場，歐斯壯（E. Ostrom）研究地下水等共有資源（common resources）；現象雖然紛雜不一，但是基本上得到相同的體會。經濟學者的貢獻，就是闡釋在總體現象（macro phenomenon）和個體基礎（micro foundation）之間，為什麼這兩者的連結可能非常脆弱。

在這些現象裡，關鍵是公共財（public goods），也就是搭便車（free-riding）的問題。在另外一些現象裡，問題的關鍵是資訊。資訊經濟學，是1960年之後，才大放異彩的研究領域。由資訊的角度著眼，看起來特殊的作法或奇怪的現象，

---

[8] 參考 Cheung（2001, 2002）。

往往可以得到一針見血的解釋。諾貝爾獎得主史蒂格里茲（J. Stiglitz）的一篇論作，可以為代表。

在 1991 年的論文裡，他指出：因為資訊不對稱（asymmetric information）或資訊不完整（imperfect information），經濟活動可能呈現出三種現象。第一，即使有人想買、有人想賣，交易或市場不一定會出現；這和諾貝爾獎得主阿卡洛夫（G. Akerlof）所探討的檸檬市場精神相通。第二，即使有交易，作法和性質可能很特別，譬如會採取限價或限量；諾貝爾獎得主史卞斯（M. Spence）分析的勞動市場，有類似的特性。第三，為了克服市場上的限制，非市場的機制（non-market mechanism）可能應運而生；但是，即使出於善意，這些非市場的機制，往往是有害無益的（dysfunctional）。

當然，經濟學者並沒有解答所有的謎題，很多挑戰還有待克服。譬如，選舉時，自己的一票會成為勝負所繫，機會微不足道；而且，去投票要耗費時間氣力，為什麼還有這麼多人去投票呢？這是有名的「投票謎題」（voting paradox），經濟學者也還沒有找到令人滿意的答案。不過，存在不一定合理，存在一定有原因。經濟學（者）的責任，就是以人的理性自利為出發，試著找出那個由個別行為過渡到整體現象的環節。

二、實例

對於千奇百怪的社會現象，如果能「以理解之」，就可以不訴諸於情感、以情緒起伏為因應。

在社會學的文獻裡，對於貼標籤的作法，期期以為不

可。[9]貼標籤等於是為別人戴帽子；對被戴的人不公平，如果事後發現戴錯了，自己也不好受。然而，由經濟學的角度來看，在面對環境時，人所能掌握的資訊有限；貼標籤的作法，可以大幅降低行為的成本。而且，抽絲剝繭來看，貼標籤意味著三個步驟：先看到人事物、再賦予意義，然後在行為上因應。由這個角度來看，人在日常生活裡，事實上無時無刻都在「貼標籤」。看到迎面而來的人，我們假設只是行人，而不是突然亮出匕首行搶的惡客。而且，很多時候，人只會面對眼前的人事物一次，而未必會重複交往；無論將來會不會再交往、有沒有機會調整或修正自己的判斷，應付眼前的情境最重要。而貼標籤，就有助於處理眼前的狀況。存在不一定合理，存在一定有原因。

公共財的問題，在生活裡也所在多有。職棒職籃或職業足球季後決賽，長長的隊伍排隊買票。突然，有人插隊，而附近沒有警察，也沒有維持秩序的人力。如果插隊的人身材瘦小，一定有人要他（她）排到後面去；如果插隊的人壯碩有力、面露凶相，很多人會想：只要有人出聲，自己一定願意幫腔；可是，自己不願意當第一個出聲的人。原因很簡單，第一個開口的人，要承擔全部的成本，但是別人也得到好處。因此，成本高而效益低，自己何必當傻瓜。

或許很多人會認為，無論插隊的人身材如何，如果自己

---

[9] 譬如，社會學者 Halsey（2004）表示："The notion of a stereotype is generally negative. ... It is narrowly rooted in prejudice and irrational fear." 當然，對經濟學稍有了解的社會學者，就有不同的看法。譬如，Oberschall and Leifer（1986, p. 245）就表示，"Stereotyping (can be) viewed as a cheap way to avoid the high costs of obtaining accurate information."

在場,一定會出聲制止;在歐美法治上軌道的社會,更特別是如此。然而,插隊只是面對害群之馬的例子之一而已;在每個人生活的周圍、工作的場所,不都有一些違反法令的作為、或是令人側目的言行嗎?那麼,有多少人是持續的、不畏成本的當「告密者」?如果仗義執言、摘奸發伏很容易,《時代周刊》不會以揭發「恩隆」(Enron)不法的三位會計和秘書作為封面人物、以英雄視之。因此,對於距離遠的不公不義,容易正氣凜然;對於身邊的不公不義,容易瞻前顧後。這還是基於成本效益的考量,因為人是理性自利的。[10]

另外一個例子,是現代人結婚的年齡愈來愈晚;特別是在都會區裡,無論男女單身貴族愈來愈多。為什麼?傳統農業社會裡,夫婦為伴侶;因為環境使然,所以生活起居、食衣住行育樂,都以彼此為伴、福禍相依。相形之下,現代都會區裡,男女都有很多機會接觸不同的朋友;因此,慢慢的,他們發展出不同的「功能組合」(functional combinations)。考試,有一群朋友,一起準備考試;工作,也有工作上的朋友,彼此交換資訊;吃喝玩樂,還有另一群對味的朋友,共度快樂時光。不同範圍的活動,有不同的伴侶;都會區的條件,讓「伴侶」的意義迥異於往昔,呈現了高度的專業化(specialization)和分工(division of labor)。

最後,東方社會裡,除了血緣關係之外,同村、同鄉、同縣和同省的故舊,往往成了生意往來上重要的網絡。和「自己人」作生意,有話好商量,不容易出問題;有了問題,也

---

[10] Coleman(1990)中描述一個很有名的案例。一個夜歸婦女受襲,求救聲持續了許久;然而,附近有幾百個居民聽到,卻都袖手旁觀、沒有任何動作。

可以尋求人際網絡的奧援。除了這些關係之外，認乾爸媽的作法，顯然有類似的功能；乾爸乾媽，和西方的教父教母類似，但也有差別。東方的乾爸乾媽，幾乎等於親生的爸媽；發揮類似的功能，也享受類似的禮遇。至於為什麼是乾爸乾媽，而不是乾叔乾嬸？答案很簡單，爸媽的作用大，叔嬸的作用小。要找工具，當然要找比較好的工具。存在的不一定合理，但存在一定有原因。

肆、1+1>2

一、理論

探討某種情況不合理、不效率、不理想的目的之一，自然是希望得到合理、效率、理想的情況。然而，好價值的出現，是有條件的。

由經濟分析裡，得到最重要的體會之一是：交易，合則兩利，一加一大於二；而且，透過自願性的交易，資源會自然而然的流向價值最高的使用途徑。不過，自願性的交易，只是整個經濟活動的一個環節而已。長年浸淫在經濟學中的寇斯，他所發表諾貝爾演講辭的題目，是「生產的制度性環境」（The institutional structure of production）。他提醒經濟學者在研究廠商時，不能只把焦點放在廠商本身的行為上；畢竟，廠商的舉止，是受到法令規章、風俗習慣以及其他因素的影響。要真正了解廠商，不能自限於生硬冰冷的生產函數，而必須到真實世界裡去認知真正的廠商。[11]

---

[11] 參考 Coase（1992）；不過，雖然寇斯一再強調實證研究的重要，他自己卻很少做田野調查。他的名作之一〈經濟學裡的燈塔〉（The Lighthouse

寇斯的體會，可以和諾斯研究制度及經濟史的心得結合。經過長期的分析和思索，諾斯認為：使一個社會走上繁榮富強之路的，不在於這個社會有多少的天然資源、資本或技術，而在於這個社會有沒有一套好的典章制度。如果有好的「制度矩陣」（institutional matrix），就可以提供健康良善的環境；經濟活動蓬勃發展，一般人也能享受鮮美的果實。因此，根據諾斯的體認，可以把寇斯的想法，進一步的擴充為「經濟活動的制度性環境」（the institutional structure of economic activities），或「人類行為的制度性環境」（the institutional structure of human behavior）。也就是，期望得到好的結果，必須有對應的環境；好的環境，才能支持好的結果。這種體會，事實上隱含一種特殊、但明確的分析方法。

無論是經濟活動或其他領域，如果眼前的現象重複出現，表示是處於「均衡」（equilibrium）；無論均衡是大或小，就值得往下降一層，試著辨認出支持均衡的主要條件。如果是高度均衡（high equilibrium），那麼這幾個條件，就是支持這個好均衡的支柱；一旦這幾個條件變化或消失，原來的狀態也可能跟著改變。如果是低度均衡，這幾個條件就是維持不理想狀態的支柱。然而，除非手中握有足夠的資源，能扭轉或改變其中的某些條件；否則現況不理想，但是會延續下去。

這種分析方法，是一種「逆推式」的思惟方式，和經濟學教科書以及一般的分析方式稍有出入。一般的作法，是藉著定義式，直接了當地列明某種結構的各個部分；譬如，在

---

in Economics），是根據圖書館的史料寫成；參考 Coase（1974）。

研究總體經濟時，所得為消費和投資之和（Y=C+I），是最簡單的結構。然後，加上政府（G），再加上貿易（X-M），就反映了整個經濟的主要結構。當然，這是經濟學經過長期的觀察分析之後，所歸納出的體會。然而，在面對一般社會現象時，通常並不是這麼明確、直接了當。因此，至少在觀念上，特別是希望把經濟分析帶給社會大眾時，值得點明「逆推式」的思惟過程。

藉由一個例子，可以反映這些論點的含義。寇斯在 1959 年提出，最好用拍賣的方式，分配廣播和電視所用的頻率。當時，這個建議，被認為是象牙塔裡蛋頭學者的天方夜譚。經過幾十年之後，美國政府不但以公開拍賣的方式，分配電波波段；對於汙染權，也採取類似的作法。拍賣的作法有諸多優點，為政府帶來可觀的收入是其中之一。幾十年前，支持這種作法的條件付諸闕如；幾十年後，人的觀念、相關的配套措施紛紛就定位；寇斯的建議，水到而渠成。好價值的出現，不會憑空而來、從天而降。

二、運用

一加一大於二的內涵，可以藉由更生活化的實例來反映。如果一個人希望自己的辦公室很整潔，這是小小的一種價值；要雕塑出好的結晶，並不困難。只要每天花十五分鐘收拾清理一番，就可以有整潔的辦公室。稍微複雜一點的情形，是一對配偶希望彼此感情融洽、水乳交融。和一個人的情形相比，所牽涉的價值已經複雜一些；不過，要支持這種價值，也不算太困難。兩個人除了照顧好自己的事之外，多為對方著想，多幫助對方；夫妻感情好，還算容易。其次，想像一個大家庭，有八個人住在同一個屋簷下；他們要相處得和睦愉悅，恐怕就要

困難一些。然後，再想像一個二十人的公司或機關，一個兩百戶的公寓大廈，一個兩千戶的社區，一個六百萬人的大都市，一個五十億人口的地球。隨著人數的增加、規模和幅員的擴大，支持好價值的條件，顯然愈來愈困難。

因此，好價值的出現，的確需要相關條件的支持；好價值的層次愈高，所需要具備的條件愈複雜。這種體會，有一些具體的含意；對個人或社會而言，都是如此。就一個人來說，要面對許多面向：工作、家庭、健康、交友等等，而每一大項，都還可以做進一步的細分。無論如何，每一個人都可以自問，在這諸多面向裡，自己最成功、最滿意、最春風得意的是哪一個（或哪幾個），為什麼？是哪些因素使然，可以在這一個（或這幾個）面向上隨心所欲、如魚得水？

辨認出自己的強項和弱項，一方面驗證了 1 + 1 > 2 的體會；另一方面，則是提醒自己，可以有意識地做一些取捨。因為，弱項之所以成為弱項，一定有主觀或客觀的條件使然。如果經過分析，發現自己所能掌握的有限，不足以扭轉頹勢；那麼，在維持一個基本的水準之後，也許就不值得再多費精神氣力在這個範圍裡。所騰出的心力時間，也許就可以轉移投注到強項或其他的面向上。

對一個社會而言，「好價值／支持條件」的體會，也有很明確的啟示。以麥當勞和美式民主為例，剛好可以闡釋其中的道理。和可口可樂一樣，麥當勞（McDonald's）暢銷全世界，人見人愛；目前，麥當勞的分店，遍布六大洲，在121個國家裡，有超過 31,000 家分店。麥當勞進入第三世界和開發中國家之後，產生一個明顯的衝擊。因為麥當勞有標準作業程序，對衛生品質的需求、座椅設施的安排，乃至於

招呼顧客的方式,都對當地傳統的餐飲業,帶來正面的影響。因此,麥當勞這個因素,悄悄的引發了許多地區餐飲業的變化;好的價值,正慢慢形成並擴散。

相形之下,美式民主所造成的,卻是一個迥然不同的景象。二次大戰之後,許多非洲國家紛紛脫離殖民統治,宣布獨立;獨立建國之後,就效法美式民主,進行選舉和代議。然而,不過幾年的時間,不是出現強人政治,就是陷於長期內戰之中。美式民主,在美洲支持了世界超級強權之一;在其他地區,卻似乎格格不入,甚至成了動亂的淵藪,原因其實很簡單。美式民主,隱含一套典章制度,也隱含對應的思惟觀念;經過數百年的發展,在美國已能正常運作。然而,在其他地區,傳統的政治形式,可能是部落、世襲或貴族當道;無論在典章制度或人的思惟觀念上,都和美式民主有相當的距離。勉強移植,水土不服,自然很快就變形走樣。

兩相對照,麥當勞和美式民主的際遇,剛好呼應「好價值/支持條件」的關係。餐飲業的營業方式,相對而言是一個小的、單純的價值;麥當勞的入侵,剛好提供一種刺激和誘因,促使好的價值慢慢出現。一個社會政治運作的方式,是層次高、涉及面廣,極其複雜的一種價值。美式民主,經過長期的孕育灌溉,能在美國發光發熱;然而,在其他的土壤裡,要在短時間裡綻放出鮮豔的花朵,卻不容易。好價值的出現,是要有條件的。

伍、0～0

一、理論

經濟分析裡,有很多重要的概念,譬如均衡、極大化、效

率等等，不一而足。不過，如果徵詢經濟學者，哪「一個」概念，最能捕捉經濟分析的精髓；相信絕大多數的經濟學者都會同意，「成本」是最核心的概念。而成本的內涵，其實可以藉兩個圈圈來反映；用文字表示，這是指：一件事物的意義，是由其他事物所襯托而出。

在1969年出版的一本小書裡，布坎楠對「成本」的概念，提出一種新的闡釋，很有啟發性。他認為，當一個人面對決策時，假設腦中出現兩種可能：去看電影、留在家看電視。如果決定去看電影，看電視的可能性就消失。換一種說法，去看電影的「成本」，就是看電視；然而，被放棄的選擇，是觀察不到的；因此，他認為，成本是一種主觀的概念，而且只有在腦海裡出現。布坎楠的論點，精緻地闡明了「機會成本」（opportunity cost）的概念；再往前推一步，就是「一件事物的意義，是由其他事物所襯托而出」。無論是人事物，本身沒有必然、客觀的內涵；或者，更極端的立場是：事物本身，是空洞的；所有的意義，都是被人所填充、所賦予的。人在面對一件事物時，是有意無意的，從腦海中喚醒相關的、類似的事物；然後，以這些其他的事物，來認知眼前所面對的事物。

如果沒有類似或相關的事物，人將無從認知且體會眼前的事物——即使把這個新生事物歸類為「無從認知」，那麼無從認知的內涵，也是相對於其他可以認知的事物。例子一則，足以說明：如果世界上只有帕華洛帝（Luciano Pavarotti）會唱歌，其他人能不能判斷，他唱的好或是不好？如果其他人都不會唱歌，又沒有鳥叫蟲鳴或雞犬之聲，別人將無從認知帕華洛帝的舉止；就是因為有其他眾多的聲音、

大大小小的歌星和聲樂家襯托之下,才顯現出他歌喉之美、技巧之精、身價之高。[12]

這個論點,值得稍作引申。一般人認為,草木鳥獸,就是草木鳥獸;而喜怒哀樂,就是和悲歡離合呼應。可是,經濟學(者)的思惟,並不是如此。任何一種情境(人事物),都可以有很多不同的解讀;採用了其中之一,就等於是放棄(或排斥)了其他的解讀。被揚棄的諸多可能意義之中,最接近的那一種,就反映了眼前情境的意義(價值)。這是經濟分析的特殊視野,也是這個學科的精神所在。當然,這種視野的性質如何、好壞如何,是相對於其他的視野——一件事物的意義,是由其他事物襯托而出。[13]

既然事物的意義是襯托而出的,這也就意味著,事物的意義是相對於某種參考座標。接著的問題當然是:在眾多可能的參考座標裡,選的是哪一個參考座標?還有,為什麼選的是這一個參考座標,而不是其他?(譬如,在美食家或運動迷的眼中,帕華洛帝的意義又是如何?)無論對經濟學者或一般人而言,都無時無刻在做價值判斷;對於自己所做的價值判斷,最好能找到足以說服自己、說服其他人的理由,來回答這兩個問題。

藉由另外兩個例子,可以反映這些考量的意義。在經濟分析裡,效率和公平往往是彼此衝突的價值;效率涉及餅的

---

[12] 蒲士納法官(Judge R. Posner)曾表示:如果某種資源只有一種用途,其成本為零。初聽之下,不容易體會;稍稍琢磨就可以發現,他只是以一種特殊的方式,點明了「機會成本」的精義而已;參考 Posner(1986, p. 6)。

[13] Posner(1995, p. 527)曾引述希臘哲學家 Protagoras 的名言:「人,是決定一切的主體」("Man is the measure of all things.")。

大小,公平隱含如何切餅。在這兩種價值之間,如何調和或取捨,顯然必須標明理由:在哪些情形下,餅的大小比較重要;在哪些情形下,如何切餅比較重要;而在哪些情形下,兩者又是同樣重要。[14] 取捨的理由,就是決策時所依恃的參考座標。同樣的,在分析法律問題時,效率和正義往往代表不同的思惟;效率還是關於餅的大小,而正義則經常與基本權利密不可分。很多時候由這兩種視野出發,會得到同樣的結論;但是其他時候,兩種視野卻會導致不同的推論。無論是哪一種情形,對於效率和正義的論述,都是立基於背後的信念,也就是所依恃的參考座標。

二、應用

和前面的三大定理相比,第四大定理的體會,最有操作上的含義。對於經濟系的學生和一般社會大眾而言,都是如此。

首先,追根究柢,價值是主觀的,而人又是決定一切意義的主體;因此,「一件事物的意義,是由其他事物所襯托而出」意味著,一個人可以有意識的選擇「其他事物」,來烘托事物主體。也就是,人可以主動選擇要藉由哪些成分、來填充事物主體的內涵。雖然眼前的景觀現象,似乎是客觀存在的;人的經歷,也似乎是具體真實的。然而,事物和經驗的意義,最後還是由自己來決定;而自己所依恃的,是自己所信奉仰仗的價值體系。可是,價值體系,本身也是被選擇的一種變數。因此,一個人可以主動檢視自己的價值體系,有意識地選擇自己所願意接受、所願意託付的參考座標。譬

---

[14] Okun(1975)的經典名著,現在依然常被引用。「效率」這個概念的內涵,事實上隨時間而變化;參考 Zerbe(2001)。

如,人生的態度,可以看成是一道光譜;一個端點是積極進取,另一個端點是守成謙讓;介於兩者之間,是很多其他的可能性。在這道光譜上,人可以選擇,對自己而言最好的位置;而且,當主觀客觀的條件變化之後,還可以定期的省察檢討,是不是值得調整參考座標的位置。

其次,兩個圓圈的結構,可以更具體的以 A-A' 來表示。A,是某種人事物,簡寫成 B1,B2;C1,C2(各種面向簡化為 B 和 C,利益和成本;而且,只突顯兩種 B 和 C 也是簡化。)A',是對照的人事物,簡寫成 B3,B4;C3,C4。A-A' 的結構,可以表示成:

A:B1,B2;C1,C2.
A':B3,B4;C3,C4.

這個結構,隱含好幾層的意義。第一,對任何人事物或任何決策而言,都有很多的面向;而這些面向,通常是利弊參雜。第二,A 的意義,不是由本身的成分和特性所決定;A 的意義,是由類似的、相關的 A' 所決定。同樣的,一項措施的好壞,是相對於其他的替代方案。第三,如果經過斟酌,決定選 A。那麼將得到 B1 和 B2 的好處,也將承擔 C1 和 C2 的缺失;然而,選了 A,就得不到 A' 所隱含的 B3 和 B4,但是也避免了 C3 和 C4。A-A' 的結構,是以具體而精緻的方式,同時反映經濟分析所隱含的「選擇」(choice)和「取捨」(trade-off)。而且,在 A 和 A' 之外,當然還可以有 A" 和 A'" 等等;所以,A-A' 的排列,也意味著 A' 是其他可能性中價值最高的;這表示,A' 是 A 的機會成本。

第四,如果 A 是現況、目前的措施或現有的產品,A' 就

是潛在的、還沒有被攫取和實現的狀態、措施、產品。一個好的政客，就是要推出新的「政見組合」，能比目前的作法更吸引選民。一個好的企業家，就是要琢磨出不同的生產流程或產品特色，能比目前的流程更有效率，或比現有的商品更討消費者的歡心。審核專利申請時，用兩點指標來評估是否為「發明」：和現有作法「不同」，而且「比較好」。「不同」（different）和「較好」（better）的要求，正呼應了 A-A' 的結構。A 是現況，A' 是等待被發現和攫取的「其他可能性」。

除了智識上的興味之外，經濟分析也有非常務實的企圖；提升資源運用的效率，是其中很重要的一環。然而，經濟學教科書以及學術期刊裡，探討效用或社會福利極大的分析方式，和決策者以及一般社會大眾之間頗有一段距離。相形之下，A-A' 的結構，提供了一個簡潔明確的技巧；既反映了經濟分析的核心精神，又可以直接了當的操作運用。A-A' 的思惟方式，可以和其他的思惟方式比較、競爭。[15] 一件事物的意義，是由其他事物所襯托而出。

陸、結論

在經濟學的文獻裡，曾多次出現「經濟分析的世界觀」這種說法。經濟學者似乎也都認為，經濟學確實隱含一種特殊的視野。然而，到底什麼是「經濟學的世界觀」，卻似乎少有討論。這篇文章，就嘗試藉由四個定理，勾勒出經濟學的世界觀。

---

[15] 競爭力專家波特（Porter, 1980, 1985）強調，對一個企業而言，要面對五種競爭力，而其中最重要的就是能不斷地找出「其他的可能性」。英代爾的總裁葛洛夫（Grove, 1996），也引述波特的見解。

具體而言，第一，O＞0；這表示「人是理性、自利的」，這也是經濟分析的起點。第二，1+1<2，表示「存在不一定合理，存在一定有原因」；對於不合理、奇怪的社會現象，毋需作價值判斷，而可以先試著找出這種現象存在的原因。第三，1+1>2，表示「好價值的出現，是有條件的」；要有好的、理想的狀態出現，必須有對應的支持條件。分析社會現象時，可以試著辨認出主要的支持條件。第四，0~0，表示「一件事物的意義，是由其他事物襯托而出」。任何人事物的意義，都是由其他相關的、類似的人事物所烘托而出。而且對於目前的作法，可以試著琢磨出更好的替代方案。因此，這四個定理的次序，也反映了經濟分析的推論過程。由個人的特性為基礎，再探討經濟活動以及社會現象的特性，最後歸結出經濟分析的特殊視野。

抽象來看，O＞0，是經濟分析的基礎。1+1<2和1+1>2，分別代表不好和好的情況；對於兩者，都可以由經濟分析的基礎出發，試著提出解釋。0~0，一方面反映（機會）成本這個核心概念，一方面可以利用 A-A' 來操作運用。以 0、1、2 這三個符號，歸納出經濟分析的精義，主要是基於兩種考量：對經濟學者而言，這四個定理，代表四個智慧結晶；而這四個智慧結晶，既呼應經濟學的核心思惟，也符合經濟學者的判斷。此外，以 012 表達的這四大定理，簡單明確，能為一般社會大眾所接受和運用。前英國皇家經濟學會會長艾歷克·凱克斯爵士（Sir Alec Cairncross）曾說：「對於公共政策而言，經濟分析最有用的，其實就是幾個簡單的觀念而已」。其實，不只對政策制定者是如此，對一般社會大眾而言，也是如此。

最後，還有一個問題，一直沒有處理。所謂經濟學的世界觀，到底是瞎子摸象式的「一種」特殊視野，還是類似 1+1=2 舉世皆然式的世界觀？前面曾經提到，對於「人是理性自利的」，可以有兩種解讀：一種是，人實際上是如此；另一種是，人未必真的如此，但這是務實有利的出發點。關於經濟學的世界觀，也可以有這兩種立場。首先，無論是一言以蔽之式、十大定理式，或本文所提出的四大智慧結晶，都是由經濟分析歸納而出；所以，在性質上，這些都是由經濟學而來，反映經濟學的特殊視野，是瞎子摸象式的「一種」觀點（a perspective）。其次，自 1960 年以來，在貝克、布坎楠、寇斯和諾斯等經濟學者的領軍之下，經濟學者已經大舉進入社會學、政治學、法學和史學的領域，而且成果豐碩。利用經濟分析，確實可以探討「經濟」之外其他領域的問題。

此外，對一般人而言，平常所運用的價值體系，就是美醜善惡、是非對錯等等觀念；一般社會大眾的世界觀，是由社會化過程中、所吸收的風俗習慣和傳統智慧，是一種「經驗方程式」；相形之下，經濟分析所隱含的，是由探討人類行為所得到的「行為方程式」。四大智慧結晶，就是由經濟分析的行為方程式推導而來；簡單平實合理，事實上可以作為價值體系的基礎。因此，基於這些考量，雖然是由經濟分析所歸納而出，「經濟學的世界觀」其實已遠超出「經濟學」的範疇。經濟學者所掌握的，是一種有說服力的世界觀（a worldview），而不只是「經濟學的世界觀」（the economic worldview）而已。

寇斯曾說，經濟學家就像賣瓦罐器皿的小販一樣，四處推銷他們的產品。因此，追根究柢，經濟學者所推出的世界

觀，好壞如何，當然要和其他的世界觀一較短長——一件事物的意義，是由其他事物所襯托而出！

第十四章
基準點和經濟分析

　　不論是對經濟論述或一般社會大眾而言,基準點都很重要;可是,在經濟學的文獻裡,卻很少探討這個主題。基準點可以分為兩類:理論式基準點和行為式基準點。學者論述時,是根據現有的成果為基礎,往前添增新見;論述與論述之間的爭議,往往是因為援用了不同的基準點。此外,人的行為,通常隱含「認知、思惟、反應」的過程;無論是哪一個環節,都是以過去累積的經驗為基準。一般人所在乎的因素,可能和學理上想當然爾式的判斷不同。抽象來看,基準點是一種工具;在工具的選擇、運用和維護上,都受到成本效益考量的影響。一般人的世界觀,是經驗方程式;而經濟分析,則隱含行為方程式。經濟分析所隱含的世界觀,經過適當的剪裁和包裝,確實可以作為一般人思惟判斷的依據。

壹、前言

　　1991年諾貝爾經濟獎得主寇斯,在發表得獎演講時提到:「我對經濟學的貢獻,在於強調研究經濟體系時,應該注意某些特質;這些特質有點像契斯特頓(G. K. Chesterton)小說裡那位郵差,因為太平凡而不起眼,所以人們對他視若無睹,幾乎忘了他的存在」。在本文裡,

也將討論一個類似的概念;因為無所不在,所以經濟學者似乎視為理所當然,也幾乎都略而不談。

具體而言,這是指「基準點」。基準點可以當名詞(benchmark)用,也可以當動詞(benchmarking)用。如果是名詞,這是指一個參考座標或指標;如果是動詞,這是指根據某個基準點,烘托出其他的事項。無論是作為名詞或動詞,藉由一些例子,可以稍微反映經濟論述裡和一般生活裡的基準點。

個體經濟學裡,消費者透過效用極大化,追求自己的福祉;消費者的取捨,顯然是相對於他的現況。現況,是選擇的基準點;而不同的現況,隱含不同的基準點,也通常意味著不同的選擇。其次,經濟分析裡,一貫強調「效率」(efficiency);而效率,顯然是相對於目前的資源稟賦(endowment)或所得分配(income distribution)。對於這個隱而不顯的基準點,經濟學者通常略去不談;其他學科的學者則認為,必須先釐清這個基準點本身是否合理,是不是可以作為討論的起點。最後,寇斯的兩篇經典之作,也反映了隱而未現的基準點。在 1937 年的論文裡,他把市場機能當作基準點;然後考慮以廠商來運用資源,是不是更有效率。在 1960 年的論文裡,他先標明「交易成本為零的世界」(the world of zero transaction costs);然後,再以這個作為基準點,探討交易成本為正時的情況。在經濟論述裡,基準點顯然幾乎無所不在,但是卻經常隱而不明。

經濟論述之外,在一般人的生活裡,基準點更是無處不有。譬如,刻板印象(stereotyping)的作法,所在多有,因為能大幅降低行為成本。還有,「拇指法則」(rule of thumb），就是以既定原則為基準點，以因應眼前的情境。此外，任何價值判斷，包括美醜善惡、是非對錯等等，顯然都意味著運用了某種基準點。這些「行為上的基準點」（behavioral benchmarks），和論述時「理論上的基準點」（theoretical benchmarks）相呼應。由這些俯首可拾的例子，可以看出基準點確實無所不在。然而，經濟學的文獻裡，卻似乎沒有太多相關的探討。本文嘗試以「基準點」為焦點，進行有系統且深入的分析。[1]

　　探討基準點，至少有兩種重要的含義。一方面，對經濟學者而言，標明立論的基礎，可以更清楚地意識到，本身論述的基礎所在；將使論述更為完整，因而更有說服力。另一方面，對政策制定者而言，經濟分析通常隱含政策建議；對一般社會大眾而言，經濟分析則意味著一種「世界觀」（a worldview）。無論是政策制定者或一般社會大眾，突顯經濟分析的基準點，能更清楚地闡明經濟分析的意義以及和他們之間的關聯。

　　在性質上，本文是「定性」（qualitative）而不是「定量」（quantitative）的分析。蒲士納法官（1997, p.14）曾言：「經濟分析的精髓是智慧而非技巧」（The heart of economics is insight rather than technique）。基準點，可以說是經濟分析的技巧，也可以說是經濟分析的智慧。從下面的論述裡，希望可以闡明這一點。以下將討論「理論式基準點」的意義；然後針對「行為式基準點」加以分析。接著是合論；嘗試勾勒

---

[1] Lewisch（2004）探討「認同」（identification）的現象，Lindenberg & Frey（1993）分析行為上的框架。他們的研究都明確的指出參考座標的重要性；他們所分析的現象，是屬於本文所稱的「行為式基準點」。

出「基準點的理論」（a theory of benchmark）。進而引申「經濟學的世界觀」（economics as a worldview）的觀點，論證「以經濟分析為思考基準點」（economics as a benchmark）。最後是結論。

貳、理論式基準點

在社會科學的論述裡，基準點是很重要的一環；在經濟分析裡，當然也不例外。然而，無論是經濟分析或其他社會科學，基準點卻經常隱而不顯。在此我將舉例，以呈現許多論述所涉及的基準點。

對經濟學者而言，「均衡」（equilibrium）有非常重要的地位。諾貝爾獎得主貝克（Gary Becker）認為，經濟分析是由三大要素所構成：穩定的偏好、極大化和均衡。在性質上，「均衡」這個概念，隱含了兩層意義。一方面，均衡是相對於穩定的偏好，以及資源的限制等起始條件（initial condition）；根據這些主觀條件（偏好）和客觀條件（資源稟賦），再透過行為上的極大化，形成均衡。因此，這些主客觀條件，是達成均衡的基準點。另一方面，一旦達成均衡，就可以考慮：當條件改變時，均衡將如何變化。這是「比較靜態分析」（comparative static analysis），而均衡本身顯然是這種分析的基準點。此外，經濟分析裡，成本是非常重要的概念；成本，主要是指機會成本。一種資源的價值，取決於「機會成本」（opportunity cost）；也就是被放棄的各種可能用途裡，價值最高者。可見得，在經濟學家的眼中，一種資源的價值，不是來自於這種資源本身，而是「相對於」其他的運用方式。機會成本，顯然隱含了基準點的概念。

其實，除了均衡和成本之外，許多經濟論述都直接或間接的涉及某種基準點。如極大化（maximization）、最適（optimality）、效率（efficiency）等，都是以現狀（status quo）為基準點；通貨膨脹率（inflation rate）、失業率（unemployment rate）、經濟成長率（growth rate）、匯率（exchange rate）等等，也都是藉由某種基準，界定相對的比例或變化。水平組織的效率，是相對於垂直組織的效率；資訊不對稱下的情況，是相對於資訊完整時的情況；次佳方案當然是相對於最佳方案。基準點幾乎無所不在，但是似乎一直沒有得到特別的垂青。

除了經濟分析之外，在其他社會科學的論述裡，基準點也常常浮現。社會學的文獻中，韋伯（Max Weber）的「理想型」（ideal types）就是不折不扣的例子。在韋伯的筆下，這個概念至少有兩種用法。首先，如果行為者是完全理性的，而且只考慮到經濟上的利害，就像是經濟理論中的描述；那麼，行為的後果，可以看成是社會現象的「理想型」。其次，在論述時，研究者可以先標明一個特定的立場；這個立場，或許完全符合他自己的信念，或許和他的信念剛好相反。無論是哪一種情形，這個特定的立場，就是一種「理想型」。韋伯對「理想型」的用法，第一種很接近經濟分析裡「完全競爭」或「最適情況」等概念；第二種用法，則很接近法學裡的道德哲學或「法原則」（doctrines）。無論是哪一種用法，韋伯的「理想型」就是如假包換的基準點。先標明某種特定的型態，作為論述的起點或者對照比較的參考座標。

在法學研究裡，基準點的身影更是無所不在。譬如，在《正視權利》（*Taking Rights Seriously*）這本名著裡，杜爾

肯（Dworkin）認為：「以權利為核心的理論，最根本的觀念，就是個人享有某些權益，不會被任意侵犯。」他強調，「簡單的說，以權利為核心的理論，認定權利不是法律或風俗習慣的產物，而是獨立的指標；而且，能以這些指標為準，來評估法律或風俗習慣。」而且他指出，「如果贊同以權利作為理論的核心，至少會支持下列的兩個基本觀念（之一）。第一個觀念雖然模糊但是強韌無比，就是『人的尊嚴』。第二個觀念為一般人所熟悉，是『政治上的平等』。」杜爾肯認為，人的尊嚴和政治上的平等，是兩個簡單自明的概念；任何以權利為核心的理論，都應該會接受這兩個概念。無論是基於道德哲學、政治信仰或其他考量，人「應該」享有某些權利。這些權利超越法律、典章制度或其他的價值；這些權利，是思索法律、典章制度或其他價值的起點。[2] 因此，杜爾肯所揭櫫的基本原則，成為他建構權利理論的基準點。

此外，在法律的實際運作裡，各種法原則（doctrines）更是處理官司和判決的依據。譬如，韓氏法則（Hand's rule）、完全責任（strict liability）、最後明顯機會原則（the last clear chance rule）、合理注意原則（the reasonable person rule）、若非原則（the but-for criterion）、可預見原則（the

---

[2] 哈里士（Harris, 1996）的《財產和正義》（Property and Justice）是類似的例子；全書分成前後兩部分：前半段論證闡釋財產的概念，後半段則是闡揚「合理（合於正義）的財產權結構」。財產權，當然是權利的一種。要由正義的理念過渡到財產權的結構，顯然需要有適當的聯結。這個關鍵，就出現在書中第十章。在這一章裡，哈里士明確列出他認為合於正義的三個基本條件；他認為一個正常的社會（或任何一個通情達理的公民）會接受這三個條件。因此，符合這三個條件，財產權結構就是合於正義：第一，承認自然的平等（natural equality）；第二，接受選擇自主的價值（the value of autonomous choice）；第三，強調身體的尊嚴不受任意侵犯（the banning of unprovoked invasions of bodily integrity）。

foreseeable criterion）等等，在性質上都是基準點。不過，杜爾肯式的法學理論和各種法原則之間，有一種既微妙而重要的差別。杜爾肯的理論，是立基於他所信奉的道德哲學，是一種應然式（normative）的基準點；而各種法原則，往往是由歷代判例所歸納出的經驗法則，也就是一種實然式（positive）的基準點。

由以上的諸多例子可以看出，在經濟學以及其他社會科學裡，許多論述都直接或間接地採用了某種基準點。[3] 辨認出論述之下的基準點，有助於掌握論述本身的意義。還有，從基準點的角度，往往能烘托出各種論述之間的共通性，且突顯學術爭論的關鍵所在。有兩個例子可以作為明證。如寇斯1974年發表的論文，名為〈商品的市場和言論的市場〉（"The Market for Goods and the Market for Ideas"）。他認為在商品的市場裡，有供給需求，也有競爭和特殊利益；在言論的市場裡，也是如此。因此，他是以商品的市場為座標，襯托出言論出版廣播電視等活動的性質。羅森（S. Rosen）援用寇斯的架構，認定在學術的市場裡，奧國學派（Austrian School）經不起市場的考驗，已經被淘汰出局。易格（L. Yeager）反唇相譏，認為奧國學派固然人少勢弱。可是，在牛奶的市場裡，一元一票，票票等值；在真理的市場裡，不是一人一票，票票也不等值。他強調，在美術、音樂和學術的領域裡，從來就不是以「數量」來決定品質的高低。在評估奧國學派時，羅森和易格顯然是援用不同的參考座標作為比較的基準。

---

[3] 前面曾提到，在Coase（1937）中，他是以市場為基準點；在Coase（1960）中，他則是以「零交易成本的世界」為基準點。關於寇斯的論述方式，參考 Hsiung（2001, 2004a, b）。

其次，在2004年推出的網路期刊《經濟論叢觀察》（*Econ Journal Watch*）裡，有一場關於大象的爭議。柯梅爾（M. Kremer）和墨孔（C. Morcom）在2000年《美國經濟論叢》（*American Economic Review*）發表論文，探討大象的保育措施。根據特定的假設，他們建議：只要政府掌握充裕的象牙，能隨時投入市場、穩定價格；宣示效果之下，就足以有效抑制非法獵殺大象的行為。迪阿勒西（M. De Alessi）提出質疑，認為兩位作者的模型，根本是立基於脫離現實、天方夜譚式的假設；他們所得到的政策建議，更和現況相距十萬八千里、或更遠。原作者強調，他們的貢獻，是在學理上有新見；批評者則認為，他們的理論和現實相去太遠。顯然，學理和現實，是兩個不同的參考座標。

由此也可見，經濟學者和其他社會科學研究者本身的活動，也牽涉到許多不同的基準點。他們撰述論著時，是在前人的「基礎上」，往前推展；在評審別人的作品時，則是考慮和其他論述「相比」，受審作品所含有的增值到底有多少；不同的學術期刊，更是以不同的「尺度」篩選適合的文稿。每一個環節，都涉及明確或模糊的參考座標——基準點。

總結一下，在此我以舉例（而不是列舉）的方式，描述了理論式基準點。除了經濟學之外，在其他社會科學裡，基準點也屢見不鮮。而且，無論是論述本身、論述之間的論對，乃至於評估論述的價值，在在都和基準點有關。藉由「基準點」這個簡單的概念，有助於掌握學術活動（特別是社會科學、經濟學）的性質和意義。

參、行為式基準點

在日常生活之中，無論是在經濟或其他範圍裡，基準點更幾乎是無所不在。事實上，每一個人只要稍微沉思一下，就會發現基準點和自己的行為密不可分。在此也藉由一連串的事例，闡明基準點和各種行為之間的關聯。

最明顯的例子，就是每個人日常作息的「常軌」（daily routines）。早上起床後，穿衣、盥洗、沖澡；早餐的內容、進餐的速度；上班上學時，開車或步行經過的路線；和同事朋友打招呼的表情、動作；交談時的腔調、語言等等；對絕大部分的人而言，所有的這一切，大概都循著某種固定的軌跡，習以為常；日復一日，年復一年。遵循常軌，是一種說法；換一種說法，這些常軌是日常行為的依據，是生活作息所依恃的參考座標。[4] 形成這些大大小小的常軌，就和貼標籤一樣，可以大幅降低行為的成本。降低行為成本，當然有助於追求福祉、增加效用。

其次，生活裡有各式各樣的價值判斷（譬如，今天午餐的點心很好吃，昨晚的肥皂劇很好笑，明天要去看一個難纏的傢伙），而每一個價值判斷，無論是美醜善惡、是非對錯，顯然都隱含著某個基準點——即使是中性的判斷（下午的演講普普通通），也是相對於某個參考座標。事實上，人通常是在做了價值判斷之後，才會採取某種行為。譬如，貼標籤，往往有負面的含意；因此，面對一個喜歡貼別人標籤的人，

---

[4] 抽象來看，日復一日的作為其實就意味著一種「均衡」；而均衡，本身就是經濟分析中很重要的基準點。

自己會根據這種判斷,在態度上可能就有所保留。[5] 顯然,行為和價值判斷有關,而價值判斷又必然涉及基準點;可見,行為幾乎必然與基準點有關,而且理所當然。

不過,雖然基準點和行為息息相關,要明確地掌握行為時所依恃的參考點,不一定容易。由經濟學者和心理學者一系列的研究裡,可以看出端倪。諾貝爾獎得主卡尼曼(D. Kahneman)和托維斯基(A. Tversky)曾做過許多實驗,探討認知與行為之間的關聯。其中著名的實驗之一,是分別問兩組人一個問題。問題的背景是:因為某種瘟疫,可能使600人感染而死。美國正考慮採取兩種措施之一以因應。對於第一組的人,問題是:「如果採取 A 措施,200 人將得救痊癒。如果採取 B 措施,有 1/3 的機會,600 人都得救痊癒;也有 2/3 的機會,沒有任何人會得救。這兩種措施裡,你贊成採取哪一種?」對於第二組人,問題是:「如果採取 A 措施,400 人將不治死亡。如果採取 B 措施⋯(和第一組問題相同)。」本質上,這兩種陳述所描述的其實是同一回事;然而,受測者的反應,卻大不相同。第一組贊成採取 A 措施的人,要遠多於第二組。卡尼曼和托維斯基以「框架效果」(framing effect)來解釋這種現象;框架,意味著某種參考座標,也就是某個基準點。

而「終極戲局」(Ultimatum),可以測試決策者的策略和膽識:甲把 10 元分成兩份,一份留給自己,一份給乙。面對給自己的這一份,乙決定要不要接受。接受,兩個人各得

---

[5] 貼標籤,通常含有負面的意義;這也意味著,對貼標籤的做法,一般人是貼上負面的標籤。如果把貼標籤的現象,解讀成降低行為成本的作法,其實可以得到中性,甚至是正面的標籤。

自己的那一份；不接受，戲局結束，兩個人都空手而歸。對乙來說，有比沒有好，錙銖必較；甲知道乙的處境，所以可以獅子大張口，鯨吞到口的肥肉，只分一點點肉末給乙。可是，根據實驗結果，一般人似乎都有相當的正義感，會分成相去不遠的兩份；而修過經濟學的學生，所分成的兩份卻有相當的差別。這似乎意味著，經濟學使人變得比較自私。然而，對於實驗結果，卻可以有不同的解讀；因為，修過經濟學的學生，比較能體會這個實驗的遊戲規則；知道重點所在，和是否自私無關。兩種解讀，反映在闡釋實驗結果時，援用了不同的基準點。[6]

在探討就業問題時，理所當然的，經濟學者利用「效用極大」（utility maximization）的模型來分析。一個想找工作的人，會透過搜尋，萃取資訊，設法謀職。在經濟學者的眼裡，這是一個具體明確的經濟問題；找工作的人，是一個不折不扣的「經濟人」（economic individual）。然而，社會學者葛諾維特（M. Granovetter）認為，每一個人都活在社會網絡之中；他利用「鑲嵌」（embeddedness）這個概念，描述想找工作的人，會如何透過自己的人際網絡，尋找工作機會。人際網絡是一種可以利用的資源，同時也是一種侷限活動範圍的限制。無論如何，葛諾維特是由「社會人」（social individual）的角度，來探討人的（經濟）行為。經濟人和社會人的觀點，意味著找工作的人，在決定行為舉止時，是運用了不同的參考架構。

---

[6] Thaler（1988, p. 198, f4）表示：就甲和乙的背景而言，心理系的學生，對心理系的學生最慷慨；心理系的學生，對商學系的學生較不慷慨；商學系的學生，對心理系的學生最不慷慨。此外，參考 Frank et al.（1993）和 Yezer et al.（1996）。

類似的概念,也反映在人的其他行為上。三十年前,社會心理學者密耳袞(S. Milgram)和沙比尼(J. Sabini),在地鐵裡做了一個有趣的實驗。在紐約,特別是在布朗區(Bronx),地鐵座位先到先占,是約定俗成、幾乎是天經地義的事。然而,當學生假扮成乘客,向坐著的乘客說:「對不起,我能不能坐你的位置?」("Excuse me, may I have your seat?")竟然有68%的乘客讓出座位。該怎麼解釋這種現象呢?在生活裡,多的是幫別人忙的經驗,譬如借個火、借過、借手機、問路等等;因此,當別人開口要座位時,面對這個突如其來的問題,很多人不是想到「先到先坐」這個遊戲規則,而是以「幫別人忙」這個念頭來因應。「先到先坐」和「幫別人忙」,顯然代表著兩個不同的行為依據。當然,如果經常碰到有人要座位的情況,乘客們可能就會有不同的反應。

關於行為式基準點,最後一個例子是投票行為。在大範圍的選舉裡,選民有幾十萬、甚至數百萬;自己的那一票,成為最後決定勝負的關鍵,機會微乎其微。可是,去投票要花時間,看政見要耗費心力。成本明確,效益幾乎為零;那麼,為什麼每次選舉,還有那麼多的人會去投票。這就是著名的「投票謎思」(voting paradox),經濟學和政治學中皆有詳盡的探討。對於許多選民而言,「影響選舉結果」是去投票的諸多原因之一。在選情緊繃的時候,這個因素可能是重要的考量。可是,在一般情況下,其他的考慮,可能才是選民腦海裡浮現的理由。對許多人而言,平日會按時繳稅、駕車時會遵守交通規則、也樂於助人;在自己的心目中,對自己有著不錯的自我形象。而選舉時去投票,就符合自己的自我期許。「選舉輸贏」和「自我形象」,顯然是影響行為

不同的基準點。[7]

　　總結一下，上述論述探討了生活中、行為上的諸多基準點。由這些事例裡，可以體會到，行為和基準點密不可分。由基準點來了解行為，可以勾勒出不同行為、不同情境背後的共通性。辨認出特定行為所涉及的基準點，才能真正掌握影響行為的關鍵因素。

肆、合論：基準點

　　前述分別提到了理論式和行為式基準點。很明顯的，基準點無所不在；不過，關於基準點這個概念本身，前述並沒有深入地著墨。在此，將嘗試分析基準點這個概念。有幾個重要的問題，值得琢磨：怎麼界定基準點？基準點所發揮的功能，到底是什麼？強調基準點這個概念，對於經濟理論又有什麼好處？

　　追根究柢，基準點的意義，其實非常簡單明確。基準點，就是指一個參考座標、標竿或對照比較的依據。幾乎任何人事物，都可以成為基準點。最明顯的例子：0和1不同，兩者可以互為基準點；0和0一樣，兩者也可以互為基準點。這兩種比較，只是反映了相同或不同的物件，是中性的，並不涉及價值判斷。不過，一旦基準點和行為有關，通常就涉及價值判斷。譬如，如果這些數字是每週超速的次數、或每週捐款給慈善事業的次數，0和1的相對差別，就隱含某種

---

[7] Lewisch（2004）認為，選民經由「認同」可以增加效用。看電影時，可以認同好人或壞人；投票時，也可以認同候選人甲或候選人乙。

價值判斷。[8]

在性質上，基準點是一種「工具」（tool）。透過這種工具，人們可以有效地因應環境，自求多福。這種工具，未必能解決所有的問題，但是卻能使生活簡單許多。[9] 利用各式各樣的基準點，人們可以更有效的面對環境；消極的除弊，積極的興利。兩者，都有助於人這種「聰明動物」（clever animals）的生存和繁衍。而基準點的形成，有許多不同的來源。行為式基準點，主要是人在成長、社會化的過程裡，逐漸學習和內化而成。譬如，卡尼曼和托維斯基發現，在面對「損失」（loss）和「利得」（gains）時，人通常有不同的反應。雖然都是相對於「現況」（status quo），損失和利得卻未必像 -5 和 +5 一樣是在同一個維度（dimension）上。相對於現況，「損失」意味著手中的資源會減少，就像到口的肥肉又丟了；相對於現況，「利得」意味著手中的資源將會增加，就像把藤上的葡萄採到口袋裡。前者的感覺，由有到無，是具體的；後者的感覺，由無到有，只是一種期望，是抽象的。到口的肥肉丟了，自己的責任大；採不到藤上的葡萄，未必是自己的責任。兩相對照，「損失」對自己的意義較「利得」來得明確。[10] 和行為式基準點相比，理論式基準點則是（經

---

[8] 人的許多行為雖然和價值判斷無關，但是也隱含了基準點；譬如，進了屋子，覺得光線不夠而開燈；「光線不夠」的判斷，顯然涉及某種基準點——能看清屋內的明亮程度。這些行為是認知科學（cognitive sciences）探討的材料。社會科學所探討的行為，則多半和價值有關。

[9] 這是諾貝爾獎得主諾斯（North, 1990）的說法，他認為風俗習慣等「非正式限制」（informal constraints），可以簡化人生，提升人際互動的效率。

[10] 最早的文獻為 Kahneman & Tversky（1979）。此外，參考 Kelman et al.（1996）。

濟學等）專業領域裡，由論述中逐漸累積而成。無論來源為何，都是在發揮工具的作用，幫助行為和論述。

既然基準點是一種工具，也就具有一般工具的特性。常用的工具，比較嫻熟；不常用的工具，比較生疏。[11] 昂貴重要的工具，小心收藏維護；平常普通的工具，不妨因陋就簡。也就是，對於基準點的運用，也符合成本效益的考量。譬如，日常生活作息的常軌，是常用的基準點，所以應付裕如；一旦面臨新的工作或生活環境，沒有熟悉的基準點可以依恃，舉止動作自然容易雜亂無序。還有，自己執著的信念或所在乎的倫常關係，是影響行為重要的依據；因此，行為上些微的差池，都會引發濃厚的自責或罪惡感；這種自我設限的獎懲機制，目的就是要維護精緻珍貴的工具。相反的，對於無可無不可的原則或人際關係，即使自己行為逾矩，情緒上也不會有太大的起伏。現象不同，但是道理相通。

釐清基準點的定義、性質和功能，有非常明顯的好處。具體而言，無論是行為式或理論式基準點，都可以藉由兩個問題來檢驗：在形成判斷、採取行為或進行論述時，採用的是「哪一個」（which）基準點？還有，「為什麼」（why）採取這個基準點，而不是其他基準點？

就行為式基準點而言，基準點的汲取，主要是透過社會化和人生歷練而來。也就是，這些五花八門、大小不一的基準點，是根據「經驗方程式」而來。可是，一旦面臨這兩個問題──哪一個基準點？為什麼？──等於是要為自己的決

---

[11] Cosmides & Tooby（1994）強調，人的「理性」（rationality）也受到成本效益考量的影響。常出現的情況，人的理性程度較高。

策,提出一種合理化的說辭。因為,對同一個情境而言,可以援用的基準點有很多;為什麼選的是這個,而不是其他的?若能說出一番道理,等於是為自己的決策和行為,提出一種「因果關係」(causal relationship)的解釋;「因為」有某種考慮,「所以」採用了這個基準點。[12]

譬如,在工作上受了委曲,怎麼辦?要據理力爭呢,還是要委曲求全?如果採取的基準點是「吃虧就是占便宜」,或「退一步海闊天空」,或「天將降大任於斯人也」,選擇委曲求全當然合情合理。相反的,如果採取的基準點是「馬善被人騎」,或「士可殺不可辱」,或「爭千秋也爭一時」,選擇據理力爭也就理直氣壯。因此,第一步,是釐清「採用了哪一個基準點」;第二步,則是問「為什麼」。無論最後選擇如何,稍稍自省,總可以找到自圓其說的理由。譬如,因為人浮於事,妻小嗷嗷待哺,又上有高堂父母,所以採用一種基準點;或者,因為事浮於人、事業上有靠山,所以援用另一種基準點。

透過這兩個問題,不但能辨認出決策和行為的基準點,還為決策及行為提出解釋。更深層的意義還有兩點:既然有諸多可能的基準點,而且各有各的相關條件;因此,人可以、也應該提醒自己,要有意識地選擇較好或較合理的基準點。經常思索「是什麼、為什麼」這兩個問題,有助於提升思惟決策的理性。理性程度提高,長遠來看,當然有益於決策的品質。其次,能夠回答「是什麼、為什麼」這兩個問題,也

---

[12] 在 Gigerenzer & Selten(2001)裡,討論由演化過程中,人們所形成的許多「快而省」(fast and frugal)的行為法則;檢驗文中所提到的兩個問題,有助於掌握這些行為法則的潛在邏輯。

就是能解釋「因果關係」。抽象來看，掌握因果關係，也就意味著面對變化時，具備了因應的能力。譬如，前面的例子：受了委曲，要如何因應？如果家裡多了一個小孩，負擔加重；自己就更有理由忍氣吞聲、培養韌性。如果自己將轉業或榮升在即，大可以直道而行、義無反顧。檢驗行為式基準點，有助於增加行為者的理性。

就理論式基準點而言，同樣也可以問「是什麼、為什麼」這兩個問題。對於經濟學者來說，回答這兩個問題，也有一些重要的含義。首先，經濟學者分析的對象，是人的行為；而且，這是指人在真實世界裡的行為，而不是想像的、存在於經濟學者腦海中的行為。寇斯提醒經濟學者，要深入了解「生產的制度性環境」（the institutional structure of production）；其實，更廣泛的來說，這是指「行為的制度性環境」（the institutional structure of behavior）。無論是探討找工作、投票、玩益智遊戲、面對突如其來的情境，乃至於一般的行為，經濟學者都必須試著掌握真正影響行為的基準點。

其次，明確的處理「是什麼、為什麼」這兩個問題，可以使論述的意義更完整清晰。無論是其他的經濟學者，或其他的社會科學研究者，可以更清楚地了解論述的基礎、依據和相關的理由。在溝通論對時，也就可以避免雞同鴨講、牛頭不對馬嘴、各說各話的差池。檢驗理論式基準點，有助於增加論述的解釋力，以及對其他學者的說服力。

總結一下，基準點，在性質上是一種工具；既然是工具，也就受到相關成本效益的影響。掌握這種工具的性質，能提升行為的理性程度，也能增進論述的威力。

伍、經濟分析為基準點

前述先介紹了理論式和行為式基準點；然後，再由「工具」的角度，闡釋基準點的性質、意義和形成的過程。以下將延伸前面的分析，並且加入新的考量。具體而言，下述將論證，經濟分析可以、而且值得成為社會大眾思惟舉止的基準點。

在經濟學文獻裡，已經有許多討論，認為經濟分析隱含一種「世界觀」。經濟學的世界觀（the worldview of economics），像是一副眼鏡；透過經濟分析的鏡片，認知社會百態，並且作為因應取捨的基礎。因此，在這層意義上，經濟分析是一種工具，而且可以廣泛地應用到生活的各個領域裡。以經濟分析作為思索行為的依據，主要是基於幾種原因。首先，眾所周知，1960年以來，經濟學者擴充研究範圍；在寇斯、布坎楠、貝克和諾斯等人的領軍之下，經濟學者大舉進入法學、政治學、社會學和史學的領域裡，而且成果輝煌。經濟學者能大幅擴充版圖，當然也就意味著：經濟學的分析架構，能運用在諸多範圍裡。

其次，對於學術活動，孔恩（T. Kuhn）清楚地指明：歷代的學者，都援用當時引領風騷的典範。不過，當學術環境裡主客觀的條件改變之後，典範也會隨之遞移。同樣的，海伯納（R. Heilbroner）也論證，歷史上處於不同時期的人們，對「未來」有不同的認知和憧憬。此外，蓋爾布萊茲（J. Galbraith）指出，歷史上主導社會的「權力」有明顯的變化。從獸力、到機械、到說服，是權力形式的變化。處於不同時期的人，無論在思想或行為上，當然也會受到不同的影響。

因此，在不同的自然、物質和人文條件下，人們會發展出不同的世界觀，以作為思索和行為的依恃，顯然合情合理。再其次，一般社會大眾，往往以「經驗方程式」因應環境。而強調基準點，檢驗「是什麼基準點」和「為什麼採取這個基準點」這兩個問題，有助於辨認因果關係；對於思惟舉止的理性程度，有明顯的幫助。

最後，無庸置疑的，工業革命之後，生產方式的改變，使量產（mass production）成為可能；再加上科技不斷的進展，經濟活動像滾雪球般的不斷膨脹擴大。在廿一世紀初，經濟活動和市場，已經成為主導人類生活的最重要因素（之一）。地球上絕大部分的人口，無論食衣住行，都直接間接受到市場的影響。而且，市場、交易、成本效益的因素，更慢慢滲入生活的各個層面。經濟活動的思惟，正不知不覺的蠶食鯨吞，影響人們的思惟。

結合上面幾點因素，在市場經濟主導的環境裡，把經濟分析當作安身立命、生活處世的世界觀、參考座標、基準點，顯然有積極正面的意義。這種立場，可以由兩方面來考量：在實證（positive）上，這種趨勢已經是不爭的事實。廿一世紀初的人們，特別是生活在資本主義體制裡的人，在思惟方式上，顯然和農業或遊牧社會裡的人不同。這是事實，而且是自然形成。在規範（normative）上，經濟學者們普遍相信，透過經濟分析，有助於做較好的決策，能提升資源運用的效率。因此，不只是政策制定者，如果一般社會大眾也能具有經濟學的世界觀，理性思惟的程度將增加，資源運用的效率也當然會水漲船高。和追求「財富極大」這個目標相比，「增進思惟品質」顯然是另一個明確、可以追求、值得追求的目標。

如果要以經濟分析為基準點，下一個問題當然是：什麼樣的經濟分析，可以成為一般社會大眾仰仗依恃的工具？關於這個問題，至少有兩個明確的方向，可以作為討論的起點。首先，是貝克念茲在茲的經濟分析，他認為：穩定的偏好、極大化、均衡這三個概念，能構成強而有力的武器，可以義無反顧地攻城掠地。然而，這三個概念，往往和數學模型密不可分；對一般人而言，很少在日常生活、思索舉止時用上數學。而且，對社會大眾來說，也無從體會且掌握這三個概念。貝克的武器，可能是專業經濟學者的利器，但是不太容易和一般人產生聯結。

其次，是與貝克相反，另一個極端。貝克的架構，是一種由上而下的方式；以簡馭繁，以基本馬步和核心招術，反覆運用。相對的，是一種由下而上式的剪裁方式。前文曾經指出，在行為和判斷時自問「是什麼、為什麼」這兩個問題，可以辨認出個別情境的因果關係，以及所對應的利害考量。而且由各種不同的情境裡，可以得到諸多「點的智慧」（pointwise wisdom）；累積足夠的智慧之後，自然會慢慢歸納出背後的共同性，最後得到一以貫之的邏輯。新藥上市、投票行為、找工作、終極遊戲等研究，都具有類似的特質；雖然情況不同，但都突顯了各種情境下，行為者所援用的參考座標，以及其所牽涉的利弊得失。因此，經由這種方式所歸納出的分析和判斷，是另一種可能的思惟架構。

除了這兩種極端之外，經濟學的世界觀，當然還有很多其他的可能。其中之一，是在這兩者之間的一種折衷。目前許多《經濟學原理》教科書裡，多半都開宗明義，以條列的方式，列舉經濟分析的主要結論。這些結論，是經濟分析的

智慧結晶。如果能進一步修飾遣詞用字,避免經濟學的專有名詞和術語;而且進一步強調且闡明,這些智慧結晶,不僅適用於「經濟」領域,也能廣泛的運用在其他領域裡。那麼,這些由歷代經濟學者所累積沉澱出的精髓,事實上可以成為一般人思索判斷的參考座標。

最後,當然是推展的問題,如何使經濟學的世界觀,成為一般社會大眾安身立命、自求多福的參考座標?在資本主義社會裡,一般人由本身的經驗,會自然而然的琢磨出某些經驗方程式。不過,就專業的經濟學者而言,至少有兩點具體的作法,可以作為著力點與出發點。第一,在大學及學院裡,除了經濟系學生之外,還有很多非經濟系的學生也修習經濟學。對他們來說,經濟學是通識教育的一部分,他們將來不會以經濟金融為專業;經濟學裡「知識」的部分,重要性較低。相形之下,了解諸多「事實」,比不上萃取經濟分析的思惟方式。因此,在這一類的課程中,經濟學者可以試著減少「經濟學」的比重,而增加「經濟思惟」(economic way of thinking)的份量。

第二,在經濟學者之間,也值得花時間,嘗試勾勒出「經濟學世界觀」的容顏。具體而言,針對這個主題,可以透過研討會、期刊專輯,或是學術團體年會論壇等方式,提出觀點和交換意見;希望能引發注意,使「經濟學世界觀」這個題目,本身成為一個值得投入氣力心血的園地。日積月累之後,經濟學者之間會慢慢形成某種共識,也就是主流意見。這時候,經濟分析會包含兩個重點:關於「經濟活動」的部分,以及關於「經濟思惟」的部分。對於經濟專業人員,前者比較重要;對於人數更多的一般社會大眾,後者的重要性顯然要大得多。

陸、結論

　　本文一開始，引用寇斯的一段話；他認為，「交易成本」有點像小說中那位郵差一樣，因為無所不在，反而讓別人視而不見。契斯特頓的小說和郵差這位人物，是寇斯用來烘托「交易成本」這個概念的基準點。同樣的，本文以寇斯的引言揭開序曲，也是利用一個大家熟知的故事，作為立論的基準點、出發點。

　　可見基準點確實無所不在；可是，也許就是因為幾乎無所不在，反而沒有得到太多注意。由本文以上的敘述可以看出，人的行為幾乎都和基準點密不可分；那麼，有沒有與基準點無關緊要的情形呢？試想，在讀或看《羅密歐與茱麗葉》時，讀者和觀眾沉醉在故事情節的起伏裡。「經驗」本身是重點，和基準點無關。或者，更俗氣的例子，吃麥當勞的漢堡時，口腹感官那種「真實的感覺」是重點，也和基準點無關。因此，似乎至少在某些場域裡，基準點不是那麼重要。不過，是嗎？恐怕也未必。

　　《羅密歐與茱麗葉》的故事很感人，不就隱含著和其他故事、其他情節相比，這個故事特別動人嗎？在感受且認知眼前這個故事時，不是以過去累積的經驗為背景（基準點）嗎？而且，今後再讀或看其他的愛情故事時，《羅密歐與茱麗葉》這個故事本身，不又成為一個對照比較的依據嗎？同樣的，吃麥當勞漢堡的感覺，不也是和吃其他漢堡的感覺互相輝映競爭嗎？可見得，「經驗」本身，並不是客觀存在、獨立於人之外；經驗的意義，是由人所賦予決定的。眼前的經驗是由過去累積的經驗來闡釋。同時，眼前的經驗，也將成為資料庫的一部分；在闡釋未來的經驗時，成為烘托對照

的基礎。還有,同樣一齣《羅密歐與茱麗葉》,初看的人和看過一百次的人,感受不同;眼前的經驗一樣,但是兩種人的「資料庫」不同,對經驗的闡釋也就不同。基準點的重要,可見一斑。

在經濟分析裡,許多概念都有操作性的內涵;譬如,極大化和均衡,都可以藉數學來界定。相形之下,基準點是一個比較單純的概念;不過,在實際的運用上,基準點是一種慧見,也同時是一種技巧。是慧見,因為經濟分析通常會得到條件式的判斷(conditional statement);因此,標明條件所在,也就是立論的起點非常重要。同時,基準點也是一種技巧,藉由檢驗「是哪一個基準點」以及「為什麼是這個基準點」這兩個問題,可以提升思惟的品質,也可以使論述的意義更清晰完整。

本文主要的論點,可以總結如下。首先,對經濟學者和一般社會大眾而言,基準點都很重要。為了簡化敘述,基準點可以分成兩類:理論式基準點和行為式基準點。其次,(經濟)學者論述時,是根據現有的成果為基礎,往前添增新見;論述與論述之間的爭議,往往是因為援用了不同的基準點。再其次,人的行為,通常隱含「認知、思惟、反應」的過程;無論是哪一個環節,都是以過去累積的經驗為基準。一般人所在乎的因素,可能和學理上想當然爾式的判斷不同。抽象來看,基準點是一種工具;在工具的選擇、運用和維護上,都受到成本效益考量的影響。還有,一般人的世界觀,是經驗方程式;而經濟分析,則隱含行為方程式。經濟分析所隱含的世界觀,經過適當的剪裁和包裝,確實可以作為一般人思惟判斷的依據。

和其他社會科學（這個基準點）相比，經濟學有著帝國主義般的驕氣和霸氣；然而，和其他世界觀（這個基準點）相比，經濟學的世界觀可能有相當的說服力。顯然，在理論和實際上，基準點都很重要！

第十五章
財政學、憲法經濟學和憲政改革

　　本文由憲法層次探討憲法結構對民眾福祉的影響。憲法是一種「工具」，這種功能性安排的目的是在追求社會成員的福祉。憲政結構的設計可以由「成本」的角度加以分析，以成本的高低作為評估高下好壞的尺度。

　　臺灣地區的經驗，可以看成是由「子民社會」過渡到「公民社會」。在過渡階段裡，將出現各種利益團體角逐潛在利益。因此，利用修憲的時機，可以在憲法中主動設限，以防範財政問題繼續惡化。

壹、前言

　　「修憲」對一個社會來說含義深遠。這一方面反映了這個社會有潛力，可以藉著調整基本的遊戲規則而追求社會成員更高的福祉。一方面也表示這個社會有條件、而且能夠以一種和平的方式來調整基本規章。同時，「修憲」也是一個反省和檢討的過程，大家可以在這個過程中，重新思索過去所共同經歷的經驗，然後斟酌今後取捨的方向。

　　雖然「修憲」是很重要的大事，可是大部分的民眾似乎對修憲的事不聞不問，甚至不知道有修憲這回事。這其實不

能怪一般民眾,在我們這個社會裡,孩童成長的社會化過程中,幾乎沒有機會認識且體會憲法的意義。不但一般民眾如此,甚至連知識分子也多半認為憲法離自己很遠,修憲該由憲法學者、政治學者和政治菁英主導。可是,既然憲法是規範社會整體的行止,理應得到大部分民眾的注意和重視。然而現況並非如此,這顯然是很令人驚訝和遺憾的。

本文是以財政學和憲法經濟學的觀點,思索修憲的問題;除了在概念層次上討論憲法的性質和功能之外,還嘗試把概念上的探索結合在一起。主要的目的並不在於找「標準答案」,而在於嘗試從不同的方向來看,來思考與我們自己有關的一個重要問題。

貳、憲法的性質與功能

要討論修憲問題,最根本也最重要的問題是:憲法到底是什麼?功能何在?雖然大家都耳熟能詳「憲法是國家的根本大法」,也有一部分憲法學者認為「憲法的基本目的是在保障個人的權益」。可是,這兩種觀點的內涵到底是什麼呢?在釐清有關憲法的一些基本觀念之前,可以先用兩個例子來反映憲法的含義。

一、兩個例子

假設有一個社會裡有一萬個居民,這些人分散而居,每個人住在一平方公里的土地上。既然彼此遙遙相隔,不聞雞犬之聲,最多在婚喪嫁娶時往還一番,因此大概也不需要簽訂「憲法」來規範彼此。相反的,假設另外一個社會同樣有一萬個居民,但全部都住在一平方公里內;這時候彼此摩肩接踵、買賣

互利的機會多得很,可能就慢慢摸索孕育出一些眾人共同接受的「習慣」和「規矩」。當社會進展到某一種程度,就可能會因為「需要」而簽訂一部「憲法」。

考慮另外一個例子:在成文憲法裡,往往訂有「人民的工作權及財產權應予保障」這樣的條款。可是,這個條款的實質內涵是什麼呢?在非共產主義社會裡,保障私有財產是眾所服膺的原則。然而,私有財產要保障到什麼程度呢?以汽車失竊為例,為了保障私有財產,政府該花多少錢來追緝偷車賊?要讓破案率達到百分之六十、百分之八十,還是百分之百?不同程度的破案率,隱含要投入不同水準的人力物力;所投入的這些人力物力最後都是由你我這樣的公民納稅支應,你我「願意」有多高的破案率?同樣的,保障工作權,是指維持一個正常健康的大環境呢?還是要實際的提供工作?如果是後者,要提供哪樣的工作條件才算是「保障工作權」呢?

這麼看來,「憲法」的意義到底為何似乎不是那麼簡單明確。追根究柢,憲法到底是什麼呢?這可從憲法的性質和憲法的目的這兩方面來看。

二、憲法的性質

由最簡單的情形開始考慮。在一個人自處的世界裡,一個人可能為自己設下一些要遵守的「規則」。譬如:不熬夜、不說謊話(或不說實話)、不吃甜食、不在下雨的時候出門……等等。同樣的,夫妻生活在一起,也會發展出一些類似的「規則」。譬如:賺的錢放在一起後平分、太太做飯先生洗碗(或相反)、吵架不能超過一個星期等等。這些規則或鬆或緊,都

是在規範行為,差別只是在於「自己的」規則和「兩人之間的」規章。這些規章中最嚴格的,可以說就是「憲法」。

人多的時候情形當然複雜得多,因為共同面對的問題要多得多。人多的時候要解決交通(路由那裡過、公路還是鐵路)、治安、環保和教育的問題等等。為了處理這些問題,會訂出一些規則。就和夫妻兩人之間的情形一樣,這些規則中最基本最重要的就是「憲法」。因此,追根究柢,憲法就是眾人解決眾人之事的一些「規則」。

憲法既然是「規則」,也就具有所有「規則」的性質:規則是人訂的,所以不是「絕對的」,是可以調整的。而且,規則本身絕不是「目的」,只是為了實現某種目的所設計出的「手段」。換句話說,憲法這個「規則」只是一種「工具性」的安排。當然,接著要問的問題是:如果憲法只是實現目的的工具,那麼憲法所要實現的目的到底是什麼?

三、憲法的目的

對於這個問題,有人認為:憲法的目的是在保障國家安全、社會的福祉;有人可能會加上條件:在保障國家安全的前提下,追求全民的福祉。但是,仔細想想,個人的價值高於一切,憲法的根本目的,事實上是讓社會的組成分子能追求自己所認定、所重視的價值。也就是說:社會的各個成員是主體,他們都希望能追求且實現自己的目標,但是他們也意識到社會上還有其他的人。既然大家無可避免的要在一起過日子,所以會共同摸索出一些彼此都能(勉強)接受的規則,以這些規則來約束並規範彼此。此外,為了能追求自己認定的目標,必須有安全的環境和穩定的秩序;因此,為了維護彼此所認同的「國家安全」和「社會安寧」,個人必須放棄或付出的一些權益。

可是，這一切的一切都是由「個人價值」為出發點來考慮，而不是由國家的立場來規劃。而且，由個人價值出發所訂下的規章，才真正符合「民有民治民享」的概念。

「憲法是實現個人價值的工具」這種看法，也許有很多人不能接受。這個觀點當然值得作進一步的說明，這可以從積極和消極這兩方面來看。

從消極的角度來看，如果憲法不是為實現個人價值所設計出的工具，而是為了追求社會或國家價值、而且具有絕對的地位。那麼，既然有個人價值之外更高的價值，這些更高的價值當然需要「被界定」、「被闡釋」。因此，執政的黨派（不管是哪一個黨派），當然會根據自己黨派的利益來界定、來闡釋所謂國家利益和全民福祉。可是，黨派的利益並不等於個人的利益。個人有一念之私，黨派當然也有。而且，許多人向來視「大我」凌駕「小我」為理所當然，於是渺小的個人對於公共事務也只好聽天由命、無庸多議。其實，以憲法作為實現個人價值的工具，國家的利益當然也隱含在其中矣！

從積極的角度來看，既然憲法是實現個人價值的工具，理論上「每一個公民」顯然都可以無庸外求，根據自己的意願，表達對憲法這個「規則」的看法；也可以對有切身利害的這個「工具」臧否。因此，不管是制憲或修憲，都不再只是法政學者、黨政精英或幾人小組的事。每一個公民都「有權」而且「應該」，主動地表達自己希望憲法是如何。這種由下而上、由部分而整體的彙整意見，才能積極地反映憲法為「全民所有」的基本精神。而且，這種方式所制定或修正的「規則」，也才可能為絕大多數的社會成員所認同並支持。

因為我們要和其他人一起過日子，所以要制定一些「規

則」來約束彼此,好讓我們能追求自己所珍視的價值。因此,這些「規則」是實現個人價值的工具。在討論修憲問題時,這是值得先澄清的一點!

參、成本和效益的考慮

對於憲法的功能和目的,當然有很多種不同的看法;可是,如果接受「憲法是工具性的安排,目的在於實現個人價值」這種觀點,那麼憲法的內容又應該是如何呢?

一、工具性的安排

要探討這個問題,可以先對憲法這個「工具」的性質,以及「個人價值」的內涵稍作檢視。粗略的說,憲法創造了「政府」,也規劃了「政治過程」。因此,對「政府」和「政治過程」作簡要的刻劃,可以反映憲法這個「工具」的一些性質。

「政府」可以說是社會成員們透過制定憲法所創造出的「代理人」,這個代理人有龐大的組織和眾多的人員。三言兩語當然不足以深究政府的性質;不過,由一些具體的事例中可以稍稍感覺出政府的特性。

1. 政府機構的建築和民間公司的建築相比,一般而言前者的空間較大(或者說在空間運用上比較奢侈);但是,後者的施工品質比較好。
2. 政府機構辦事比較刻板、比較沒有彈性。
3. 和民間企業相比,政府對資訊的吸收和消化在速度上要慢一些。
4. 企業家有利潤動機、面臨競爭的壓力,所以比較不浪費。比較起來,政府在資源運用上比較浪費。

5. 政府這個組織的規模和權力都遠超出民間公司,所以在提供某些服務上(譬如社會保險),能力要超過民間公司。
6. 政府這個代理人也會發展出自己的生命,官員不全都是無一念之私的人,往往會設法擴充自己的職權以及能掌握的資源。

二、「市場」和「政治過程」

這些現象毋需以好壞高下判定,只不過是反映「政府」這個組織的一些特性。其次,是「政治過程」的特性。政治過程指的是選舉、代議這些制度。由經濟學者的角度來看,個人在「市場」裡透過買賣得到各式各樣的商品,以滿足自己的需要;個人也透過選舉代議這個政治過程,得到國防、治安、交通建設這些服務。但是,在性質上,「市場」和「政治過程」有很大的差異。

在市場裡,交易的媒介是貨幣;在政治過程裡,「交易」的媒介是選票,一人只有一張。在市場裡,除非你自己做選擇,要不然別人不會幫你做決定;在政治過程裡,即使你不做選擇,還是有人會當選。而且,你投票支持的候選人不一定會當選,你贊成的建設不一定會實現。最重要的一點差別:在市場裡,你口袋的錢是你的,貨架上的商品是老闆的。買賣之後東西易手,財產權的歸屬清清楚楚。但是,在政治過程裡,財產權是不斷的「被界定」和「被創造」。一旦決定國教延長為十二年,國民受教育的「權利」(財產權的一種)就有新的內涵。一旦決定興建高速鐵路,營建業者和沿線可能設站的地主所擁有的財產,顯然和以前大不相同。

從這些簡單的敘述中可以約略看出:政治過程是由眾人

所參與,雖然做決定的過程粗糙而不細緻,但卻隱含著可觀的利益可以「被實現」或「被攫取」。那麼,在這種背景之下,既然憲法是追求和實現「個人價值」的工具,個人會如何設計憲法這個工具呢?這顯然要看個人如何實現「個人價值」。

前面曾經提過,個人為了追求自己的福祉,會為自己訂下一些規則。在某些情形下,這些規則會對個人造成限制,因而減少個人的福祉。譬如:規定自己不得吃甜食、三十歲之前不得結婚等等,顯然有很多時候會造成困擾。但是,長遠來看,自我設定這些規則的目的,在於增加個人長期、整體的福祉。因此,在設定這些規則時,個人會考慮到這些規則所隱含的「效益」和「成本」。個人規則如此,眾人之間的規則也是如此。每個人可以自問:對我個人而言,憲法的效益和成本各是什麼?

三、成本

憲法的「效益」後面還會討論,所以暫不處理。就「成本」而言,個人可以從有形的成本和無形的成本這兩方面來考慮。

無形的成本是對個人行為、心理上所造成的約束和不便。譬如:憲法一旦規定(男)國民要服兵役,男生的自由顯然少了一些。但是,對個人而言,徵兵制和募兵制又有不同的成本。又譬如:如果憲法明訂要全民健保,個人就喪失了不參加全民健保,而自己去買私人保險的自由。

有形的成本非常具體:既然制定憲法這個規則要花錢,既然維持憲法這個規則所界定的「政府」和「政治過程」也要花錢;而追根究柢,這些錢都是由你我納稅支應;那麼,你我願意負擔多少的稅負呢?

更具體一些：個人可以從「成本」的觀點，思索有關憲法的各種問題。雖然「政府」和「政治過程」有很多優點，但個人也知道政府的行政人員不全是無一念之私者，政府會浪費、會犯錯；政治過程粗糙又不細緻、還有利益集團上下其手；而這一切的一切都要由稅負來支應。因此，每一個人都可以自問：自己願意繳多少稅來支持這些？

這種由個人成本的觀點來看憲法，具體而微的反映了財政學者和法政學者對憲法闡釋的差異。有些法政學者認為，憲法的目的是在實現某些至高無上、超越個人的目標，而賦予憲法絕對地位；另一些法政學者認為，憲法的目的就在保障基本人權。可是，財政學者問的問題很簡單：憲法（只）是一些眾人共同生活的規則，你我願意付出多少來支持這些規則？這些觀點當然有很不一樣的含義。每一個人都可以想一想，由哪一種觀點比較可以掌握住憲法的本質，比較可以平實具體的討論憲法的內容和結構？[1]

由「成本」的觀點出發，可以對憲法的內容有很清楚的取捨標準。舉例而言，保障全體民眾免於飢餓的成本較高，保障全民言論自由的成本較低。因此，「可以」對言論自由做比較週全的保護。中央和地方政府的權責的劃分，不在於抽象的指標，而「可以」純就成本的考慮來界定。由中央政府做成本較低的事，就由中央政府來做；由地方政府來做成本較低的事，就由地方政府來做。

---

[1] 「憲法經濟學」這一門學科由財政學者發展而成並不是偶然。1986年諾貝爾獎得主布坎楠教授，本質上是一位財政學者。他由財政的收支問題出發，想到財政措施的「決策過程」，再探討這些過程的「規則」，最後歸納出「憲法」的意義。

由「成本」的觀點考慮，也可以比較平實的看出政府的權限所在。由政府處理問題隱含一種成本，由民眾自己解決隱含另一種成本。取捨的準則，就在於哪一種成本較低。因此，並沒有什麼事是政府「應該」做的。教育不一定要由政府來辦，醫療衛生也不一定要由政府介入。稍微極端一點的說，即使連國家安全這種事，也都不一定（完全）要由政府來提供（想想「協防條約」的意義）。

「成本」當然也不是一清二楚的觀念。對於同一件事的成本，不同的人會有不同的評估，而且成本的多少會受到許許多多環境、時空因素的影響。這事實上反映出憲法這個規則的時空性——當環境改變使「成本」變化時，憲法這個規則就可以、也應該跟著調整。但是，更重要的是，從「成本」的觀念來考慮，可以更清楚、更具體的看出「憲法是實現個人價值的工具」這個觀點的含義。簡單的說，每一個人都可問自己：如果我有一百塊，我願意付出多少錢來維持政府這個組織，讓政府去提供各種服務？

肆、制憲和修憲的意義

把憲法看成是「社會組成分子為實現個人價值所設計的規則，是一種工具性的安排」，讓憲法和社會每一個人之間產生直接的牽連。對個人而言，憲法不再是遙不可及或事不關己。可是，即使接受這種觀點，也接受設計或修訂憲法時要以「成本」作為取捨的準則，這些觀念對實際的修憲到底有什麼啟示呢？對「制憲」和「修憲」的差別，我們可以先作一些概念上的探討。

一、制憲階段

觀念上來說，學者認為在制憲階段中，個人好像都在一層薄紗後面。既不知道自己當時的身分地位，也不清楚薄紗掀起之後個人的稟賦背景。因此，因為「無知」，這些開國元勳可以「無私」的制定憲章。就實際情形而言，制定憲法的元老們當然不是無知。在制憲之前，他們已經有一段共同生活的經驗，也許已經有地區性的小型政府組織。因此，在簽訂憲章時，這些締約者一方面根據自己的經驗，一方面擷取其他社區的（歷史）經驗，才可能評估各種規則所隱含的「成本」，然後再作權衡取捨。

在制憲時，這些簽約者都已經知道自己的身分，但在程序上還是可以預先規劃，使這些締約者制憲時處在「類似於」無知之幕的後面。譬如說，當一群（行政、地理）單位要合組聯邦時，可以由代表先在制憲會議中通過憲法草案，再讓各個區域逐次審議，並對憲法草案進行表決。等三分之二的區域都通過，憲法草案才真正成為聯邦的憲法。對非聯邦國家而言，也可以在制憲代表通過憲法草案之後，把草案交給全體公民複決。

由各組成單位或全民複決有好幾層意義：第一，因為制憲代表本身不具有絕對的權力，所以比較不致於藉由地位和職權要脅謀利。第二，因為還要由各組成單位或公民複決，所以在擬訂憲法草案時會顧慮到複決者的意願，也才比較可能擬訂出為各方所接納的條款。第三，經過複決的過程，社會的組成分子對憲法有較高的認同感。憲法成為「他們自己」的憲法，而不只是「制憲代表」的憲法。

二、修憲階段

「修憲」和「制憲」當然很不一樣。制憲完成之後等於是把那層薄紗掀起。經過一段時間的運作，社會上開始形成各種利益，每個人也都清楚自己的身分地位和利之所在。在這種條件下，如果要修憲，一定是現行的「規則」有問題；藉著調整規則，可以讓（絕）大多數民眾的福祉增加。也就是說，即使行憲之後各種階級、團體、族群各有各自的利益，而且彼此利益可能衝突和牴觸；但是在權衡各種情況之後，透過調整「規則」，還是可以讓「大家」都享有更多的利益。這個觀念可以藉由一個修憲的實例來反映。

美國最近擬議的憲法修正案，是「聯邦政府預算平衡案」。這個修正案在國會通過之後，還必須要由全部的州議會討論，其中三分之二通過，才能成為美國憲法的一部分。「預算平衡」當然等於是自綁手腳，使政府在非常時期不能以赤字預算刺激經濟。但是，就是因為近一二十年來，在政客和行政官僚各逐其利的情形下，公共支出快速的成長，導致政府預算不斷的膨脹，因此赤字不斷的擴充。老百姓繳納的稅中，有相當的比例是用來支付公債的利息。大家也慢慢的意識到，赤字財政的爛攤子早晚要解決，不是這一代就是下一代。為了避免以後再面臨赤字財政的窘境，最好的辦法就是釜底抽薪，在憲法這個基本規則上作繭自縛。

「預算平衡修正案」，可以說是大眾意識到「政府」和「政治過程」的特性（弊端）；所以為了自保，在衡量各種成本之後，願意在憲法上自我設限。這反映了社會發展的經驗，會促使社會成員去思索、去檢討基本規則適切與否。臺灣地區現在面對的憲政問題，過去所累積的歷史經驗，當然

會影響社會成員的取捨。那麼,我們過去所累積的歷史經驗是什麼呢?現在這個時點又有什麼特性呢?

三、子民和公民

由財政學和憲法經濟學的角度來觀察,臺灣社會可以說是正由一個「子民／納稅者」所組成的社會,轉變成為一個以「公民／納稅者」所組成的社會。在一個由「公民／納稅者」所組成的社會裡,絕大多數的民眾除了按時納稅之外,都體認到「依法而治」、「主權在民」等等維繫民主制度的基本觀念;也都會在某種程度上積極地投入政治過程,以各種方式反映民意、影響政策。也就是說,一般民眾在「繳稅」和「享受公共支出」這兩方面,都會表示意見、顯示好惡。

相形之下,在一個由「子民／納稅者」所組成的社會裡,絕大多數的民眾只是主動被動的支持主政者的指揮,只是聽令行事而已。老百姓當然也納稅,老百姓也享有道路、治安、國防這些公共財。但是,在這種社會裡,公共支出的種類、數量、品質,都是由極少數的執政者所規劃決定,老百姓並沒有表示意見的權利或機會。因此,老百姓只是按時納稅的「子民」而已。

由「公民／納稅者」所組成的社會和由「子民／納稅者」所組成的社會,當然不太一樣。在前者的社會裡(起碼在觀念上)是「主權在民」;在後者的社會裡,主權在民是海市蜃樓。當然,「公民／納稅者」和「子民／納稅者」只是兩個概念而已,任何一個國家的成員都不會完全是屬於其中的一類。但是,考慮幾十年來的經驗,大多數人可能會同意:臺灣正由一個比較像「子民／納稅者」的社會,而(必須)變成一個比較像「公民／納稅者」的社會。

當一個社會在很短的時間裡,因為受到各種力量的影響而(不得不)由「子民／納稅者」的社會變成「公民／納稅者」的社會,很可能會發生兩種現象。第一,社會成員還沒有驅除「子民」的成分,也還沒有體會到「公民」的含義。所以,對於公共支出的要求快速增加。除了過去由「政府」一手包辦的各項公共支出還要維持之外,新的要求不斷的出現。但是,政府的相對優越地位已經不再存在,所以也無法或不願遏止公共支出的膨脹。在很短的期間內,就會看到公共支出快速的擴充。相對的,在稅收方面,因為「公民」的意識還不清楚,所以也不會以增稅來應付日漸增加的公共支出。因此,「支出膨脹、稅入遲滯」,是轉型期的第一個特徵。

轉型期的第二個特徵是,利益集團快速的發展,而且在彼此競爭之餘會很快的發展出聯盟與援的關係。這是因為在由「子民／納稅者」社會轉變為「公民／納稅者」社會的過程中,各個社會成員體會調整的速度不一;對訊息掌握較快的,在很短的時間裡,就意識到「新的」社會裡存在著各種利益可以攫取。就像市場裡企業家對利潤的嗅覺特別敏銳一樣,政治過程裡的企業家,對利益也同樣的敏感。當大部分成員還沒有蛻變成「公民」時,這些「企業家」已經捷足先登的取得好位置,以享受政治過程中的各種利益。因此,在轉型的過程中,各種利益團體會較一般民眾更快掌握新的遊戲規則,而後設法占上風,並且再設法把遊戲規則調整得對自己更有利。

在這種背景之下,個人在修憲這個時點上的考慮,可能就不僅是防範政客和行政官僚不負責任的行為,而且要設法免於受到「其他公民」攫取利益對自己所造成的損害。怎麼樣才能做到呢?這可以說是處理憲政問題時最值得用力思索

的課題之一。

伍、修憲中的「財政問題」

從財政的觀點來看，一個人和其他人交往的關係，主要是透過市場和政治過程來進行。在市場裡，兩兩交易的情形比較簡單；在政治過程裡是眾人共同解決眾人之事，所以複雜得多。為了規範維繫人和人之間的各種交往，大家同意要制定一些規則；而且，都同意受這些規則的約束。這些「規則」中最基本的，就是憲法。

憲法中設計了政府的組織權限，在正常運作下政府向民眾徵稅，也提供各式各樣的公共服務。所以很多人認為，憲法就是在規範政府和個人之間的關係。其實不然；追根究柢，憲法是個人和個人之間所共同制訂、所共同接受的規則，政府只是被設計出來的「代理人」而已。組成社會的個人們，總是可以透過某些程序解散政府；個人永遠是主體，而政府則是客體。

前面論述過一連串的概念：憲法是工具性的安排，目的在於實現個人價值；政府是代理人，代理人會很自然的發展出一些缺失；設計基本規則可以由「成本」的角度來考慮；臺灣正由一個「子民／納稅者」所組成的社會，慢慢變成一個「公民／納稅者」所組成的社會。如果（勉強）接受這些概念，對於現在所面對的憲政問題有什麼啟示呢？根據這些概念，我們該怎麼處理憲政問題會「比較好」呢？

一、實現個人價值

根據「實現個人價值」的觀點，每一個人都可以自問：我

所希望的憲法內容是什麼？也許這個問題太抽象，自己問自己的問題可以具體得多：我每年繳很多的稅來維持政府，我對政府最不滿、最希望政府改進的是什麼？如果要一般民眾回答這個問題，很可能認為最不滿意的就是治安不佳、交通紊亂、環境品質低落、教育畸形發展等等。這些雖然不足以反映全面的憲法問題，但卻具體而微的點出了老百姓最關切的問題。老百姓繳了稅，就是期望政府能把那些和自己日常生活有密切關係的事情，至少處理的差強人意。一般民眾不見得關心，到底內閣制或總統制比較好。

對一般民眾而言，這兩種制度的差別可能只是其中之一浪費較多。重要的倒是繳稅維持的政府，能把和食衣住行相關的一些基本問題處理好，其餘的事老百姓可以自求多福。這麼看來，對一般民眾而言，這次修憲最重要的問題，很可能就是調整政府的結構；讓各級政府比較能把一般民眾最在意的事情辦好。

如果一般民眾在乎的是調整政府的結構，使這個「代理人」能發揮功能，顯然需要有一些資料來判斷什麼樣的結構比較好。這剛好就是「成本」這個概念派上用場的地方。

在過去幾十年裡，臺灣可以說累積了非常可貴的經驗。不論是在金融、交通、治安、教育各方面的行政體系，都從實際運作的過程中累積出一些經驗；而且，根據這些經驗，能夠對調整方向的利弊得失有比較明確的感覺。譬如：治安由縣這一級獨立負責、縣與縣彼此協調比較好，還是由省統一調度比較好。交通由省市負全責，中央不直接介入是不是可行。對於這些問題，根據工作經驗，各級行政人員都有自己的看法。把這些看法在各部門本身交流匯集之後，再和其

他部門協調搭配，就可能藉由調整政府的組織，讓政府的功能發揮得好一些。用財政術語來說，藉著修憲剛好可以調整各級政府權責。

在這個社會所累積的經驗裡，過去運作的體會當然不是唯一的資產。最近幾年的發展也提供了許多可貴的經驗，可以作為評估「成本」時的重要參考。這裡指的是兩方面的經驗：與中國大陸的關係，以及解嚴之後社會的快速變化。

雖然和中國大陸之間的經貿、政治關係，還有相當程度的不確定性。但從這幾年的發展可以感受得到：和中國大陸之間的關係愈來愈重要，這需要相當的智慧和人力物力來因應。因此，中央政府的職能「可以」轉變為以處理對中國大陸和對外關係為主，內部事務的權責下放給縣市政府。這一方面可以減輕中央政府的負荷，加重地方政府的權責；另一方面，也可以促使各級政府「專業化」，在實質上改進多層級政府的缺失。雖然具體的做法還有待摸索嘗試，但這個變化的方向確實可以在修憲時標明。

二、主動設限

解嚴之後社會進入另外一個境界，雖然「子民」的時代已經一去不復返，但卻還沒有真正進入「公民」的時代。在這種背景之下，一個老百姓顧慮的不只是「政府」的缺失，而且會擔心政治過程裡，政客和捷足先登者各逐其利，以民為壑。因此，為了自保，個人所關心的不只是要限制政府這個代理人的權限，更重要的是同時要設法限制其他的個人所可能造成的傷害。在修憲時如果能有意識的自綁手腳，長遠來說可能更可以保障個人的福祉。

這個觀念可以用兩個例子來反映:為了避免「支出膨脹、稅收遲滯」而引發財政危機,有很多做法可以列入憲法的條款。譬如:預算必須平衡;訂定公債發行的上限;訂定政府支出年成長率上限。有人提議:取消憲法中有關各級政府文教支出百分比的規定;因為根據過去的經驗,這些百分比不切實際。但是,稍微想一想,這個建議另外的含義就是:根據過去幾年的事實以及其他國家(慘痛)的經驗,在憲法中具體定出對政府規模的限制,可以說是未雨綢繆,而不是杞人憂天。

第二個具體的例子是全民健保。雖然以往有很多人以有無全民健保,作為衡量一個社會進步與否的指標;但是,實施全民健保的國家,最近幾年已經開始重新檢討並反省這個制度的意義。愈來愈多的國家體會到,全民健保沉重的財務支出,不但拖垮了財政,更不得不增稅支應而打擊工作意願、摧殘工作倫理。在我們這個社會裡,公民意識本來就不強。如果不先為之計,全民健保很可能造成非常非常嚴重的衝擊和傷害。因此,在修憲時如果能明確的規定:全民健保的預算獨立於其他所有的預算之外;那麼,一旦將來全民健保出問題,只是全民健保本身的問題而已,而不會影響到整個政府、整個社會。這就像在潛水艇裡隔成幾個防水艙的作用一樣,萬一其中有一個艙進水,分隔式的設計可以把傷害降低。

從這些例子看來,對一般民眾而言,修憲時最重要的很可能就是在於調整中央和地方政府的權限,並且設法在憲法這個規則上,規劃一些作繭自縛的安排以求自保。對一般民眾來說,五院是否變成三院、監察委員如何產生、總統制或內閣制、委任選舉或直選總統,可以說都是「上層建築」的

課題。也許受到一些歷史包袱的拖累，有些觀念上一清二楚的問題，實際上卻沒有轉圜的空間。保留監察院會多浪費一些納稅人繳的稅，多維持一些特權。這和一般民眾生活沒有直接關係，當然比不上釐清各級政府權限來得重要。修憲討論時偏重在五院三院之爭、監委產生方式等等，剛好反映出「政治人物的憲法」恐怕和「一般民眾的憲法」有一段距離。

現實情況「當然」是不理想的。但是，如果因緣際會，有機會修出一部「一般民眾的憲法」，那又是怎樣的一種情況呢？

在比較理想的情況下，修憲的代表們將不會有最後的決定權。他們的決議案還需要經過組成單位（各州或各省）的認可，或經過公民投票的複決。因此，他們本身的利益比較淡薄，也沒有太多的籌碼可以運用，也就比較可能少一些一念之私。

在比較理想的情況下，修憲的代表們不一定是法政專業人員，也不一定要均勻的代表各階層的利益；他們只要是一群對這個社會稍有了解，能推理、也能講理的公民就可以了。熟諳政府組織以及實際運作過程的行政人員，可以把部門內和部門之間的經驗、調整方向和利弊得失逐一剖析。其他國家的經驗以及我們面臨的內外情勢，也可以由適當的人為這些代表們作分析和說明。有了這些資料之後，修憲代表們可以自己作最後的取捨。

以這些「較理想的」情形和實際情形對照，我們的距離有多遠？！

陸、結論

　　整體而言，社會的進展多半時候是連續的，而不是間斷的、跳躍的。就社會的各部門來說，也是如此。部門與部門之間的進展層次，很可能有先後或高下之別。我們在經濟方面的發展已經有幾十年的經驗，所以在經濟事務的取捨上，已經大致上有還不錯的水準。在政治方面，我們還在發展的早期，故較為紛亂。因此，即使因緣際會有難得的「修憲」機會，要期望有個令人滿意、或差強人意的結果大概是不容易的。比較可珍惜的，倒是把這個過程當作是一個學習的機會。藉著這個機會去接觸、去思索一些問題。

　　本文以「個人主義」的角度出發，結合「成本」的觀念來討論憲法的意義，目的只在於提供看問題的「參考點」而已。這只是「一種」參考點而已，當然不是唯一的參考點，更不見得是最好的參考點！

第十六章
經濟學對《金剛經》的闡釋

　　當一個人面對自助餐檯上的各式食物時，經濟學分析這個人如何在諸多不同的食物中「選擇」。可是，如果對這個人而言，這些食物都是「完全一樣」的；那麼，經濟學所關心的「選擇行為」不復存在。不過，這（所有的食物都是一樣的）正是《金剛經》的中心思想之一。本文利用經濟學核心的分析性概念，闡釋為什麼這種思想觀念在邏輯上有其解釋力，並且分析《金剛經》之中心思想可能的魅力為何。

壹、前言

　　自1960年開始，經濟學出現了兩種重要的發展：一方面，經濟學者把經濟學的分析方法運用在傳統上屬於法律、政治、社會等學科範圍的問題上，而且得到了豐碩的成果。另一方面，經濟學者也發展出新的分析性概念——如「交易成本」（transaction cost）、「資訊與誘因」（information and incentives）等等——不但豐富了經濟學的內涵，並且使經濟學者對社會現象的分析更為深入。當然，這兩方面的發展彼此影響，使經濟學在廣度和深度上都迥異於往昔。

　　本文就是在這種背景之下的產物；具體而言，本文希望從經濟學的角度闡釋《金剛經》。這麼做有幾點理由：首先，

以經濟學的分析工具探討經濟活動之外其他的人文現象，都已有璀璨的成果；把經濟學的分析架構用來分析宗教（典籍），似乎也是自然而然的發展。其次，經濟學隱含一套特別的世界觀（或價值觀、或看事情的方法），而佛教思想反映在經典上，也代表一種世界觀；如果能在兩者之間找到交集、或形成聯集，等於是為兩者都找到了額外的參考點。對於兩種世界觀而言，或許都能增添新的體會。最後，佛教是世界上的主要宗教之一，影響千千萬萬人的生活和行為，而《金剛經》是佛教中重要的經典；因此，任何社會科學都值得根據本身的分析架構，對這部重要的經典提出瞎子摸象式的闡釋，以作為社會科學和宗教之間溝通或連結的橋樑。

為了達到由經濟學闡釋《金剛經》的目標，本文將循序漸進的採取以下的步驟。第一，先歸納出經濟學最核心的幾個分析性概念；一方面反映經濟學在分析角度上的特性，一方面作為闡釋《金剛經》的立足點。第二，由《金剛經》中，整理出最能反映這部經典所隱含價值體系的幾個主要論點。第三，利用經濟學的分析概念，解讀並闡釋《金剛經》的主要論點。然後，本文將針對一些相關問題進行申論。主要的發現有兩點：第一，對於《金剛經》的中心思想，經濟學可以提供一種邏輯前後一致的解釋。第二，經濟學分析工具的威力再一次得到驗證，因此以經濟學的分析工具，來探討「非經濟」問題的做法值得繼續推廣。不過，在開始進行以下的論述之前，需要先說明本文在先天上的一些限制：

第一，關於《金剛經》本身，因為是由梵文翻譯而來，所以先天上已經可能與原經文（梵文）稍有出入。而對於文言文的闡釋，又可能造成某種程度的失真。此外，歷來對《金

剛經》雖然有許多注釋,不過絕大部分是由佛教徒或接受《金剛經》教義的人所撰述,而且彼此對經文解釋的觀點有不小的歧異。因此,本文由社會科學(特別是經濟學)角度對《金剛經》價值觀的總結,可能和目前的論著有相當的差距。[1]

第二,經濟學是現代社會科學的一環,其包含社會科學研究者所共同接受的基本分析架構和所共同關切的主題。相形之下,佛教反映在《金剛經》上,就性質和關切主題而言,可能是一種藉著肉體上的修行而體會領悟的(存於個人的)世界觀;因此,經濟學和《金剛經》之間在性質上可能有不小的距離。[2]

第三,在佛教裡(《金剛經》當然不例外),往往有相當成分是無法用一般所承認或接受的現代科學來驗證;例如,前世、來生、地獄等等概念。這些概念和相關的論述,必然和經濟學(及其他社會科學)所願意接受的格格不入;因此,類似的論點將不在本文的研究範圍之內。

貳、經濟學概要

在眾多經濟學的分析概念中,本文將以「成本」(cost)、「價格和價值」(price and values)、「相對」(relativity)作為核心,並且扼要的稍作闡釋。

---

[1] 在本文後面所列對金剛經的中文注釋中,比較適合初學者和非佛教徒閱讀理解的是徐興無的《新譯金剛經》和道源法師的《金剛經講錄》。
[2] 也就是說,對經濟學的了解,可能是需要「智識」(intellectual)上的能力;而對金剛經的了解,可能還牽涉到「心智」和「生理」(mental as well as physiology)上的活動。

一、成本

不論是對一個人、一個家庭、一個社區、一個社會,乃至於國際社會,都不斷的面臨資源運用上如何取捨的問題。只要資源有一種以上的使用途徑,當事人(人或家庭)馬上會面對「機會成本」(opportunity cost)的斟酌:如果選擇 A 項用途而不是 B 項用途,則一方面享受了 A 所得到的好處,但同時也要承擔 A 的缺失;另一方面,選了 A 就得不到 B 的好處,但同時也避免了 B 的潛在缺失。因此,當事人就值得在各種可能的取捨之間仔細的斟酌評估,然後選擇某一種最能增進自己福祉的方式來運用資源。

二、價格和價值

成本指的當然不限於金錢上的成本;選擇經濟發展所喪失的自然景觀,很難以金錢來衡量,而往往是以美、祥和、生態均衡等非金錢的價值作為對照。顯然,在以金錢衡量的價格,和以美醜善惡、是非對錯等衡量的價值之間,會不可避免的發生衝突而必須有所取捨。可是,價格事實上是眾多價值之一;不論是價格或價值,在本質上都是一種高下之比:價格是由 0、1、2……來衡量,而價值是以最醜、很醜、有點醜、不醜不美、有點美……來衡量。因此,價格和價值都是一道道的「光譜」(spectrum);光譜之內和光譜之間無窮多的點,就反映了人所面對的取捨問題。

三、相對

不論是成本或價格和價值,背後都隱含了「相對」的概念;相對的意義可以從幾個方面來闡釋:首先,「相對」意味著在人的認知上有兩件或多件事物,而不是只有單一的一項事物。其次,「相對」表示一件事物的意義是由其他的事物所襯托而

出;石頭的意義是由諸多非石頭的東西所襯托而出,歌王的歌喉是由其他許多非歌王的嗓音所襯托而出。再其次,「相對」是行為的基礎,如果所有的事物都相同,則行為變得毫無意義可言;只有當不同事物之間的意義有相對上的差別時,行為取捨才有分析上的意義。最後,「相對」的意義,當然還是歸諸於當事人主觀的認定。對某些人來說,「升遷」與「家庭」可能是南轅北轍的兩回事;但是,對另外一些人而言,卻可能在相對上毫無差別。

四、一加一大於二?

除了以上所描述幾個核心的分析性概念之外,經濟學的另一個重點是評估資源運用狀態所採取的指標。為了便於突顯資源運用在長期所呈現的現象,可以很簡單的以「一加一是否大於二」作為評估的指標。這個指標的內涵值得稍作澄清:首先,傳統經濟學關心的主題是資源運用的效率,而且是針對人際之間資源運用的探討。(魯賓遜一人世界裡的資源運用問題固然有趣,可是過於單調,對於了解現代經濟社會幫助不大)。其次,在某一個特定的時點上,根據當時的技術水準、制度條件、消費者偏好,當然可以考慮資源運用是否已達到有效率的狀態。不過,這是在這個時點上,在「其他條件」不變下的考慮;一旦把時間拉長,所有這些「其他條件」都會發生變遷。因此,為了能掙脫特定時空條件的侷限,並且反映經濟學對社會整體在「長期」表現的關注,就值得由宏觀的角度來設定評估指標。最後,同時也是最重要的一點:前面已經清楚的指出,價格只是眾多的價值之一;經濟學探討的不只是價格體系,而是更廣泛的價值體系。因此,在設定評估的指標時,必須避免狹隘的、以物質條件為焦點的指標;所選用的指標必須能抽象的反映價值體系所呈現的狀況。

基於這幾點考慮，本文採取「一加一大於二」作為評估資源運用狀態的指標：一加一大於二顯然主要不是關於魯賓遜式的個人；而是關乎市場交易中，買賣雙方能夠互蒙其利才符合一加一大於二的指標；一個社會在長期是否能發展出適當的典章制度和意識型態（思想觀念），使社會走向物質的「國富」或其他價值上的「國富」，當然也可以以「一加一是否大於二」來評估。

參、《金剛經》要旨

　　在歸納說明《金剛經》內容的要旨之前，值得把《金剛經》的背景略作交待：《金剛經》完成的時間大約是在西元前五世紀左右，中文譯本全長五千餘字。就佛教的眾多經典而言，《金剛經》的地位相當重要。而且，因為簡短而易於誦讀，在華人的佛教圈內廣為流傳。就體裁而言，《金剛經》是記載如來佛和高僧須菩提之間的對話。

　　就內容而言，須菩提念茲在茲、重覆提出的問題是：「如來佛，如果世間一般善男信女發於至誠，興起追求至高無上、至正不倚智慧的佛心；那麼，心該何住？又該如何降伏其心？」針對這個問題，如來佛利用許多譬喻、又從許多層次來回答。不過，就本文所關切的重點而言，貫穿須菩提和如來佛問答的兩個重點是「離相無住」和「不住相布施」。[3]

---

[3] 「離相無住」和「不住相布施」，是歸納金剛經不同的經文所得到的總結性名詞。「離相」的文字見於「離一切諸相，則名諸佛」、「菩薩應離一切相，發阿耨多羅三藐三菩提心」等處；「無住」的文字見於「菩薩於法應無所住」、「應無所住而生其心」等處；「不住相布施」的文字見於「菩薩應如是布施，不住於相」、「若菩薩不住相布施，其福德不可思量」等處。

一、離相無住

　　就字面的意義來看，離相無住是一種規範性的教誨。人（或有佛心的人）應該不為眼前的現象（表相）所迷惑，而應該由表相上抽離；在心境上，也不應該執著於任何情懷，而應該無所住（無所屬）。當然，在表面上規範性的意義之下，隱含著某種推論的過程。首先，「離相無住」牽涉到兩個主體：客觀的「相」和主觀的「住」；「相」主要是指人對外在現象的認知，而「住」則意味著人在主觀價值上的取捨。[4] 其次，「相」和「住」含有一種主觀和客觀的互動過程：人根據自己的主觀價值認知外在（客觀）的現象，而人的主觀價值當然也會在長期的互動中受到外在現象的影響；因此，「相」和「住」牽涉到彼此互動、相互影響的兩個概念。

　　再其次，既然人對外在事物的認知是一連串的環節：外在事物的景象（影像）先進入人的感官（包括視味嗅聽觸覺），人再從記憶中喚起類似的相關材料；而後，以喚起材料作為參考的坐標，再根據這個座標賦予眼前事物某種意義；最後，是根據所賦予的意義，採取行為上的因應。因此，外在事物的意義是人所賦予的，而不是客觀存在的；[5] 換句話說，「相」的意義是人所賦予的，反映了個人和社會（由眾多的個人所組成）的歷史和經驗，以及特定的時空條件。而且，既然事物的意義是人所賦予的，另外一種描述的方式顯然就是──事物本身的意義是空洞的；如果事物本身的意義是空洞的，人又何必為空洞的事物而有喜怒哀樂的情緒起伏；如

---

[4] 「相」當然不一定完全指外在的現象，也包含人對內在現象的認知。不過，把焦點集中在外在的現象，可以使論述更明確可循。

[5] 另外一種解釋是，起碼對於那些社會科學者有興趣的現象而言，事物的意義是人所賦予的。

果人能體會到事物意義的人為性和條件性,人自然可以——而且應該——掙脫所有人為賦予、所有的時空條件,而達到「離相」。一旦客觀的事物失卻了世俗所賦予的意義,人在主觀的價值上(有相當的基礎是來自於客觀的事物)自然沒有執著的必要。因此,「離相」之後,自然可以——而且應該——無住。

二、不住相布施

如果說「離相無住」是《金剛經》中關於個人本身舉止的啟迪,「不住相布施」可以說是《金剛經》裡關於個人和他人關係的教誨。就字面的意義而言,不住相布施可以從兩方面來看:布施和不住相。「不住相」的意義已在前面說明,布施的意義是指個人對其他人的施捨給予。因此,「不住相布施」表面的意義是指發佛心的人,除了本身離相無住之外,還對其他人施捨;不過,是一種不執著於表相的施捨,是不以施捨為施捨的施捨。當然,在字面的意義之外,不住相布施還隱含了幾層意義。第一,如來佛認為,發佛心求智慧的善男信女,除了自己要能離相無住之外,還必須對其他人負責。這種責任的性質可以純粹是道德情操上的:先滅度自己而後滅度他人;也可以是因果關係式的:盡到對他人的責任,則福德無限。

第二,對他人的責任是以「布施」的概念來反映。布施,指的當然不限於金錢物質上的付出給予,還包括更廣義的以佛經教義來教化其他人。第三,不住相布施是指心情上(已經)能超脫世俗的表相;因此,雖然在行為上是在布施,在心境上卻是能說服自己,自己並不是在布施。這當然意味著一種過程和境界:自己先能達到離相無住的情懷;對於自己之外的人(特別是那些比自己差、需要物質或心靈上濟助的

人）能付出給予；在進行「給予」這個行為的同時，還能以理智說服自己，自己並不是在施捨，因此也不應該有驕奢自矜的心情。第四，「布施」的概念和「離相無住」的體會並不衝突；離相無住是一種對外在事物的認知，以及內在心情的自我拿捏，離相無住是如來佛所認為一種「正確」的世界觀或人生觀。因此，雖然其他人的物質或精神狀態也是「相」的一部分，自己有責任使其他人也能達到自己所達到的境界。自己透過「布施」，使自己之外的其他人也能到達離相無住的境界。而「不住相」就是自己在從事布施的同時，保持著處在「離相無住」的狀態中。

第五，「布施」的主客體其實同時是「施」和「受」的雙方：當一個人施予另外一個人一筆錢財時，他同時接受了另外那個人所給予他的東西——另外那個人給他「完成施予」或「接受好意」這種抽象的東西。無論如何，當一個人在付出時，他同時也在接受。因為事物表相的意義是條件式的、是時空條件所襯托的，因此到底是自己給予別人的多，或從別人那裡得到的多並不明確。既然如此，自己更沒有理由自矜自是，也就更有理由以離相無住的心情來布施——不住相布施。在進行以下論述之前，有兩點必須再作澄清：首先，「離相無住」和「不住相布施」是本文認為足以反映《金剛經》的價值觀，但顯然這不一定是眾議僉同的看法。其次，《金剛經》「離相無住」和「不住相布施」的這兩個觀點，究竟是規範式的教誨或實證式的描述分析，顯然是相當有趣而且很重要的問題；關於這一點，將在下面的論述中深入處理。

肆、經濟學對《金剛經》的闡釋

由經濟學的角度來認知並闡釋《金剛經》（或由《金剛經》的角度認知並闡釋經濟學），等於是由一種價值體系來解讀另一種價值體系。在襯托和對照之下，不僅能突顯彼此的歧異，或許更能凝聚出這兩種價值中，足以影響眾多人們生活的共同價值。前面曾經以「成本」、「價格和價值」、「相對」以及「一加一大於二」等四個概念反映經濟學的精神；以下就從這四個概念分別來闡釋《金剛經》的「離相無住」和「不住相布施」以及其他的內涵。

一、成本

「成本」主要是反映當資源有多種可能的用途時，選擇其中之一而放棄其餘所隱含的價值。就《金剛經》的內容而言，可以在兩個層次上考慮「成本」的問題。第一個層次是明顯的、具體的成本；在這層意義上，不但「離相無住」和「不住相布施」不含有任何成本的概念，《金剛經》其餘的內容也沒有明顯的關於成本的蛛絲馬跡。[6] 在第二個層次上，當「成本」的概念是由較抽象的角度來解釋時，「離相無住」和「不住相布施」事實上包含了豐富而有趣的含義。首先，當一個人在因應他所面對的環境時，會由學習和經驗中慢慢形成一些「行為規則」（rules of behavior）。而操作這些行為規則的，就是腦海裡的價值結構（或稱為意識型態）。人在因應環境以求增進自己的福祉時，會有意無意的採取（自己認為）成本低效益高的行為；

---

[6] 當然，「不住相布施」是一種教誨；相對於接受這種教誨，不接受教誨就是成本。可是，除非能進一步界定「不接受教誨」的意義（如福德甚淺等等），否則就不是一般經濟學者所認知和接受的成本。

同樣的，在維持抽象的價值觀時，也會琢磨出（對自己而言）成本低效益高的行為規則。如果「離相無住」和「不住相布施」能提供一種成本較低效益較高的行為規則，自然有可能被接受而成為能指導行為規則的價值觀。既然「離相無住」和「不住相布施」一方面隱含了放棄對事物表相的執著，一方面又能追求（個人的）福報；以這種觀點作為最崇高絕對的參考座標和指導原則，當然也就是一種成本低效益高的價值觀。

其次，人在生命中要面對不可避免的生老病死，要經歷無從忽略的苦痛哀傷；因此，如果有一種價值觀不但超越這些困頓，而且能得到心靈的平靜和福德，不是一種成本低而效益高的價值觀嗎？「離相無住」和「不住相布施」事實上就提供了這種可能性；只要在觀念上能說服自己，接受「離相無住」和「不住相布施」的觀點，當然是增進自己福祉的自利行為。

最後，更抽象來看，「離相無住」和「不住相布施」的觀念隱含著一方面掙脫了一般世俗的價值結構，一方面又提供了一個絕對的參考座標（追求福德）。因此，這等於是過濾掉所有其他大大小小、各式各樣的價值，而以一個單一的價值作為參考點；維持這種價值觀的成本，可能要比維持一般世俗價值觀的成本為低。對於那些能接受「離相無住」和「不住相布施」的人而言，他們在面對事物且因應取捨時的行為成本可能要低於一般人。[7]

---

[7] 類似的例子：當推銷員以「顧客永遠是對的」作為本身行為的指導原則，所隱含的（決策）成本會較以「有些顧客是對的、有些顧客是錯的」作為指導原則的低成本；至於這兩種原則所帶來的效益，可能也是前者較佳。

二、價格和價值

　　前面曾經指出，價格是眾多價值之一，而所有的價值都是一種高下大小的排序比較。在《金剛經》裡，充滿了關於價值的討論。首先，《金剛經》是如來佛對於須菩提「心該何住？如何降伏其心？」所作的答覆，如來佛指點迷津的正確答案本身就反映了一種價值的相對位階——如來佛指出了一條「較好」的途徑。其次，《金剛經》裡明確的以「福德」的多少來評估比較不同的做法，這顯然是在眾多價值中標出「福德」這種價值的崇高地位，再以福德多少作為引領修持的指標。[8] 再其次，「離相無住」和「不住相布施」的概念可以說分別指出了個人在自我修為上和在對他人態度上的最高指導原則；這當然隱含一種價值觀上的取捨。最後，就如同一般人對佛教的認知，《金剛經》並不著重物質上的多寡，而是強調抽象的價值（福德）。也就是說，價格所衡量的價值是位階較低的價值。因此《金剛經》中多次貶抑以物質來描述比擬的價值，而強調（不住相）布施所帶來的「福德」這種價值。[9]

三、相對

　　「相對」的概念反映了主觀價值和客觀價值的結構，也隱含了主觀價值和客觀價值之間的對應關係。《金剛經》的「離相無住」和「不住相布施」，都可以由相對的角度加以闡釋：

---

[8] 兩個例子：第一，「……若人滿三千大千世界七寶以用布施，是人所得福德寧為多不？」須菩提言：「甚多……」。「若復有人於此經中，受持乃至四句偈等，為他人說，其福勝彼。……」；第二，「……若復有人於後來世能受持、讀誦此經所得功德，於我所供養諸佛功德，百分不及一，……」。

[9] 譬如，以「滿三千大千世界七寶」布施的福德，比不上「於此經中受持，乃至四句偈等，為他人說」。

由「相對」的角度來看，人的所有行為，都是因為在認知和賦予意義上有著「相對差別」所引發的。[10] 既然認知和賦予意義的主體都是人，因此所賦予的意義當然也就隱含了時空條件的影響。只要能體會到這一點，自然能領略所有事物的「表相」在某種意義上都是條件式的、是相對的。那麼，對外在環境能「離相」，在內在的自我修持上也就可以「無住」。

以上這段推論，可以藉由一個想像的例子來反映：在西式自助餐的檯面上，有上百種各式各樣的餐點；「如果」一個人經過認知和賦予意義這個過程之後，認為所有的餐點都是「一樣的」，那麼，他的行為所含有的意義將極為有限，可能並不值得分析。這表示，如果沒有「相對」上的差別，一般所了解的「行為」將失去意義。「離相無住」的意義，可以說就是經由對事物表相的洞悉，而在主觀上說服自己，使自己認為餐檯上的各式餐點都是一樣的。[11]

由「相對」來解讀「不住相布施」，也可以有許多層涵義。和「離相無住」相比，「不住相布施」顯然是對於自己該如何對待別人的教誨。如果《金剛經》所強調的最高價值只是自渡，那麼「離相無住」已是登峰造極。不過，經中的對話一再顯示，如來佛事實上是把「不住相布施」放在比「離相無住」更高的位階上；而且，就次序上的先後而言，當然是已經達到「離相無住」的境界之後，才可能會「不住相布施」。[12]

---

[10] 因此，「相對價格」（relative prices）的概念只是「相對（價值）」的例子之一而已。

[11] 「無法相、亦無非法相」和「不應取法，不應取非法」的說法，都符合這裡假想式的描述。

[12] 這表示，即使在沒有達到「離相無住」之前，有佛心的善男信女還是應

由此可見，從「相對」的角度著眼，「不住相布施」所隱含的福德是相對的高於「離相無住」的福德。[13] 其次，布施本身，當然意味著自己的行為（對別人的施捨給予）會對接受施予的人造成正面的影響。而且，這種正面的影響不只是由布施者的角度來看是如此，由受施者的角度來看也必須如此；否則，如果只有前者成立而後者不成立，顯然就成了「自以為是」或者甚至是「自己快樂別人痛苦」。這當然違反不執著的「無住」；因此，布施必須是在客觀上能增進受施者的福祉。

在這種解釋之下，要能達到「不住相布施」的境界，明顯的包含了幾個要件：第一，布施的結果（必須）是客觀上對受施者有利的；第二，布施者本身（必須）能判斷，以客觀的尺度來衡量，他自己的行為是否會增進受施者的福祉；第三，布施者在意識和心情上能保持「不住相」的境界。這三個條件的背後，又隱含了另外一些條件：布施者由他過去的活動中，已經累積了足夠的經驗，因此能認知、分辨、判斷關於各種（布施）行為對相關的人而言所隱含的利弊得失；而且，他還持續的增添自己腦海裡的資料庫，以保持與時俱進的狀態。此外，當他在布施時（不論是給予實物或宣揚教義），他必須同時一方面知道布施對受施者有利，一方面保持不住相的心情。因為這兩者在觀念上是彼此衝突的，所以必須把這兩個概念放在不同的層次上：在「入相」布施的同時，能說服自己不住相於布施。也就是說，「不住相布施」

該「布施」；只不過這種情況下的布施將不會是「不住相布施」。
[13] 當然，一個有趣的問題是：「有相布施」的福德和「離相無住」的福德相比，何者較高？對於這個問題，《金剛經》中似乎沒有處理。

包含了兩個層次,較低的(入相)布施,和較高的「以不住相來認知布施」。這事實上也就是為什麼《金剛經》會把「離相無住」放在較低的層次(福德較少),而把「不住相布施」放在較高的層次(福德較多)。

以上對「不住相布施」的闡釋,事實上都是由「相對」的角度來論述:「布施」在主觀和客觀上的相對意義,(住相)布施的行為相對於不住相的心情,以及「不住相布施」相對於「離相無住」的層次;因此,由「相對」的角度來闡釋《金剛經》,可以說是直指核心而得其精髓。

四、一加一大於二?

「一加一是否大於二」是經濟學對人際之間資源運用結果的評估方式;除了用來評估狹義的經濟活動之外,當然也適用於評估廣義的人類其他活動。無論是狹義或廣義的解釋,「一加一大於二」隱含了資源(價值)的衍生和累積。以這種觀點來解讀《金剛經》的「離相無住」和「不住相布施」,需要經過論述上的幾點轉折。

就粗淺的層次來看,第一,既然「一加一大於二」是對人際之間互動情形的考量,而「離相無住」概念是針對個人;因此,「一加一大於二」的重點是在「不住相布施」上。第二,「不住相布施」是一個人對其他人的行為產生正面的影響,而對本身又有福德上的增添;這顯然是符合「一加一大於二」的指標。不過,和經濟學一般所分析的雙方互動行為相比,「不住相布施」強調的是,個人單方面的對其他人採取某種作為。第三,前面曾經解釋過,「布施」不只是指物質金錢上的施予,而是包括非物質的、佛法教義上的啟迪。因此,

無論布施的內容和方式如何,都能產生「一加一大於二」的結果。

就較複雜抽象的層次來看,經濟學的「一加一大於二」和《金剛經》的「不住相布施」之間有一點微妙但是卻很重要的差別。經濟學的「一加一大於二」其實隱含了兩層意義:就靜態的意義而言,在這一次互動的結果上,雙方均蒙其利;就動態的意義而言,個別「一加一大於二」現象的累積,會衍生出更多的(正面)價值。因此,社會所享有的資源會愈來愈多。反映在狹義的經濟活動上,就是整個社會的財富會愈來愈多。而且,這個衍生累積的過程還意味著活動內容的精緻化和層級化。[14] 持續「一加一大於二」的結果,是社會資源(或價值)不但在橫的基礎上愈來愈廣,在縱的層級上也愈來愈厚。

相形之下,《金剛經》「不住相布施」的含義要模糊得多。首先,就觀念上來說,一旦「離相無住」之後,個人「布施」所追求的只是福德的多少。既然淺薄的布施是物質金錢,深厚的布施是宣揚教化、滅度眾生;因此,「不住相布施」顯然意味著個人不會從事一般所認知的「生產性」活動。[15] 社會的福德可能也會增加;但是,除此之外,社會資源(價值)不會有加深、加厚的現象。當然,因為在真實世界裡,還不曾出現過由已經達到「離相無相」和「不住相布施」的

---

[14] 如果把經濟學中「專業化」(specialization)和「分工」(division of labor)的概念引進來,當然更容易說明這裡的論點。不過,為了使論述所用的基本分析性概念愈少愈好,在本文中並不引用專業化和分工這兩個概念。

[15] 宣揚教化當然也可解釋為「生產性」活動;不過,這種活動只會衍生出更多的宣揚教化。

個人所組成的社會,所以這個論點無法在實證上加以驗證。

其次,經濟活動所導致「一加一大於二」的結果,是社會有形的資源愈來愈多;這包括以金錢的形式所呈現的資源、其他的物質,以及由物質條件所支持的其他價值(如藝術、文學、音樂等)。相形之下「不住相布施」所帶來的福德,是布施者主觀上的感受,而不是在客觀上可以認定或衡量的。[16] 因此,「不住相布施」雖然也具有「一加一大於二」的性質,卻沒有形諸於外的表現。不過,如果「不住相布施」確實不會產生資源(價值)加深、加厚的現象,也並不隱含這種狀態是較差、較粗糙或較原始。

雖然「一加一大於二」通常意味著資源日趨深厚的過程,不過,這已經隱含了另外一種價值(加深加厚)。既然《金剛經》裡最崇高的價值就是福德,因此,「不住相布施」所帶來的福德,在價值上當然凌駕「資源加深加厚」的價值。從已達到「離相無住」和「不住相布施」的人們所組成的社會裡,物質和其他(如科技)條件可能不夠繁複精緻,可是卻有豐饒的福德。而根據《金剛經》的指標,福德是最高層次的價值。

伍、延伸問題的討論

在分析完經濟學對《金剛經》內容的闡釋之後,有幾點相關的考慮值得略提。這些問題的討論,都是超出前文對於

---

[16] 《金剛經》中雖然多次提到「福德」,並比較不同行為所隱含福德的多少,不過並沒有正面解釋「福德」的內涵。根據一般學者的解釋,對個人而言,「福德」是一種資產。此生多積累福,下一世會有較好的際遇。當然,下一世「較好」的際遇指的是什麼,也是一個值得繼續追究的問題。

《金剛經》內容的闡釋,而在另一個層次上斟酌《金剛經》的涵義。

一、「離相」的「相」?

首先,是關於「離相無住」和「不住相布施」的概念本身,是不是一種執著、一種「住」的問題;這個問題值得層層剖析:第一,根據《金剛經》,相對於「著(入)相有住」,「離相無住」當然是屬於較高的境界;而「不住相布施」又是基於「離相無住」的基礎,顯然是比「離相無住」的境界為高。可是,「不住相布施」的目的是「福德甚多」;因此,最終的目標還是在追求自己的福德。以經濟學的術語來說,服膺《金剛經》教誨的人,也是在追求自己的「效用」(utility);只不過這種效用和一般生活裡牛奶麵包所帶來的效用在性質上不太一樣。

第二,「離相無住」和「不住相布施」隱含了一種高下相對的層級,也隱含著對福德(一種抽象的價值)的追求。因此,接受「離相無住」和「不住相布施」這兩個概念,等於接受了這兩個概念所蘊含的價值;而接受了某種價值,也就等於著了某種抽象的「相」——著相有住。當然,這種「著相有住」和一般世俗的「著相有住」有相當大的差別;無論在一個人內在的心情思惟或外在的行為表現上,都可能迥然不同。

第三,延續第二點,追求「離相無住」和「不住相布施」,也就是在追求一種價值,而對價值的追求就是一種執著、一種著相、一種「住」。事實上,除非像前面所描述的,對自助餐檯上的所有餐點都一視同仁,能完完全全的無可無不可;否則,只要在觀念上有任何的「差別」(「相對」的概念),因而有所取捨,就一定有「住」的問題。這個觀點其實很容

易論證;以「離相無住」為例,以「著相有住」和「離相無住」這兩個概念為端點,可以界定出一道寬廣的光譜。在光譜的兩個極端之間有無窮多的點,代表著不同程度的「離相無住」。[17]因此,由一般世俗大眾的「著相有住」,進展到完完全全的「離相無住」是一個過程,而這個過程本身就反映了對「離相無住」這個目標的追求(執著、住)。一旦達到了完全的「離相無住」,就轉變成對「離相無住」這種狀態的執著——另一種「住」。

二、價值觀的性質

其次,是關於「離相無住」和「不住相布施」這種價值觀的性質。前面已經指出,《金剛經》的這兩個概念也隱含了「相對」的內涵:和一般世俗大眾綿密複雜的價值觀相比,這兩個概念所反映的價值觀在結構上非常簡單——放棄對所有事物表相上的執著,以不住相的心情來布施。這是因為所有事物的意義都是由人所賦予的、是條件式的、也就是相對的;而相對於其他的作為,布施的福德甚多,因此值得追求。不過,「相對」的意義還可以進一步的發揮。

人在認知、辨認、思惟、賦予意義這些行為上的能力,顯然和一個人所處的環境與成長學習的經驗有關;因此,要能體會並接受「離相無住」和「不住相布施」的內涵,必然需要某種基本的生活經驗和心智能力。也就是說,對「離相無住」和「不住相布施」的體認不可能憑空而來,而必須有

---

[17] 《六祖壇經》中有兩首非常有名的偈;一首是神秀上座所寫的:「身是菩提樹,心如明鏡台。時時勤拂拭,勿使惹塵埃」。另外一首是六祖惠能所做的:「菩提本無樹,明鏡亦非台,本來無一物,何處惹塵埃」。因為這首偈,惠能得到五祖的傳承而成為六祖。顯然,五祖認為在「意境」的這個光譜上,惠能的層次比神秀高。

第十六章　經濟學對《金剛經》的闡釋

某種條件作為基礎；或者，再換一種說法：「離相無住」和「不住相布施」的觀念是在人的社會中所發展出來的，是一種相對於一般世俗價值觀的另外一種世界觀。如果沒有一般世俗價值觀（著相有住）的襯托，事實上烘托不出「離相無住」和「不住相布施」的特殊。

延續這個觀點；既然一般世俗的世界觀是以喜怒哀樂、愛恨情仇來面對生老痛死、苦難困頓，相形之下「離相無住」和「不住相布施」帶來完全不一樣的情懷。「離相無住」之後——說服自己自助餐檯上的餐點都是「一樣的」之後——心如止水，沒有理由有任何起伏；而且，「不住相布施」之後，福德甚多。因此，相對於世俗世界觀所帶來喜怒哀樂的起伏，《金剛經》的世界觀帶來的是安祥平和以及福德。對任何人來說，只要在某個時點上，接受《金剛經》帶來的好處勝過維持原有世界觀所得到的，就可能捨舊而取新。

而且，雖然前面指出，「離相無住」和「不住相布施」也都是某種意義的「住」，這卻無傷於這種價值觀會在某些情況下取代一般世俗的世界觀。要成為一種人所能安身立命的依恃（一種心理精神上的「住」），任何價值觀都並不需要在邏輯上前後一致、完整無誤，甚至不需要是「符合現實」的。[18,19]

---

[18] 回想前面提到的例子：對某些銷售人員而言，根據「顧客永遠都是對的」這個原則就足以應付生活中所有（重要）的事項。

[19] 由另外一種角度來看，「離相無住」和「不住相布施」可以有許多不同的層次。在較低的層次上，「離相無住」可以純粹是針對外在世界中事物意義的解釋——一種「相對」的世界觀。在較高的層次上，「離相無住」和「不住相布施」可以慢慢成為在內在心情和意識上，說服自己而企求達成的一種狀態。因此，主觀上一個人的心境可以愈來愈「離相無住」和「不住相布施」；推到極致，是不是能「完完全全的」離相無

進一步考慮，雖然《金剛經》提出了「離相無住」和「不住相布施」的精闢見解，可是，推廣《金剛經》需要由適當的人以適當的方式來宣揚教義。什麼方式較適合呢？誰領悟較深、道行較高呢？在這一切的取捨上，免不了要用到一般世俗大眾所依恃的行為準則——不得不需要某種能分辨出高下大小、好壞良否的衡量尺度，也就是不得不維持「有相」的狀態，以及在操作上能認知並解讀「相」的——一般世俗的價值體系。這就呼應了前面提到的觀點：《金剛經》中「離相無住」和「不住相布施」的觀點，是建立在一般世俗大眾日常生活經驗的基礎之上。[20]

三、價值觀的價值

再其次，是關於價值觀本身的價值問題。如果接受「離相無住」和「不住相布施」都是某種意義的「住」，那麼，值得進一步追究的問題是：相對於其他價值的「住」，「住」在「離相無住」和「不住相布施」這種價值的好處何在？根據《金剛經》，「離相無住」是達到「不住相布施」的基礎，而「不住相布施」的福德甚多。因此，得到「福德」似乎是「住」於這種價值觀的好處。不過，前文曾經指出，「福德」的實質內涵很模糊，甚至可能牽涉到排除在討論範圍之外的往世、來生等概念。還好，由經濟學的觀點，事實上可以為《金剛經》所隱含世界觀的魅力提出一些理由：前文曾經提到，相對於世俗

住和不住相布施，似乎就不是那麼重要了——雖然在智識和邏輯上，這還是一個有興味的問題。

[20] 事實上，《金剛經》裡對「福德」的強調也正反映了這一點。在一般世俗大眾的價值體系上，「福德」是好的、善的，值得追求的價值。即使把「福德」解釋成一種工具性的概念——像渡河所用的船一樣，是渡人所用的工具；用完即可捨去——對被渡的善男信女而言，他們還是藉著「福德」這個工具性概念而體認到所追求目標的意義。

大眾所持有、糾纏瑣碎的價值體系,《金剛經》指引的價值體系可能隱含較低的維持和執行成本（maintenance and execution costs）；這點值得稍作發揮。

　　第一，如果能達到「離相無住」的境界，等於相當程度簡化了因應環境所需要的認知、辨認、賦予意義等工作；而「不住相布施」等於是放棄了對自己福祉的考慮，一切以他人利益著眼，可能也可以避免掉汲汲於考量自己利益所隱含的成本。因此，「離相無住」和「不住相布施」提供了一以貫之的行為規則，所以很可能是一種成本較低的價值觀。第二，和世俗大眾一般的喜怒哀樂相比，「離相無住」和「不住相布施」帶來的是平靜祥和的心情（因為沒有執著，所以沒有起伏）。因此，這種價值觀可能可以產生較高的效益。第三，在一般的情形下，能追求且體會「離相無住」和「不住相布施」這兩種觀念的人並不多，因此，價值的稀少性加上「布施」所隱含的福德，都可以帶給自己正面的效益。第四，根據《金剛經》的教誨，「不住相布施」的好處是「福德甚多」、「福德不可思量」；可是，（未來的）福德只是一種「承諾」（promise），「布施－福德」的因果關係和「喝水－解渴」的因果關係不同。後者是可以立即感受的，而前者卻是無從驗證的。不過，每一個人心中都可以維持一套小的價值（賞罰）體系；只要能說服自己接受這套價值體系，就可以堅持「布施」，並且從布施的過程中得到滿足和自我肯定。被承諾的「福德」可能永遠不曾出現，可是要發揮指引行為的功能事實上已經出現。第五，前面幾點分別是以「離相無住」和「不住相布施」因應環境所隱含的成本和效益，兩者的差就是淨增益（net gains）。對不同的人而言，因為經驗和所處環境的差別，淨增益將會有大小高低之分。根據

簡單的經濟學概念，潛在淨增益愈大的人，愈容易接受「離相無住」和「不住相布施」的觀點。因此，生活中苦難煩惱愈多、愈希望得到祥和平靜心情（譬如，經濟條件較弱、身體狀況較差，或生命中遭受重大挫折）的人，愈可能成為《金剛經》的信徒。第六，事實上，前一點隱含了一項可以在實證上檢驗真假的「假說」（hypothesis）。而且，這個假說不僅可以在個人層次上檢驗，也適用於對較大的環境如社會或區域：人口愈多、經濟條件愈差的地區（歷史上的印度、東南亞、中國大陸），會有愈多《金剛經》（佛教）的信徒。[21]

四、價值觀的呈現

對個人和社會而言，到底《金剛經》的思想會有何影響；這是一個實證性的問題（an empirical question），不過還是可以試著作一些揣測。可以先考慮對社會的影響，再以同樣的推論方式考慮對個人的影響。

對一個社會而言，假設剛開始時，有極少數的人因為偶然的機緣而成為《金剛經》的信徒；而且，他們不但了解並接受「離相無住」及「不住相布施」的教誨，並且他們的言談、舉止和行為上都能實現這兩個概念。具體而言，少數人在外觀和行為上會有一些特質：第一，因為深解《金剛經》的義趣，所以「離相無住」；心情一片祥和，外觀上顯露出安詳從容的神態；第二，因為有「離相無住」的體會，所以對事物的見解要比一般人深刻得多；第三，不斷地對其他人布施，不論是物質上的濟助或教義上的宣揚。

---

[21] 現代歐美地區許多西方人對禪（佛教的一支）的追求，可能正反映了在高度物質文明下，心靈上需要找到能有所屬的「住」所。

對社會上其他人而言,這些極少數人顯然具有正面的意義(正的外部性);這些《金剛經》的信徒和使者提供了一種明確、正面的參考點,其他人樂於和這些人相處。既然這些少數的《金剛經》信徒受到接納和肯定,會開始有人主動或被動的慢慢成為信徒。因此,由極少數的信徒開始,社會上《金剛經》信徒的人數會逐漸增加。

增加的趨勢會持續,但是,一些抑制擴張或反制的力量也會漸次出現。首先,「離相無住」意味著無可無不可、不計較個人的(物質)條件;所以,《金剛經》的信徒會(或有可能)成為被套利(being arbitraged)的對象,也就是會被凡人中的某些人所占便宜。其次,「離相無住」表示只在乎心智上的寧靜,而放棄對物質條件的追求;重精神上的滿足,而不重感官上的滿足。可是,社會上總有一些人會把感官上的滿足放在較高的位階上,而不見得願意接受《金剛經》的教誨。最後,當《金剛經》信徒的人數增加之後,這些信徒之間的摩擦、糾紛、衝突、爭奪會不可避免的逐漸出現;這當然會削弱往外擴充的力量。因此,這三種因素,都會使得《金剛經》的信徒和一般社會大眾這兩種人之間,維持一種和諧穩定的狀態,也許可以稱為是一種「均衡」(an equilibrium)。

對一個人而言,也可以作類似的推論。如果把一個人看成是一個小的社會,那麼這個社會(這個人)會有某個百分比的受《金剛經》教誨的支配,而其餘的部分則和一般社會(常人)無異。也就是說,一個人很可能運用《金剛經》的教誨來因應生活中的某些面向或處理某些問題;這時候,《金剛經》的教誨就等於是這個人工具箱中的一種工具,會在某些場合或情況上(被)披掛上陣。

一旦結合前面對社會和個人的分析，似乎可以得到這種預測：社會上有一部分人（可能為數不多）是《金剛經》虔誠的信徒，另外有一部分人是深淺不一的接受某種程度的《金剛經》，還有一小部分人是完全排斥《金剛經》。這三種人所占的百分比，顯然受到很多因素的影響；不過，在觀念上來說，這種結構似乎正足以反映不同時空環境下、大部分我們所了解的社會。

五、「實然」和「應然」

接著，是關於「實然」（positive）和「應然」（normative）之間區分的問題。就經濟學而言，大體上是以實然面的分析為主；經濟學家站在旁觀者的立場，對於所觀察到的現象提出（他們認為）合理的解釋。這是「實然分析」（positive analysis）；「應然」的部分，是在於實證分析所隱含對個人或政府政策的建議：如果消費者或政府可以經由成本效益的分析而追求效用最大，在行為上顯然就值得採取成本效益分析。

就《金剛經》而言，實然部分是「離相無住」所描述的世界觀。既然事物的意義都是由「相」所引發出的執著，比較深入（正確）的認知，顯然是基於對事物相對性的體會而採取的離相無住；這是實證分析的部分。基於這種體認，一個人在行為態度上自然而然應該有兩種方向：不住相布施──放棄我執；滅度眾生──自渡而後渡人。

可見，經濟學和《金剛經》都含有實證性和規範性這兩個部分。不過，經濟學規範性意義的終極目標，是經由資源運用效率的提高而「國富」；《金剛經》規範性意義的終極目標，是人在自渡之外並且渡他──最後是所有人都被渡化，所有的人因而都離相無住、不住相布施。至於物質（資

源)運用是處於何種狀態,社會的物質條件是如何等等,這些都不是佛教或《金剛經》所關注的問題。

六、自然和人為

最後,是關於經濟學和《金剛經》的教義對事物狀態的影響。根據經濟學的基本觀念,理性自利的人都知道自己的利之所在;所以,毋需經濟學(者)的教誨,他們自己會透過市場交易或人際交往而設法增進自己的福祉。不論是在市場或非市場的活動裡,都會逐漸出現「自然形成的秩序」(spontaneous order)。如果經由經濟學(者)的提醒開導,也許一般人比較能有效的解決一些公共財的問題,在資源運用的效率上也能有所改善;不過,有無經濟學(者)的差別將只是程度上的差別——如果大家都相信(一隻手)的經濟學者,也許每個國家的國民所得都會提高幾個百分點。

相形之下,有無《金剛經》的差別卻會影響到整個社會的性質。如果沒有《金剛經》,世俗大眾在他們的生活經驗裡不太可能有「離相無住」、「不住相布施」的認知;因此,這是一個世俗的、未受啟迪教化的社會。一旦有《金剛經》,且經由宣導教化,《金剛經》的教義深植民心;由於認知提升到了一個完全不同的境界,行為也會發生根本的、本質上的變化,整個社會所呈現出來的狀態,將和沒有《金剛經》薰陶的社會迥然不同。[22]

---

[22] 這裡當然是非常簡化的敘述;還有很多有趣而且重要的問題都沒有處理。譬如,推廣經濟學可以經由教育這個正常的管道,對金剛經(或其他佛教經典、其他宗教)的宣揚推廣是經由哪一種管道呢?在還沒有達到「滅度一切眾生」的過渡階段中,如何處理社會上所面臨的實際問題(如墮胎合法化、同性戀結婚、環保或經濟發展等)?對於這些具體的問題,世俗的經濟學有一套因應問題的分析架構;相形之下,金剛經(或

簡單的說，如果世界上沒有經濟學（家），世界可照常運作；可是，如果世界上沒有《金剛經》，世界也會照常運作——只不過是在一種粗糙而混沌的狀態下運作。

陸、結論

當兩種不同的文化開始接觸時，往往因為隔閡而出現衝突和傾軋；這種現象也出現在學科與學科之間，以及某一學科之內的學派與學派之間。要化解或克服這種障礙，可以經由接觸、對話、溝通等等而試著找出彼此的交集。從經濟學的角度來解讀闡釋佛教的重要經典《金剛經》，也可以看成是一種價值觀向另外一種價值觀延伸的嘗試。即使在最根本、最高層次的理念思惟上，可能有無法跨越的鴻溝，在較低的層次上或許還是可以琢磨出某種交集。

本文雖然從經濟學的角度對《金剛經》作了一些討論和發揮；但是這只是起步，還有許許多多的問題並未處理。譬如，《金剛經》多次以「我」作為論述的起點，這個「我」的概念和「離相無住」的關係是什麼？彼此有沒有衝突？還有，日本企業界對禪很著迷，似乎能把類似「離相無住」的心情和追求利潤的動機彼此調和；因此，如果以《金剛經》的內涵或精神作為行事準則，在高度科技化、高度文明化的現代社會裡，對一般人而言意義是什麼？還有，相關的問題是：以《金剛經》的教義滅度眾生時，所採用的邏輯、思惟、方式和手段，是「離相無住」的世界觀或是一般世俗大眾的世界觀？這些問題不但在智識的探索上有相當的興味，對於

其他佛教經典、其他宗教）卻似乎無從以對。

了解《金剛經》乃至於更廣泛的佛教教義也非常重要；顯然值得進一步探究。

最後，如果要以一句話來貫穿經濟學和《金剛經》的思想，下面這句話似乎相當得體：人，是衡量一切事物的主體。

參考文獻

Akerlof, George A., "The Market for 'Lemons': Quality Uncertainty and the Market Mechanism," *Quarterly Journal of Economics*, 222: 488-500, 1970.

Alford, William P., "Law, Law, What Law? Why Western Scholars of China Have Not Had More to Say about Its Law," in Turner, Karen G., Feinerman, James V., and Guy, R. Kent, eds., *The Limits of the Rule of Law in China*, 45-64, Seattle & London: University of Washington Press, 2000.

Arnott, Richard, and Stiglitz, Joseph E., "Moral Hazard and Nonmarket Institutions: Dysfunctional Crowding out or Peer Monitoring?" *American Economic Review*, 81(1): 179-90, 1991.

Ashford, Robert, "Socio-economics: What is Its Place in Law Practice?" *Wisconsin Law Review*, 611-23, 1997.

Ayres, Ian, "Never Confuse Efficiency with a Liver Complaint," *Wisconsin Law Review*, 503-19, 1997.

Baird, Douglas G., "The Future of Law and Economics: Looking Forward," *University of Chicago Law Review*, 64(4), 1129-65, 1997.

Barro, Robert J., *Getting It Right*, Cambridge, MA: MIT Press, 1996.

Baxter, William F., and Lillian R., Altree, "Legal Aspects of Airport Noise," *Journal of Law and Economics*, 15: 1-113, 1972.

Becker, Gary S., *The Economics of Discrimination*, Chicago: University of Chicago Press, 1957.

―――, *The Economic Approach to Human Behavior*, Chicago: University of Chicago Press, 1976.

―――, *A Treatise on the Family*, Cambridge, MA: Harvard University Press, 1991.

―――, "Nobel Lecture: The Economic Way of Looking at Behavior," *Journal of Political Economy*, 101(3): 385-409, 1993.

_____, "Comments on the Sexual Revolution," Becker-Posner Blog, April 10, 2005.

Becker, William E., "Teaching Economics in the 21st Century," *Journal of Economic Perspectives*, 14(1): 109-119, 2000.

_____, and Watts, Michael, eds., *Teaching Economics to Undergraduates*, MA: Northampton, 1998.

Benedict, Ruth, *The Chrysanthemum and the Sword*, Cambridge, MA: Riverside Press, 1946.

Bhagwati, Jagdish N., "Directly Unproductive, Profit-Seeking (DUP) Activities," *Journal of Political Economy*, 90(5): 988-1002, 1982a.

_____, Brecher, Richard A., and Srinivasan, T.N., "DUP Activities and Economic Theory," in Colander, D.C., ed., *Neoclassical Political Economy*, 17-32, Cambridge: Ballinger, 1984.

Binmore, Ken, *Game Theory and the Social Contract, Vol. 1: Playing Fair*, Cambridge, MA: MIT Press, 1994.

Blaug, Mark, "No history of Ideas, Please, We are Economists," *Journal of Economic Perspectives*, 15(1): 145-164, 2001.

Boettke, Peter J., "Where Did Economics Go Wrong? Modern Economics as a Flight from Reality," *Critical Review*, 11: 11-65, 1997.

Bosco, Joseph, "Taiwan Factions: Guanxi, Patronage, and the State in Local Politics," in Rubinstein, Murray A., ed., *The Other Taiwan: 1945 to the Present*, 114-43, Armonk: M.E. Sharpe, 1994.

Brennan, Geoffrey H., and Tollison, Robert D., "Rent Seeking in Academia," in Buchanan, James M., Tollison, Robert D., and Tullock, Gordon, eds., *In Toward a Theory of the Rent-Seeking Society*, 344-356, College Station, TX: Texas A&M University Press, 1980.

_____, and Hamlin, Alan, "An Introduction to the Status Quo," *Constitutional Political Economy*, 15(2): 127-32, 2004.

Brooks, Michaud A., and Heijdra, Ben J., "In Search of Rent Seeking," in Rowley, Charles K., Tollison, Robert D., and Tullock, Gordon, eds.,*The Political Economy of Rent-Seeking*, 51-62, Boston, MA: Kluwer Academic Publishers, 1988.

Buchanan, James M., *Cost and Choice*, Chicago: Markham Publishing Co., 1969a.

_____, "The Status of the Status Quo," *Constitutional Political Economy*, 15(2): 133-144, 1969b.

_____, "Good Economics-Bad Law," *Virginia Law Review*, 60: 483-92, 1974.

_____, "Economics and Its Scientific Neighbors," in James M. Buchanan, *What Should Economists Do?* Indianapolis: Liberty Press, 1979.

_____, *Liberty, Market and State: Political Economy in the 1980s*, Brighton: Wheatsheaf Books, 1986.

_____, *Essays on the Political Economy*, Honolulu: University of Hawaii Press, 1989.

_____, "Choosing What to Choose," *Journal of Institutional and Theoretical Economics*, 150(1): 123-35, 1994.

_____, and Tullock, Gordon, *The Calculus of Consent: Logical Foundations of Constitutional Democracy*, Ann Arbor: University of Michigan Press, 1962.

_____, and Brennan, Geoffrey, "Tax Instruments as Constraints on the Disposition of Public Revenues," *Journal of Public Economics*, 9(3): 301-18, 1978.

_____, Tollison, Robert D., and Tullock, Gordon, eds., *Toward a Theory of the Rent-Seeking Society*, College Station, TX: Texas A & M University Press, 1980.

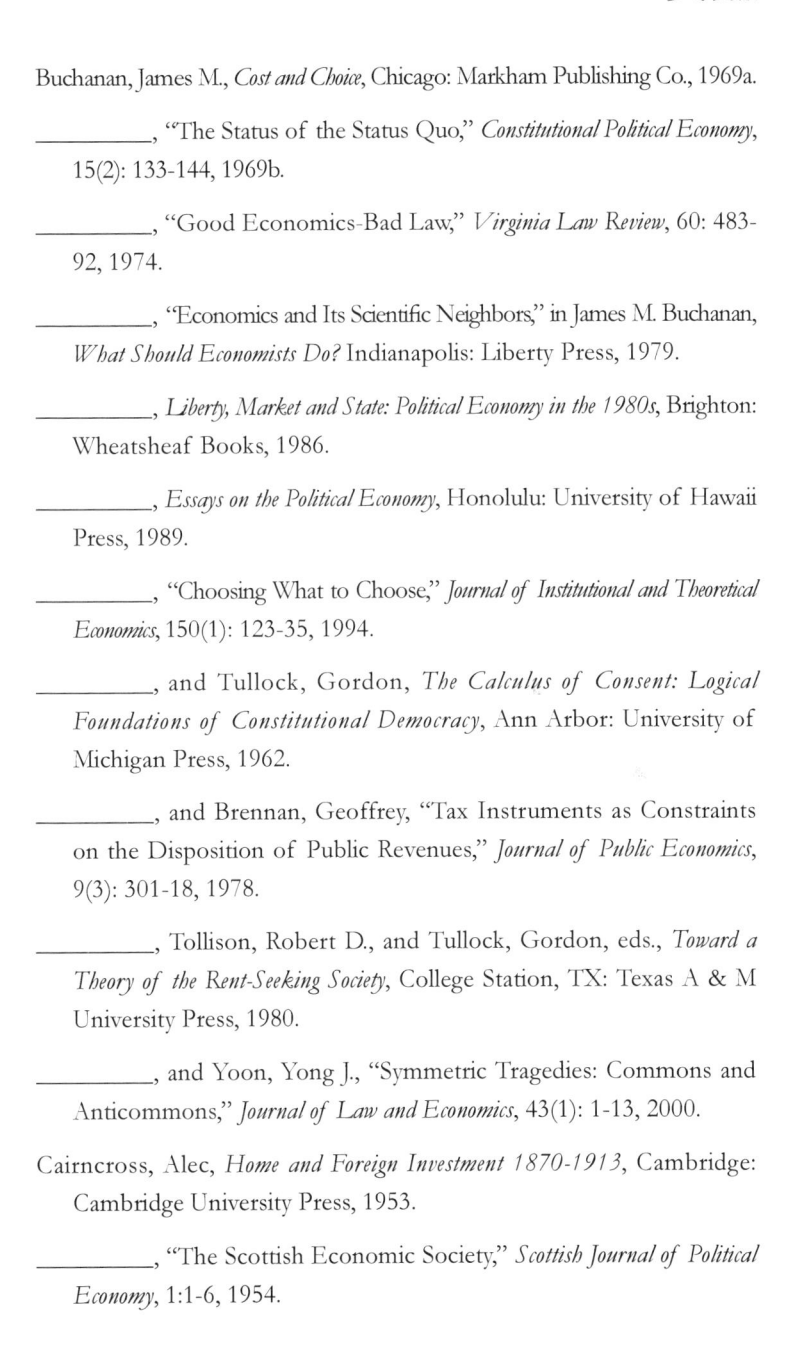

_____, and Yoon, Yong J., "Symmetric Tragedies: Commons and Anticommons," *Journal of Law and Economics*, 43(1): 1-13, 2000.

Cairncross, Alec, *Home and Foreign Investment 1870-1913*, Cambridge: Cambridge University Press, 1953.

_____, "The Scottish Economic Society," *Scottish Journal of Political Economy*, 1:1-6, 1954.

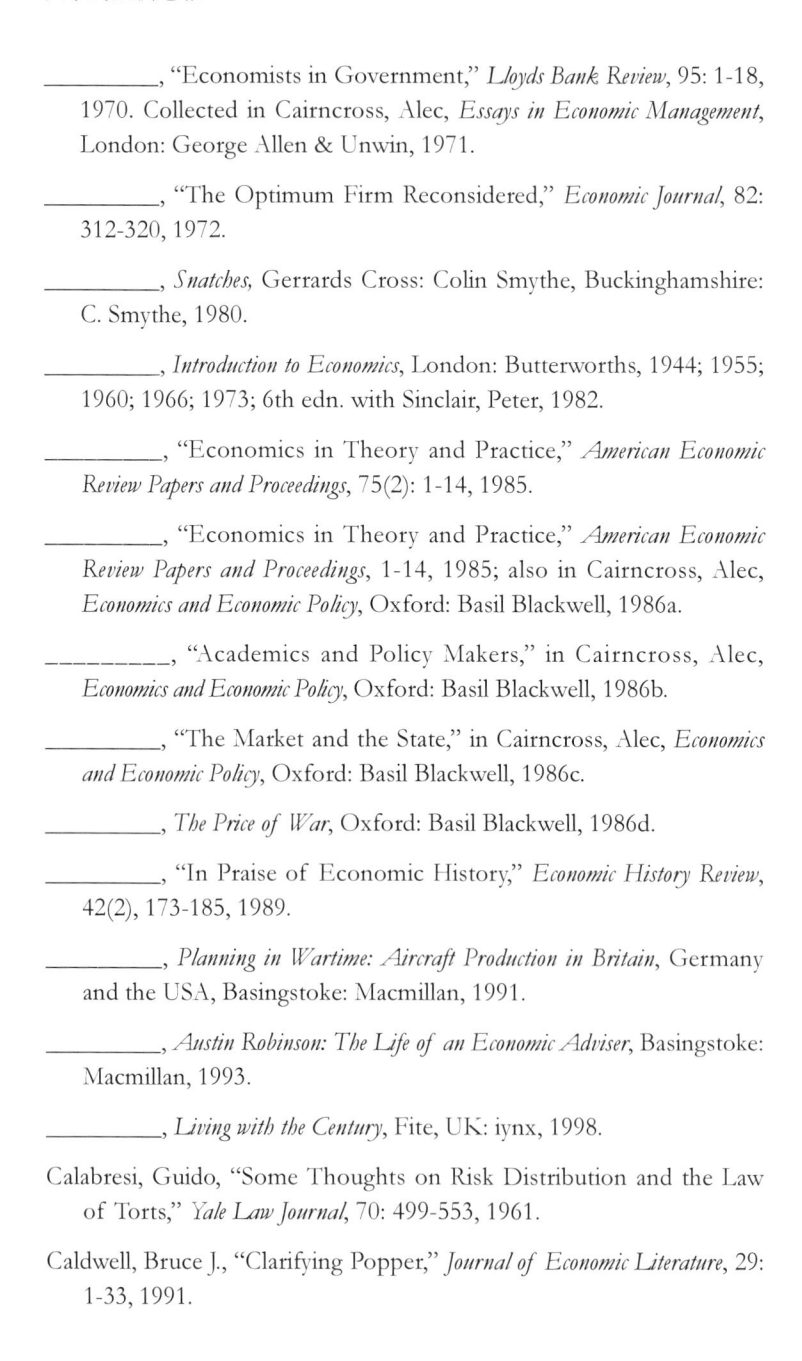

_____, "Economists in Government," *Lloyds Bank Review*, 95: 1-18, 1970. Collected in Cairncross, Alec, *Essays in Economic Management*, London: George Allen & Unwin, 1971.

_____, "The Optimum Firm Reconsidered," *Economic Journal*, 82: 312-320, 1972.

_____, *Snatches*, Gerrards Cross: Colin Smythe, Buckinghamshire: C. Smythe, 1980.

_____, *Introduction to Economics*, London: Butterworths, 1944; 1955; 1960; 1966; 1973; 6th edn. with Sinclair, Peter, 1982.

_____, "Economics in Theory and Practice," *American Economic Review Papers and Proceedings*, 75(2): 1-14, 1985.

_____, "Economics in Theory and Practice," *American Economic Review Papers and Proceedings*, 1-14, 1985; also in Cairncross, Alec, *Economics and Economic Policy*, Oxford: Basil Blackwell, 1986a.

_____, "Academics and Policy Makers," in Cairncross, Alec, *Economics and Economic Policy*, Oxford: Basil Blackwell, 1986b.

_____, "The Market and the State," in Cairncross, Alec, *Economics and Economic Policy*, Oxford: Basil Blackwell, 1986c.

_____, *The Price of War*, Oxford: Basil Blackwell, 1986d.

_____, "In Praise of Economic History," *Economic History Review*, 42(2), 173-185, 1989.

_____, *Planning in Wartime: Aircraft Production in Britain*, Germany and the USA, Basingstoke: Macmillan, 1991.

_____, *Austin Robinson: The Life of an Economic Adviser*, Basingstoke: Macmillan, 1993.

_____, *Living with the Century*, Fite, UK: iynx, 1998.

Calabresi, Guido, "Some Thoughts on Risk Distribution and the Law of Torts," *Yale Law Journal*, 70: 499-553, 1961.

Caldwell, Bruce J., "Clarifying Popper," *Journal of Economic Literature*, 29: 1-33, 1991.

Campbell, Kurt M., and Mitchell, Derek J., "Crisis in the Taiwan Strait?" *Foreign Affairs*, July/August, 2001.

Caplan, Bryan, "Rational Ignorance versus Rational Irrationality," *Kyklos*, 54: 3-26, 2001.

Carneiro, Robert L., "A Theory of the Origin of the State," *Science*, 169: 733-738, 1970.

Chang, Juin-jen, Lai, Ching-chong, and Yang, C.C., "Casual Police Corruption and the Economics of Crime: Further Results," *International Review of Law and Economics*, 20(1): 35-51, 2000.

Chang, T.S., and King, Ambrose Y.C., "A Study of Confucian Entrepreneurs in Mainland China, Taiwan, and Hong Kong," in So, Alvin Y., Lin, Nan, and Poston, Dudley, eds., *The Chinese triangle of Mainland China, Taiwan, and Hong Kong: Comparative Institutional Analyses*, 43-58, London, UK: Greenwood Publishing Group, 2001.

Chen, Kong-Pin, "Renegotiation-Proof Collusion under Imperfect Monitoring," in Chu, Wan-Wen, ed., *Industrial Structure and Fair-Trade Law*, Taipei: Academia Sinica, 1994 (in Chinese).

_____, "Sabotage in Promotion Tournament", *Journal of Law, Economics and Organization*, 19:1, 119-140, 2003.

Cheung, Steven N.S., "The Fable of the Bees: An Economic Investigation," *Journal of Law and Economics*, 16: 11-34, 1973.

_____, "The Contractual Nature of the Firm," *Journal of Law and Economics*, 26: 1-21, 1983.

_____, *The Words of an Orange Seller*, Taipei: Yuan-Liou Publishing Co., Ltd., 1989a (in Chinese).

_____, *Sentiments on Hong Kong, Taiwan, and Mainland China*, Taipei: Yuan-Liou Publishing Co., Ltd., 1989b (in Chinese).

_____, "The Transaction Costs Paradigm," *Economic Inquiry*, 36(4), 514-21, 1998.

_____, *Economic Interpretations*, Vol. I-III, Hong Kong: Acadia Publishing Co., 2001, 2002 (in Chinese).

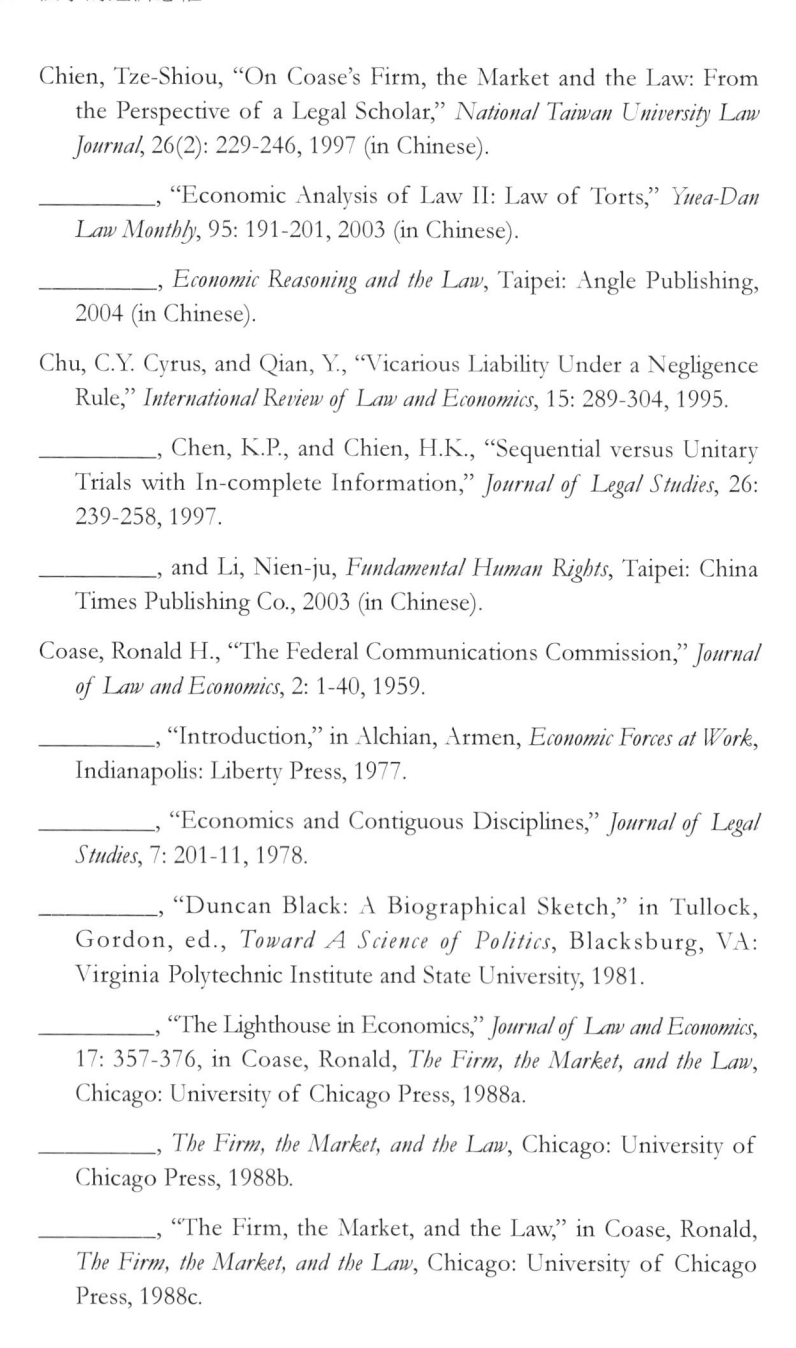

Chien, Tze-Shiou, "On Coase's Firm, the Market and the Law: From the Perspective of a Legal Scholar," *National Taiwan University Law Journal*, 26(2): 229-246, 1997 (in Chinese).

_____, "Economic Analysis of Law II: Law of Torts," *Yuea-Dan Law Monthly*, 95: 191-201, 2003 (in Chinese).

_____, *Economic Reasoning and the Law*, Taipei: Angle Publishing, 2004 (in Chinese).

Chu, C.Y. Cyrus, and Qian, Y., "Vicarious Liability Under a Negligence Rule," *International Review of Law and Economics*, 15: 289-304, 1995.

_____, Chen, K.P., and Chien, H.K., "Sequential versus Unitary Trials with In-complete Information," *Journal of Legal Studies*, 26: 239-258, 1997.

_____, and Li, Nien-ju, *Fundamental Human Rights*, Taipei: China Times Publishing Co., 2003 (in Chinese).

Coase, Ronald H., "The Federal Communications Commission," *Journal of Law and Economics*, 2: 1-40, 1959.

_____, "Introduction," in Alchian, Armen, *Economic Forces at Work*, Indianapolis: Liberty Press, 1977.

_____, "Economics and Contiguous Disciplines," *Journal of Legal Studies*, 7: 201-11, 1978.

_____, "Duncan Black: A Biographical Sketch," in Tullock, Gordon, ed., *Toward A Science of Politics*, Blacksburg, VA: Virginia Polytechnic Institute and State University, 1981.

_____, "The Lighthouse in Economics," *Journal of Law and Economics*, 17: 357-376, in Coase, Ronald, *The Firm, the Market, and the Law*, Chicago: University of Chicago Press, 1988a.

_____, *The Firm, the Market, and the Law*, Chicago: University of Chicago Press, 1988b.

_____, "The Firm, the Market, and the Law," in Coase, Ronald, *The Firm, the Market, and the Law*, Chicago: University of Chicago Press, 1988c.

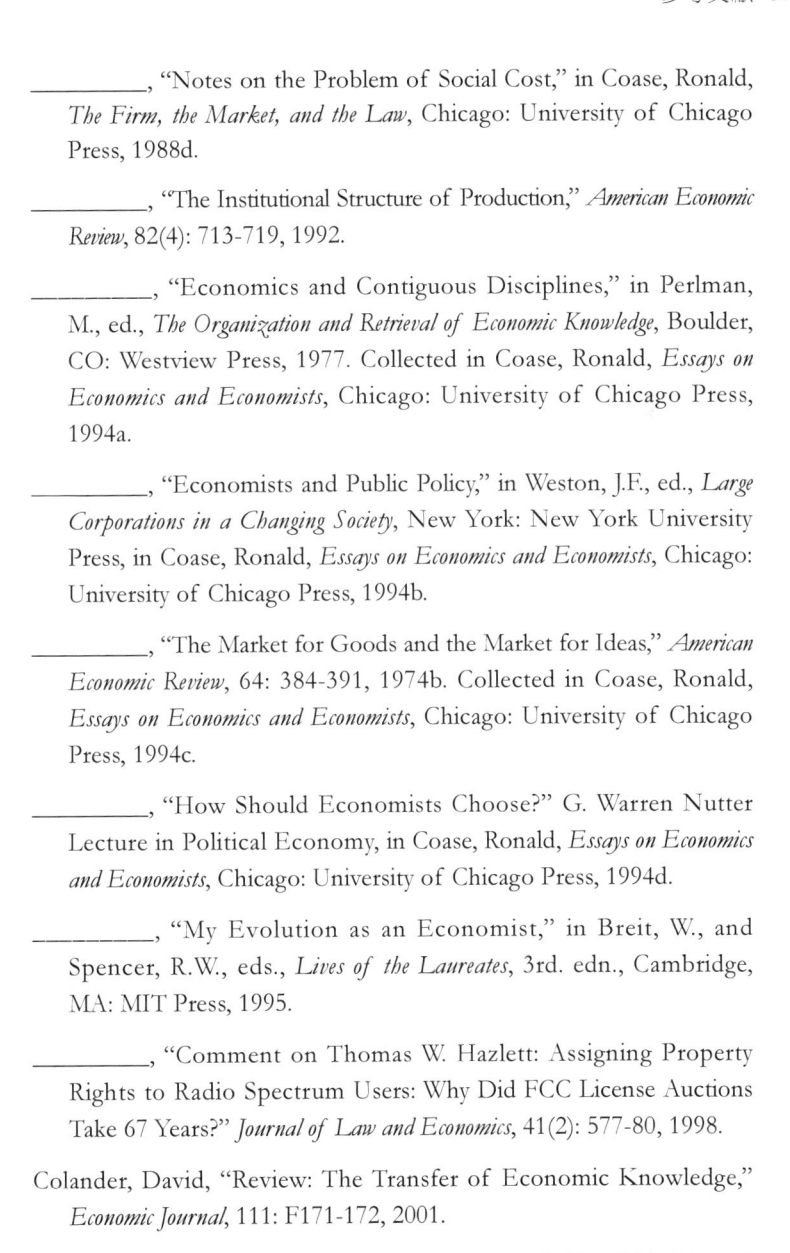

_____, "Notes on the Problem of Social Cost," in Coase, Ronald, *The Firm, the Market, and the Law*, Chicago: University of Chicago Press, 1988d.

_____, "The Institutional Structure of Production," *American Economic Review*, 82(4): 713-719, 1992.

_____, "Economics and Contiguous Disciplines," in Perlman, M., ed., *The Organization and Retrieval of Economic Knowledge*, Boulder, CO: Westview Press, 1977. Collected in Coase, Ronald, *Essays on Economics and Economists*, Chicago: University of Chicago Press, 1994a.

_____, "Economists and Public Policy," in Weston, J.F., ed., *Large Corporations in a Changing Society*, New York: New York University Press, in Coase, Ronald, *Essays on Economics and Economists*, Chicago: University of Chicago Press, 1994b.

_____, "The Market for Goods and the Market for Ideas," *American Economic Review*, 64: 384-391, 1974b. Collected in Coase, Ronald, *Essays on Economics and Economists*, Chicago: University of Chicago Press, 1994c.

_____, "How Should Economists Choose?" G. Warren Nutter Lecture in Political Economy, in Coase, Ronald, *Essays on Economics and Economists*, Chicago: University of Chicago Press, 1994d.

_____, "My Evolution as an Economist," in Breit, W., and Spencer, R.W., eds., *Lives of the Laureates*, 3rd. edn., Cambridge, MA: MIT Press, 1995.

_____, "Comment on Thomas W. Hazlett: Assigning Property Rights to Radio Spectrum Users: Why Did FCC License Auctions Take 67 Years?" *Journal of Law and Economics*, 41(2): 577-80, 1998.

Colander, David, "Review: The Transfer of Economic Knowledge," *Economic Journal*, 111: F171-172, 2001.

Coleman, James S., *Foundations of Social Theory*, Cambridge, MA: Harvard University Press, 1990.

Coleman, Jules L., "Economics and the Law: A Critical Review of the Foundations of the Economic Approach to Law," *Ethics*, 94: 649-79, 1984.

Conze, Edward, *Buddhist Wisdom Books: The Diamond Sutra and the Heart Sutra*, London: George, Allen and Unwin, 1958.

Cooter, Richard N., "The Coase Theorem and International Economic Relations," *Japan and the World Economy*, 7(1): 29-44, 1995.

Cooter, Robert D., "Law and the Imperialism of Economics: An Introduction to the Economic Analysis of Law and a Review of the Major Books," *UCLA Law Review*, 29: 1260-69, 1982.

_____, and Rubinfeld, Daniel L., "Economic Analysis of Legal Disputes and Their Resolution," *Journal of Economic Literature*, 27: 1067-97, 1989.

_____, and Ulen, Thomas, *Law and Economics*, 2nd ed., Reading, MA: Addison-Wesley, 1997.

Cosmides, Leda, and Tooby, John, "Better than Rational: Evolutionary Psychology and the Invisible Hand," *American Economic Review*, (*Papers and Proceedings*), 84(2): 327-32, 1994.

Dau-Schmidt, Kenneth G., "Economics and Sociology: The Prospects for an Interdisciplinary Discourse of Law," *Wisconsin Law Review*, 389-419, 1997.

Davies, Howard, Leung, Thomas K.P., Luk, Sherriff T.K., and Wong, Yiu-hing, "The Benefits of 'Guanxi' -the Value of Relationships in Developing the Chinese Market," *Industrial Marketing Management*, 24: 207–214, 1995.

Dawkins, Richard, *The Selfish Gene*, Oxford: Oxford University Press, 1976.

De Alessi, Michael, "An Ivory-Tower Take on the Ivory Trade," *Econ Journal Watch*, 1(1): 47-54, 2004a.

_____, "Reply to Kremer," *Econ Journal Watch*, 1(1): 58-60, 2004b.

De Soto, Hernando, *The Mystery of Capital: Why Capitalism Triumphs in the West and Fails Everywhere Else*, New York: Basic Books, 2000.

Deane, Phyllis, "Review: The Scottish Economy," 65: 129-131, 1955.

Demsetz, Harold, "Toward a Theory of Property Rights," *American Economic Review*, 57(2): 347-359, 1967.

_____, "The Primacy of Economics: An Explanation of the Comparative Success of Economics in the Social Sciences," *Economic Inquiry*, 35(1): 1-11, 1997.

_____, "Coase, Ronald," in Newman, Peter, ed., *The New Palgrave Dictionary of Economics and the Law*, 262-270, London: Macmillan, 1998.

_____, "The Problem of Social Cost: What Problem? A Critique of the Reasoning of A.C. Pigou and R. H. Coase," *Review of Law & Economics*, 7(1): 1-13, 2011.

Denzau, Arthur T., and North, Douglass C., "Shared Mental Models: Ideologies and Institutions," Kyklos, 47(1): 3-31, 1994.

Diamond, Larry, "The Rule of Law as Transition to Democracy in China," in Zhao, Suisheng, ed., *Debating Political Reform in China: Rule of Law vs. Democratization*, 79-90, New York: M. E. Sharpe, 2006.

Dorner, Dietrich, *The Logic of Failure: Why Things Go Wrong and What We Can Do to Make Them Right*, Translated by Kimber, Rita, and Kimber, Robert, New York: Metropolitan Books, 1996.

Dworkin, Ronald M., *Taking Rights Seriously*, Cambridge, MA: Harvard University Press, 1977.

_____, "Is Wealth a Value?" *Journal of Legal Studies*, 9: 191-226, 1980.

Easterbrook, Frank H., "The Supreme Court, 1983 Term-Foreword: The Court and the Economic System," *Harvard Law Review*, 98: 4-60, 1984.

Edlin, Aaron S., "Review Essay. The New Palgrave: Surveying Two Waves of Economic Analysis of Law," *American Law and Economics Review*, 2(2): 407-422, 2000.

Elster, Jon, *Local Justice: How Institutions Allocate Scare Goods and Necessary Burdens*, New York: The Russell Sage Foundation, 1992.

_____, ed., *Local Justice in America*, New York: The Russell Sage Foundation, 1995.

Epstein, Richard A., "Holdouts, Externalities, and the Single Owner: One More Salute to Coase, Ronald," *Journal of Law and Economics*, 36(1): 553-594, 1993.

_____, "Law and Economics: Its Glorious Past and Cloudy Future," *University of Chicago Law Review*, 64(4): 1167-74, 1997.

Etzioni, Amitai, "Socio-Economics: A Budding Challenge," in Etzioni, Amitai, and Lawrence, Paul R., eds., *Socio-Economics: Toward a New Synthesis*, New York: M.E. Sharpe, 1991.

Evensky, Jerry, "Professor Malloy, Judge Posner, and Adam Smith's Moral Philosophy," in Malloy, Robin P., and Evensky, Jerry eds., *Adam Smith and the Philosophy of Law and Economics*, Netherlands: Kluwer Academic Publishers, 1994.

Fan, Ying, "Questioning Guanxi: Definition, Classification and Implications," *International Business Review*, 11(5):543-561, 2002.

Feddersen, Timothy, "Rational Choice and the Paradox of Voting," *Journal of Economic Perspectives*, 18(1): 99-112, 2004.

Fei, Xiao-tong, *Rural China*, Shanghai: Observer, 1948 (in Chinese).

Fennell, Lee Anne, "Commons, Anticommons, Semicommons," in Smith, Henry E., and Ayotte, Kenneth, eds., *Research Handbook on the Economics of Property Law*, Brookfield, VT: Edward Elgar, 35-56, 2011.

Filipe, José António, Ferreira, Manuel Alberto M., and Coelho, Manuel, "The Tragedy of the Anti-Commons: A New Problem. An Application to the Fisheries," Working paper, Department of Economics at the School of Economics and Management (ISEG), Technical University of Lisbon, 2007.

Frank, Robert H., *Passions within Reason*, New York: W. W. Norton, 1988.

_____, *Microeconomics and Behavior*, New York: McGraw-Hill, 1991.

_____, and Bernanke, Ben S., *Principles of Economics*, New York: McGraw-Hill, 2001.

Freeman, Richard B., "The Changing State of Economics in the United Kingdom and United States," *Economic Journal*, 110: F355-357, 2000.

French, Howard W., *A Continent for the Taking: The Tragedy and Hope of Africa*, New York: Alfred A. Knopf, 2004.

Frey, Bruno S., *Economics as a Science of Human Behavior*, Boston, MA: Kluwer Academic Publishers, 1992.

Friedman, Milton, "The Methodology of Positive Economics," in Friedman, Milton, *Essays in Positive Economics*, Chicago: University of Chicago Press, 3-43, 1953.

Galbraith, John Kenneth, *The Anatomy of Power*, Boston: Houghton Mifflin, 1983.

Gigerenzer, Gerd, and Stelten, Reinhard. eds., *Bounded Rationality: The Adaptive Toolbox*, Cambridge, MA, London, UK: The MIT Press, 2001.

Gilovich, Thomas, and Regan, Dennis, "Does Studying Economics Inhibit Cooperation?" *Journal of Economic Perspectives*, 7: 159-71, 1993.

Golding, Martin P., "Jurisprudence and Legal Philosophy in Twentieth-Century America-Major Themes and Developments," *Journal of Legal Education*, 36: 441-80, 1986.

Goodhart, Charles A.E., "Review: Managing the British Economy in the 1960s: A Treasury Perspective," *Economic Journal*, 107: 52-854, 1997.

Gordley, James, "Tort Law in the Aristotelian Tradition," in Owen, 1995.

Granovetter, M. S., "The Strength of Weak Ties," *American Journal of Sociology*, 78(6): 1360-1380, 1973.

_____, "The Strength of Weak Ties: A Network Theory Revisited," *Sociological Theory*, 1: 201-233, 1983.

_____, "Economic Action and Social Structure: The Problem of Embeddedness," *American Journal of Sociology*, 91: 481-510, 1985.

_____, "The Impact of Social Structure on Economic Outcomes," *Journal of Economic Perspectives*, 19(1): 33-50, 2005.

Grove, Andrew S., *Only the Paranoid Survive*, New York: Doubleday, 1996.

Guillebaud, C.W., "Review: Introduction to Economics," *Economic Journal*, 55: 92-93, 1945.

Guthrie, Douglas, "The Declining Significance of Guanxi in China's Economic Transition," *The China Quarterly*, 154: 254-282, 1998.

Halsey, A. H., "Stereotyping (Sociology)," *Online Encyclopedia 2004*, 2004.

Hamermesh, Daniel S., and Soos, Neal M., "An Economic Theory of Suicide," *Journal of Political Economy*, 82(1): 83-98, 1974.

Hardin, Garrett, "The Tragedy of the Commons," *Science*, 162: 243-48, 1968.

Harris, James W., *Property and Justice*, Oxford: Clarendon Press, 1996.

_____, *Legal Philosophies*, 2nd ed, London: Butterworths, 1997.

Harsanyi, John C., "Cardinal Utility in Welfare Economics and in the Theory of Risk-Taking," *Journal of Political Economy*, 61: 434-435, 1953.

_____, "Cardinal Welfare, Individualistic Ethics, and Interpersonal Comparisons of Utility," *Journal of Political Economy*, 63: 309-321, 1955.

Haseler, Stephen, *The English Tribe*, Basingstoke: Macmillan, 1996.

Hazlitt, Henry, *Economics in One Lesson*, New York: Arlington House, 1979.

Heilbroner, Robert L., *21st Century Capitalism*, New York: Norton, 1993.

_____, *Visions of the Future*, Oxford, UK: Oxford University Press, 1996.

Heller, Michael A., "The Tragedy of the Anticommons: Property in the Transition from Marx to Markets," *Harvard Law Review*, 111(3): 621-688, 1998.

_____, and Eisenberg, Rebecca S., "Can Patents Deter Innovation? The Anticommons in Biomedical Research," *Science*, 280(5364): 698-701, 1998.

Heyne, Paul, Boette, Peter, and Drychitko, David, *The Economic Way of Thinking*, 10th ed., Upper Saddle River, NJ: Prentice Hall, 2003.

Hirshleifer, J., "The Expanding Domain of Economics," *American Economic Review*, 75(6): 53-67, 1985.

Honoré, Tony, "The Morality of Tort Law — Questions and Answers," in Owen, 1995.

Hsiao, Ruey-Lin, "Technology Fears: Distrust and Cultural Persistence in Electronic Marketplace Adoption," *Strategic Information Systems*, 12(3): 169-199, 2003.

Hsiung, Bingyuan, "On Resolving the Problems Entailed by the Rent-Reduction Act of Taiwan's Land Reform," *The Developing Economies*, 30(3): 198-214, 1992.

_____, "Sailing Towards the Brave New World of Zero Transaction Costs," *European Journal of Law and Economics*, 8(2): 153-69, 1999.

_____, "On the Equivalence and Non-equivalence of James Buchanan and Coase, Ronald," *Journal of Institutional and Theoretical Economics*, 156(4):715-736, 2000.

_____, "A Methodological Comparison of Coase, Ronald and Gary Becker," *American Law and Economics Review*, 3: 186-98, 2001a.

_____, "A Note on Earmarked Taxes," *Public Finance Review*, 29(3): 223-232, 2001b.

_____, *In Search of the Scale of the Heart*, Taipei: Commonwealth Publishing Company, 2002 (in Chinese).

_____, "Reconciling Coase and Buchanan on the Coase Theorem," *Journal of Institutional and Theoretical Economics*, 159(2): 392-413, 2003a.

_____, *Dr. Bear's Random Walk in Law*, 3rd printing, Taipei: China Times Publishing Co., 2003b (in Chinese).

_____, "The Commonality between Economics and Law," *European Journal of Law and Economics*, 18(1): 33-53, 2004a.

_____, "Coase Theorem and the Taiwan Strait Conflict," *Kyklos*, 57: 505-518, 2004c.

_____, "The Commonality between Economics and Law," European Journal of Law and Economics, 15(1): 33-56, 2004d.

_____, "On Economics as a Worldview," Journal of Interdisciplinary Economics, 17(4): 425-443, 2006.

_____, "Economics 0, 1, 2? —Illustrating the Core Insights of Economic Analysis," Journal of Interdisciplinary Economics, 19(2-3): 263-88, 2008.

_____, "Ten Questions for Legal Scholars," Journal of Interdisciplinary Economics, 21(2):111-142, 2009.

_____, "The Observational Equivalence of Commons and Anti-commons," under review, Theoretical Economics Letters, 2012.

_____, "*Guanxi*: Personal Connections in Chinese Society," Journal of Bioeconomics, 15(1): 17-40, 2013.

Hsu, F.L.K., "Psychological Homeostasis and Ren: Conceptual Tools for Advancing Psychological Anthropology," American Anthropologist, 73: 23–44, 1971.

Huang, Chenying, and Chu, C.Y. Cyrus, "On the Definition and Efficiency of Punitive Damages," International Review of Law and Economics, 2004.

Hwang, K.K., "Face and Favor: The Chinese Power Game," American Journal of Sociology, 92(4): 945-974, 1987.

_____, "Filial Piety and Loyalty: Two Types of Social Identification in Confucianism," Asian Journal of Social Psychology, 2: 163-183, 1999.

_____, "Chinese Relationalism: Theoretical Construction and Methodological Considerations," Journal for the Theory of Social Behavior, 30(2): 155-178, 2000.

_____, and Bedford, O. A., "Guilt and Shame in Chinese Culture: A Cross-cultural Framework from the Perspective of Morality and Identity," Journal for the Theory of Social Behaviour, 33(2): 127-144, 2003a.

_____, "In Search of a New Paradigm for Cultural Psychology," Asian Journal of Social Psychology, 6: 287-291, 2003b.

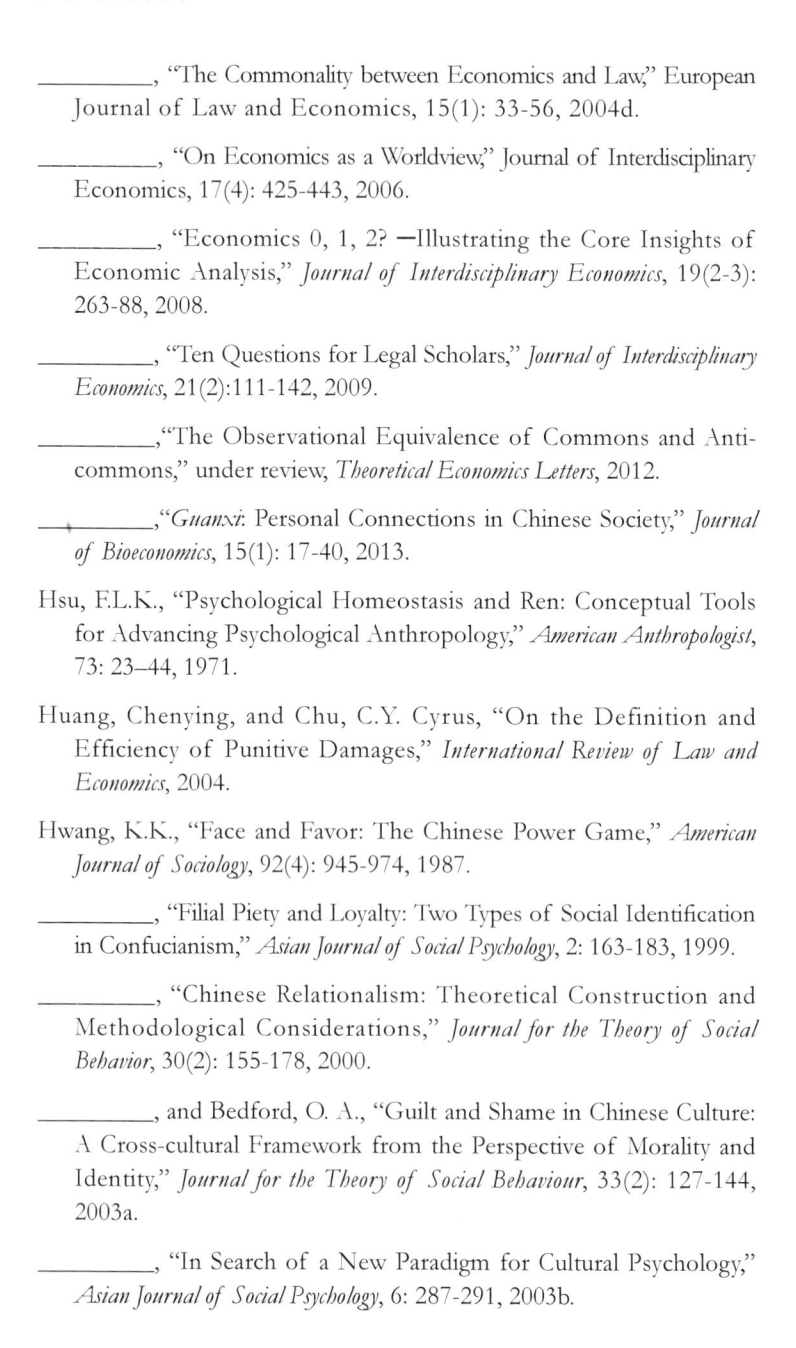

_____, "A Philosophical Reflection on the Epistemology and Methodology of Indigenous Psychologies," *Asian Journal of Social Psychology*, 8(1):5-17, 2005.

Jacobs, J. Bruce, "A Preliminary Model of Particularistic Ties in Chinese Political Alliances: KanCh'ing and Kuanhsi in a Rural Taiwanese Township." *The China Quarterly*, 78: 137-173, 1979.

Jan, Hon-jie, "From Steven Cheung to Bingyuan Hsiung—The Development of a New Literary Style," Preface for Hsiung, Bingyuan, *Everyone's Standing*, Taipei: Commonwealth Publishing (in Chinese), 2002.

Jerry Evensky, "The Limits of Science in Legal Discourse-A Reply to Posner," in Malloy, Robin P., and Evensky, Jerry, eds., *Adam Smith and the Philosophy of Law and Economics*, Netherlands: Kluwer Academic Publishers, 1994.

Jolls, Christine, Sunstein, Cass R., and Thaler, Richard H., "A Behavioral Approach to Law and Economics," in Sunstein, Cass R., ed., *Behavioral Law and Economics*, New York: Cambridge University Press, 13-58, 2000.

Kahneman, Daniel, and Tversky, Amos, "Prospect Theory: An Analysis of Decision under Risk," *Econometrica*, 47: 263-91, 1979.

Kaldor, Nicholas, "The Equilibrium of the Firm," *Economic Journal*, 44: 60-76, 1934.

Kan, Steven S., "Corporal Punishments and Optimal Incapacitation," *Journal of Legal Studies*, 25(1): 121-130, 1996.

_____, "Law & Economics in Taiwan," in Bouckaert Boudewijn, and Geest, Gerrit De, eds., *Encyclopedia of Law and Economics, Volume I: The History and Methodology of Law and Economics*, 328-336, Cheltenham: Edward Elgar, 2000.

Kant, Immanuel, *The Metaphysics of Morals*, Gregor, M., ed., Cambridge: Cambridge University Press, 1996.

Kay, John, "A Lost Cause?" *Prospect*, December, 22-27, 2000.

Kelman, Mark, Rottenstreich, Yuval, and Tversky, Amos, "Context-Dependence in Legal Decision Making," *Journal of Legal Studies*, 96:

287-317, 1996.

Han, K.H., Li, M.C., and Hwang, K.K., "Cognitive Responses to Favor Request from Social Targets of Different Relationships in a Confucian Society," Journal of Social and Personal Relationships, 22(2): 307-318, 2005.

Khan, Mushtaq H., and Sundaram, Jomo Kwame, eds., *Rents, Rent-Seeking and Economic Development: Theory and Evidence in Asia*, Cambridge, UK: Cambridge University Press, 2000.

Kipnis, Andrew, "Practices of Guanxi Production and Practices of Ganqing Avoidance," in Gold, Thomas, Guthrie, Doug, and Wank, David, eds., *Social Connections in China*, 21-34, Cambridge, UK: Cambridge University Press, 2002.

Knoedler, Janet T., and Underwood, Daniel A., "Teaching the Principles of Economics: A Proposal for a Multi-Paradigmatic Approach," *Journal of Economic Issues*, 37(3): 697-725, 2003.

Kolm, S. C., "The Buddhist Theory of 'No-self'," in Elster, J., ed., *The Multiple Self*, Cambridge: Cambridge Univ. Press, 1986.

Koo, Hui-Wen, "Allocation of Legal Costs: American Rule vs. British Rule," *Taiwan Economic Review*, 19(2): 197-218, 1991.

_____, and Sung, Yusen D., "The Public Financing of Private Election Expenditures: An Economic Analysis of the Taiwanese Election and Recall Law," *Taiwan Economic Review*, 21(1): 25-44, 1993 (in Chinese).

_____, and Png, Ivan P.L., "Private Security: Deterrent or Diversion?" *International Review of Law and Economics*, 14: 87-101, 1994.

Kremer, Michael, "Response to De Alessi," *Econ Journal Watch*, 1(1): 55-57, 2004a.

_____, "Rejoinder to De Alessi," *Econ Journal Watch*, 1(2): 277-78, 2004b.

Krueger, Anne O., "The Political Economy of the Rent-Seeking Society," *American Economic Review*, 64: 291-303, 1974.

_____, "The Use and Misuse of Theory in the Transfer Process," in Mohr, Ernst, ed., *The Transfer of Economic Knowledge*, Aldershot and Lyme, NH: Edward Elgar, 1999.

Kuhn, Thomas S., *The Structure of Scientific Revolutions*, Chicago: University of Chicago Press, 1962.

Kuran, T., "Religious Economics and the Economics of Religion," *Journal of Institutional and Theoretical Economics*, 150(4), 1994.

_____, "The Economic Ascent of the Middle East's Religious Minorities: The Role of Islamic Legal Pluralism," *Journal of Legal Studies*, 33: 475-515, 2004.

_____, *Private Truths and Public Lies: the Social Consequences of Preference Falsification*, Cambridge, MA: Harvard University Press, 1995.

Lancaster, Kelvin, "A New Approach to Consumer Theory," *Journal of Political Economy*, 74(1): 123-57, 1966.

Landa, Janet T., *Trust, Ethnicity, and Identity*, Ann Arbor: University of Michigan Press, 1994.

_____, "A Theory of the Ethnically Homogeneous Middleman Group: An Institutional Alternative Contract Law," *Journal of Legal Studies*, 10: 349-362, 1981; collected in Landa, Janet Tai, *Trust, Ethnicity, and Identity*, Michigan: University of Michigan Press, 1994.

_____, "The Co-evolution of Markets, Entrepreneurship, Laws, and Institutions in China's Economy in Transition: A New Institutional Economics Perspective," *University of British Columbia Law Review*, 32(2): 391-421, 1998.

Landes, David S., *The Wealth and Poverty of Nations: Why Are Some So Rich and Others So Poor?* New York: W. W. Norton, 1998.

Landsburg, Steven E., *The Armchair Economist*, New York: The Free Press, 1993.

Langford, Paul, *Englishness Identified: Manners and Character*, Oxford: Oxford University Press, 1650-1850, 2000.

Lawson, Tony, "Situated Rationality," *Journal of Economic Methodology*, 4(1): 101-26, 1997.

Lazear, Edward P., "Economic Imperialism," *Quarterly Journal of Economics*, 115: 99-146, 2000.

Lea, Stephen E.G., and Webley, Paul, "In Search of the Economic Self," *Journal of Socio-Economics*, 34: 585-604, 2005.

Lee, Maw H., *Becoming More Creative: How to Invent and Innovate*, Taipei: Unalis Co., 1995.

Lewisch, Peter, "A Theory of Identification," *International Review of Law and Economics*, 23: 439-51, 2004.

Libecap, Gary D., *Contracting for Property Rights*, Cambridge, UK: Cambridge University Press, 1989.

Liebhafsky, H.H., "Law and Economics from Different Perspectives," *Journal of Economic Issues*, 21(4): 1809-1836, 1987.

Lightman, Alan, *Dance for Two*, New York: Pantheon Books, 1996.

Lin, Dong-Mau, *A Criminological Inquiry from an Epistemological Perspective*, 2nd. ed., Taipei: Wu-Nan Publishing Co., 2001 (in Chinese).

Lin, Nan, "Guanxi: A Conceptual Analysis," in So, Alvin Y., Lin, Nan, and Poston, Dudley, eds., *The Chinese Triangle of Mainland China, Taiwan, and Hong Kong: Comparative Institutional Analysis*, 153-166, Westport, CT: Greenwood Publishing Group, 2001.

Lindenberg, Siegwart, and Frey, Bruno S., "Alternatives, Frames, and Relative Prices: A Broader View of Rational Choice Theory," *Acta Sociologica*, 36(3): 191-205, 1993.

Lipsey, Richard G., "Successes and Failures in the Transformation of Economics," *Journal of Economic Methodology*, 8(2): 169-201, 2001.

Luo, Yadong, "Guanxi: Principles, Philosophies, and Implications," *Human Systems Management*, 16(1): 43-51, 1997a.

Mäki, Uskali, "Against Posner Against Coase Against Theory," *Cambridge Journal of Economics*, 22(5): 587-98, 1998.

Malloy, Robin P., *Law and Economics: A Comparative Approach to Theory and Practice*, St. Paul: West Publishing, 1990.

_____, "Is Law and Economics Moral?-Humanistic Economics and a Classical Liberal Critique of Posner's Economic Analysis," in Malloy, Robin P., and Evensky, Jerry, eds., *Adam Smith and the Philosophy of Law and Economics*, Netherlands: Kluwer Academic Publishers, 1994.

Mankiw, N. G., *Principles of Economics*, Fort Worth, TX: Dryden Press, 1998.

_____, *Principles of Economics*, 3rd edition, Mason, Ohio: South-Western, 2004.

Manski, Charles F., "Economic Analysis of Social Interactions," *Journal of Economic Perspectives*, 14(3): 115-36, 2000.

Marris, Robin, "Why Economics Needs a Theory of the Firm," *Economic Journal*, 82: 32-352, 1972.

McCloskey, Donald N., *The Rhetoric of Economics*, Madison: University of Wisconsin Press, 1985.

Medema, Steven G., *Ronald H. Coase*, New York: St. Martin's Press, 1994.

Michelman, Frank I., "Ethics, Economics and the Law of Property," in Pennock, J. Roland and Chapman, John W., eds., *Nomos XXIV: Ethics, Economics and the Law*, New York: NYU Press, 1982.

Milgram, Stanley, and Sabini, John, "On Maintaining Urban Norms: A Field Experiment in the Subway," Baum, Andrew, Singer, E. Jerome, Valins, Stuart, eds., *The Urban Environment*, Hillsdale, N.J.: Lawrence Erlbaum Associates, 31-40, 1978.

Miller, Gary J., "The Impact of Economics on Contemporary Political Science," *Journal of Economic Literature*, 35(4): 1173-204, 1997.

Mortensen, Dale T., "Job Search and Labor Market Analysis," in Ashenfelter, O. and Layard, R. eds., *Handbook of Labor Economics*, Amsterdam: Elsevier Science Publishers, 2: 849-920, 1986.

Murphy, Kevin M., Shleifer, Andrei, and Vishny, Robert W., "Why

Is Rent-Seeking So Costly to Growth?" *American Economic Review*, 83(2): 409-414, 1993.

Nathan, Andrew J., *Peking Politics 1918-1923: Factionalism and the Failure of Constitutionalism*, Berkeley: University of California Press, 1976.

_____, "Is Chinese Culture Distinctive?—A Review Article," *Journal of Asian Studies*, 52(4): 923-36, 1993.

North, Douglass C., *Institutions, Institutional Change and Economic Performance*, Cambridge, UK: Cambridge University Press, 1990.

Nussbaum, Martha C., "Flawed Foundations: The Philosophical Critique of (a Particular Type of) Economics," *University of Chicago Law Review*, 64(4): 1197-1214, 1997.

Obsershchall, Anthony, and Leifer, Eric M., "Efficiency and Social Institutions: Uses and misuses of economic reasoning in Sociology," *Annual Review of Sociology*, 12: 233-53, 1986.

Okun, Arthur M., *Equality and Efficiency: The Big Tradeoff*, Washington, D.C.: The Brookings Institution, 1975.

Olson, Mancur, Jr., *The Logic of Collective Action: Public Goods and the Theory of Groups*, Cambridge, MA: Harvard University Press, 1965.

_____, "Dictatorship, Democracy, and Development," *American Political Science Review*, 87(3): 567-576, 1993.

_____, *Power and Prosperity*, New York: Basic Books, 2000.

Ostrom, Elinor, *Governing the Commons: The Evolution of Institutions for Collective Action*, Cambridge: Cambridge University Press, 1990.

Owen, David G., ed., *Philosophical Foundations of Tort Law*, Oxford: Oxford University Press, 1995.

Parisi, Francesco, "Positive, Normative and Functional Schools in Law and Economics," *European Journal of Law and Economics*, 18(3): 259-272, 2004.

_____, Schulz, Norbert, and Depoorter, Ben, "Simultaneous and Sequential Anticommons," *European Journal of Law and Economics*, 17(2): 175-190, 2004.

_____, Schulz, Norbert, and Depoorter, Ben, "Duality in Property: Commons and Anticommons," *International Review of Law and Economics*, 25(4): 578-61, 2005.

Paxman, Jeremy, *The English: A Portrait of a People*, London: Penguin, 1998.

Peerenboom, Randall, *China's Long March toward Rule of Law*, Cambridge: Cambridge University Press, 2002.

_____, "A Government of Laws: Democracy, Rule of Law and Administrative Law Reform in China," in Zhao, Suisheng, ed., Debating Political Reform in China: Rule of Law vs. Democratization, 58-78, New York: M. E. Sharpe, 2006.

Peltzman, Sam, "Toward a More General Theory of Regulation," *Journal of Law and Economics*, 23: 209-87, 1976.

Pollard, Sidney, "Review: Goodbye Great Britain and The Legacy of the Golden Age: The 1960s and Their Economic Consequences", *Economic Journal*, 103: 223-225, 1993.

Popper, Karl, *The Logic of Scientific Discovery*, New York: Harper & Row, 1959.

Porter, Michael E., *Competitive Advantage: Creating and Sustaining Superior Performance*, New York: Free Press, 1985.

Posner, Richard A., "Some Uses and Abuses of Economics in Law," *University of Chicago Law Review*, 46(2): 281-306, Winter 1979.

_____, *The Economics of Justice*, Cambridge, MA: Harvard University Press, 1981.

_____, "Wealth Maximization Revisited," *Notre Dame Journal of Law, Ethics, and Public Policy*, 2(1): 85-105, 1985.

_____, *Economic Analysis of Law*, 3rd edition, Boston: Little & Brown, 1986.

_____, "The Decline of Law as an Autonomous Discipline: 1962-1987," *Harvard Law Review*, 100: 761-80, 1987a.

_____, "The Law and Economics Movement," *American Economic*

Review, 75(2): 1-14, 1987b.

_____, *The Problems of Jurisprudence*, Cambridge, MA: Harvard University Press, 1990.

_____, "Nobel Laureate: Coase, Ronald and Methodology," *Journal of Economic Perspectives*, 7(4): 195-210, 1993.

_____, "Law and Economics is Moral," in Malloy, Robin P., and Evensky, Jerry, eds., *Adam Smith and the Philosophy of Law and Economics*, Netherlands: Kluwer Academic Publishers, 1994.

_____, *Overcoming Law*, Cambridge, MA: Harvard University Press, 1995.

_____, "The Future of the Law and Economics Movement in Europe," *International Review of Law and Economics*, 17(1): 3-17, 1997.

_____, *Economic Analysis of Law*, 5th ed., New York: Aspen Law & Business, 1998.

_____, *The Problematics of Moral and Legal Theory*, Cambridge, MA: Harvard University Press, 2000.

_____, *Frontiers in Legal Theory*, Cambridge, MA: Harvard University Press, 2001.

_____, *Law, Pragmatism, and Democracy*, Cambridge, MA: Harvard University Press, 2003.

_____, and Parisi, Francesco, "Law and Economics: An Introduction," in Posner, Richard A. and Parisi, Francesco, eds., *Law and Economics*, Cheltenham, UK and Lyme, N.H.: Edward Elgar Publishing, 1997.

Potter, Pitman B., "Guanxi and the PRC Legal System: From Contradiction to Complementarity," in Gold, Thomas, Guthrie, Doug, and Wank, David, eds., *Social Connections in China*, 179-196, Cambridge, UK: Cambridge University Press, 2002.

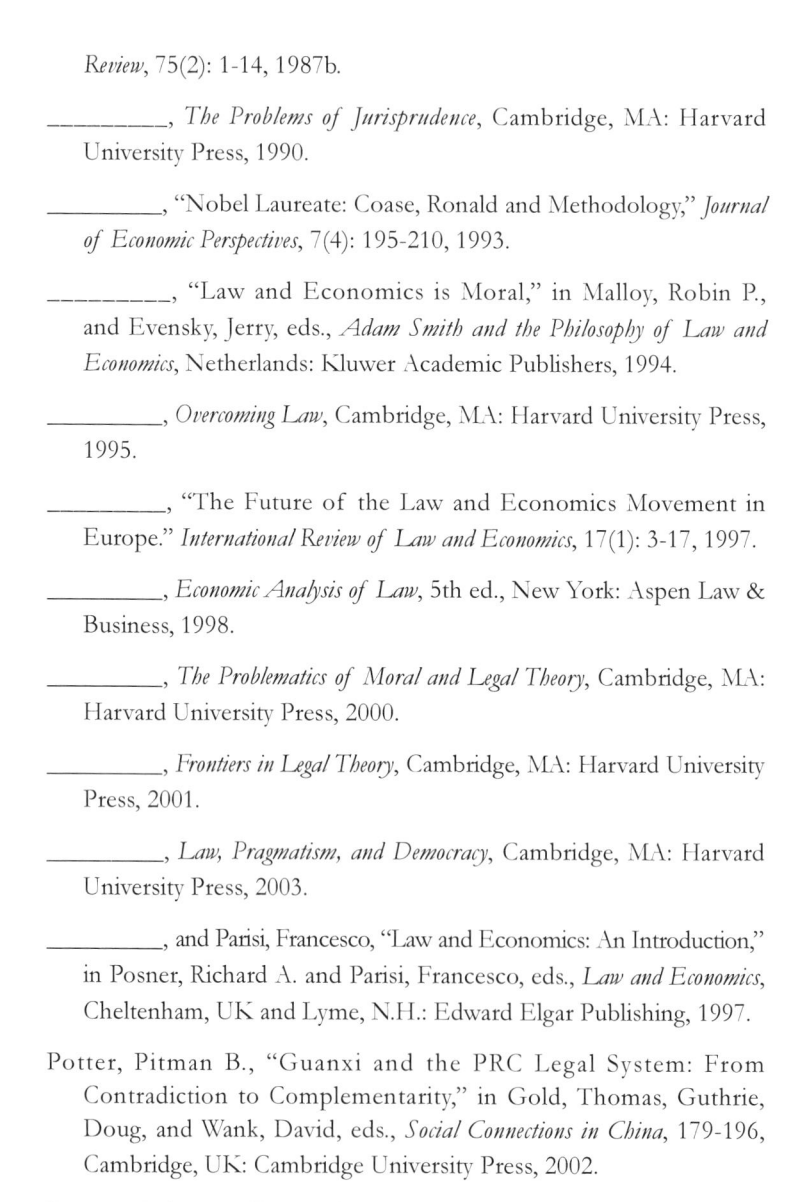

Putnam, Robert D., Leonardi, R., and Nanetti, R. Y., *Making Democracy Work: Civic Traditions in Modern Italy*, Princeton: Princeton University Press, 1993.

Qiao, Jian, "Guanxi' Chuyi," (My Preliminary Opinions about Guanxi) in Yang, Guoshu, and Wen, Chongyi, eds., *Shehui ji Xingwei Kexue Yanjiu de Zhongguohua (Sinicization of the social and behavioral sciences)*, 345-60, Taipei: Institute of Ethnology of Academica Sinica, 1982 (in Chinese).

Ramseyer, J. Mark, *Odd Markets in Japanese History: Law and Economic Growth*, Cambridge, UK: Cambridge University Press, 1996.

Rawls, John, *A Theory of Justice*, Cambridge, MA: Harvard University Press, 1971.

Robinson, Austin G., *The Structure of Competitive Industry*, Cambridge: Nisbet and Cambridge University Press, 1931.

_____, "The Problem of Management and the Size of Firms," *Economic Journal*, 44: 242-257, 1934.

Rosen, Sherwin, "Neoclassical and Austrian Economics: Any Gains from Trade?" *Journal of Economic Perspectives*, 11: 139-52, 1997.

Rowley, Charles K., "Rent-Seeking versus Directly Unproductive Profit-Seeking Activities," in Rowley, Charles K., Tollison, Robert D., and Tullock, Gordon, eds., *The Political Economy of Rent-Seeking*, 15-25, Boston, MA: Kluwer Academic Publishers, 1988.

Ruan, Danching, "A Comparative Study of Personal Networks in Two Chinese Societies," in So, Alvin Y., Lin, Nan, and Poston, Dudley, eds., *The Chinese Triangle of Mainland China, Taiwan, and Hong Kong: Comparative Institutional Analysis*, 189-206, Westport, CT: Greenwood Publishing Group, 2001.

Rubin, Edward L., "Law And and the Methodology of Law," *Wisconsin Law Review*, 521-565, 1997.

Sah, Raaj K., and Stiglitz, Joseph E., "The Architecture of Economic Systems: Hierarchies and Polyarchies," *American Economic Review*, 76: 716-27, 1986.

Sargent, Thomas J., "The Observational Equivalence of Natural and Unnatural Rate Theories of Macroeconomics," *Journal of Political*

Economy, 84: 631-640, 1976.

Saunders, C. T., "Review: Essays in Economic Management," *Economic Journal*, 82: 251-253, 1972.

Schroeder, Christopher H., "Causation, Compensation, and Moral Responsibility," in Owen, 1995.

Schulz, Norbert, Parisi, Francesco, and Depoorter, Ben, "Fragmentation in Property: Towards a General Model," *Journal of Institutional and Theoretical Economics*, 158(4): 594-613, 2002.

Schwab, Stewart, "Coase Defends Coase: Why Lawyers Listen and Economists Do Not," *Michigan Law Review*, 87: 117-98, 1989.

Shapiro, F. R., "The Most-cited Law Review Articles Revisited," *Chicago-Kent Law Review*, 71: 751-79, 1996.

Shavell, Steven, "Law versus Morality as Regulators of Conduct," *American Law and Economics Review*, 4(2): 227-257, 2002.

Shen, Yuanyuan, "Conceptions and Receptions of Legality: Understanding the Complexity of Law Reform in Modern China," in Turner, Karen G., Feinerman, James V., and Guy, R. Kent, eds., *The Limits of the Rule of Law in China*, 20-44, Seattle & London: University of Washington Press, 2000.

Shieh, Jer-Shenq, "A Brief Introduction of the Economic Analysis of Law," *Martial Law Review*, 40(11): 14-21, 1994a (in Chinese).

_____, "A Law and Economics Analysis of Copyrights Policies," *Law Review*, 60(3/4): 2-11, 1994b (in Chinese).

_____, "A Study of the Fundamentals of the Economic Analysis of Law," *Chung-Cheng University Law Journal*, 4: 37-60, 2001 (in Chinese).

Simons, Kenneth W., "Contributory Negligence: Conceptual and Normative Issues," in Owen, 1995.

Smelser, Neil J., "The Rational and the Ambivalent in the Social Sciences," *American Sociological Review*, 63(1): 1-6, 1997.

Smith, Adam, *Wealth of Nations*, Edinburgh: Adam and Charles Black, 1863.

Smith, Henry, "Semicommon Property Rights and Scattering in the Open Fields," *Journal of Legal Studies*, 29(1): 131-169, 2000.

So, Alvin Y., "Introduction: The Origins and Transformation of the Chinese Triangle," in So, Alvin Y., Lin, Nan, and Poston, Dudley, eds., *The Chinese Triangle of Mainland China, Taiwan, and Hong Kong: Comparative Institutional Analysis*, 1-20, Westport, CT: Greenwood Publishing Group, 2001.

Spence, Michael, "Job Market Signaling," *Quarterly Journal of Economics*, 87: 355-74, 1973.

Stapleton, Julia, *Englishness and the Study of Politics*, Cambridge: Cambridge University Press, 1994.

Stigler, George J., "The Economics of Information," *Journal of Political Economy*, 69(3): 213-25, 1961.

_____, "Economics: The Imperial Science?" *Scandinavian Journal of Economics Journal*, 86: 301-13, 1984.

_____, *Memoirs of an Unregulated Economist*, New York: Basic Books, 1988.

Sudgen, Robert, *The Economics of Rights, Cooperation and Welfare*, Oxford: Blackwell, 1986.

Sun, Long Ji, *The 'Deep Structure' of Chinese Culture*, Taipei: Ku-fong Publishing, 1986 (in Chinese).

Sunstein, Cass R., and Ullmann-Margalit, Edna, "Second-Order Decisions," *Ethics*, 110(1): 5-31, 2000.

_____, ed., *Behavioral Law and Economics*, Cambridge: Cambridge University Press, 2000.

Swedberg, Richard, *Economics and Sociology*, Princeton, NJ: Princeton University Press, 1990.

Tai, Dong Han, "Mediation Process in Cultural Interaction: A Search for Dialogue between Christianity and Buddhism," *Northeast Asia*

Journal of Theology, 3, 1969.

Tamanaha, Brian Z., *Realistic Socio-Legal Theory*, Oxford: Oxford University Press, 1997.

Taylor, John B., *Economics*, Boston: Houghton Mifflin, 1995.

Thaler, Richard H., "The Ultimatum Game," *Journal of Economic Perspectives*, 2(4): 195-206, 1988.

_____, *The Winner's Curse*, Princeton, NJ: Princeton University Press, 1992.

The Defense White Papers, Taipei: The Ministry of Defense, 2000 (in Chinese).

Times, "A Payoff for Good Behavior," 143(20): May 16: 31, 1994.

Times, The, "Obituary: Sir Alec Cairncross," October 26, p. 25, 1998.

Tollison, Robert D., "Rent Seeking: A Survey," *Kyklos*, 35(4): 575-602, 1982.

_____, and Congleton, Roger D., eds., *The Economic Analysis of Rent Seeking*, Brookfield, VT: Edward Elgar, 1995.

Tsang, Steve, "China and Taiwan: A Proposal for Peace," *Security Dialogue*, 31(3): 327-336, 2000.

Tullock, Gordon, "The Welfare Costs of Tariffs, Monopolies and Theft," *Economic Inquiry*, 5(3): 224-232, 1967.

_____, "The Welfare Costs of Tariffs, Monopolies and Theft," *Western Economic Journal*, 81: 256-70, 1967.

_____, *The Economics of Special Privilege and Rent Seeking*, Boston, MA: Kluwer Academic Publishers, 1989.

_____, *Rent Seeking*, Brookfield, VT: Edward Elgar, 1993.

Turner, Karen G., "The Problem of Paradigms," in Turner, Karen G., Feinerman, James V., and Guy, R. Kent, eds., *The Limits of the Rule of Law in China*, 3-19, Seattle & London: University of Washington Press, 2000.

Tversky, Amos, and Kahneman, Daniel, "The Framing of Decisions and the Psychology of Chioce," *Science*, 211(4481): 453-58, 1981.

Ulen, Thomas S., "Firmly Grounded: Economics in the Future of the Law," *Wisconsin Law Review*, 433-63, 1997.

Umbeck, John, "Might Makes Rights: A Theory of the Formation and Initial Distribution of Property Rights," *Economic Inquiry*, 19(1): 38-59, 1981.

Ven, Sheng-yen, "The Platform Sutra of the Sixth Patriarch," Translated by Yu, Chun-fang, *Chung-Hwa Buddhist Journal*, 5, July, 1992.

Van den Bergh, Roger, "The Growth of Law and Economics in Europe," *European Economic Review*, 40: 969-77, 1996.

Waldron, Jeremy, "Moments of Carelessness and Massive Loss," in Owen, 1995.

Wang, Win-Yu, "Real Estate Securitizations: Meanings, Basic Forms, and Related Legal Issues," *Yuea-Dan Law Monthly*, 48: 22-30, 1999 (in Chinese).

Wang, Yu-shya, "A Close Reading of Steven Cheung," *Economic Highlights*, 443: 4, 2001 (in Chinese).

Weber, Max, *The Methodology of the Social Sciences*, Glencoe, IL: Free Press, 1949.

_____, *Economy and Society*, Berkeley: University of California Press, 1968.

Wellman, Barry, et al., "Networking Guanxi," in Gold, Thomas, Guthrie, Doug, and Wank, David, eds., *Social Connections in China*, 221-241, Cambridge, UK: Cambridge University Press, 2002.

Williamson, Oliver E., "Book Review: The Firm, the Market, and the Law," *California Law Review*, 77(1): 223-31, 1989.

_____, "Evaluating Coase," *Journal of Economic Perspectives*, 8(2): 201-09, 1994.

Wilson, Scott, "Face, Norms, and Instrumentality," in Gold, Thomas, Guthrie, Doug, and Wank, David, eds., *Social Connections in China*, Cambridge, 163-177, UK: Cambridge University Press, 2002.

Worswick, David, "Review: Years of Recovery: British Policy 1945-51,"

Economic Journal, 96: 238-240, 1986.

_____, "Review: Economics and Economic Policy," *Economic Journal*, 97: 761-762, 1987.

Wright, Richard W., "Right, Justice, and Tort Law," in Owen, 1995.

_____, "Once More into the Bramble Rush: Duty, Causal Contribution, and the Extent of Legal Responsibility," *Vanderbilt Law Review*, 54: 1-50, 2001.

Wu, Ho-Mou, and Huang, Peter, "Emotional Responses in Litigation," *International Review of Law and Economics*, 12(1): 31-44, 1992.

_____, "More Order without More Law: A Theory of Social Norms and Organizational Cultures," *Journal of Law, Economics and Organization*, 10(2): 390-406, 1994.

Xin, Katherine R., and Pearce, Jone L., "Guanxi: Connections as Substitutes for Formal Institutional Support," *Academy of Management Journal*, 39(6): 1641–1659, 1996.

Yang, Xiao-kai, "Benefit and Cost of China's Unification," in: Xiao-kai Yang, *Papers on Economics*, Taipei: Hanlu Publishing House, 2001 (in Chinese).

Yeager, Leland B., "Austrian Economics, Neoclassicism, and the Market Test," *Journal of Economic Perspectives*, 11(4): 153-65, 1997.

Yeung, Irene Y. M., & Tung, Rosalie L., "Achieving Business Success in Confucian Societies: the Importance of Guanxi," *Organizational Dynamics*, 25(2): 54–65, 1996.

Yezer, Anthony M., Goldfarb, Robert S., and Poppen, Paul J., "Does Studying Economics Discourage Cooperation? Watch what we Do, Not What We Say or How We Play," *Journal of Economic Perspectives*, 10(1): 177-86, 1996.

Yonay, Yuval, "An Ethnographer's Credo: Methodological Reflections Following an Anthropological Journey among the Econ," *Journal of Economic Issues*, 34(2): 341-56, 2000.

Young, Peyton H., *Equity in Theory and Practice*, New Jersey: Princeton University Press, 1994.

Zerbe, Richard O., and Medema, Steven G., "Coase, Ronald, the British Tradition, and the Future of Economic Method," in Medema, Steven G., ed., *Coasean Economics: Law and Economics and the New Institutional Economics*, Boston: Kluwer Academic Publishers, 1998.

────────, *Economic Efficiency in Law and Economics*, Northampton, MA: Edward Elgar, 2001.

Zhang, Baohui, "Toward the Rule of Law: Why China's Path Will be Different from the West," in Zhao, Suisheng, ed., *Debating Political Reform in China: Rule of Law* vs. *Democratization*, 122-137, New York: M. E. Sharpe, 2006.

日本內閣府經濟社會總合研究所統計，2007。

王卓脩，由專業化與分工觀點看贍養費與家事薪給的計算與法律地位，臺大法學論叢，27(3)，125-171，1998。

行政院主計處國民所得統計，2007。

沈欽榮，法律與經濟學的方法論爭議，月旦法學雜誌，15，39-44，1996。

徐興無，《新譯金剛經》，台北：三民書局，1996。

高陽，《玉座珠簾》，台北：皇冠文化，2003。

黃仁宇，《萬曆十五年》，台北：臺灣食貨出版社，1994。

聖嚴法師，六祖壇經的思想，中華佛學學報，第3期，149-164，1990。

葛克昌，綜合所得稅之憲法理論與問題──以大法官會議解釋為中心，臺大法學論叢，27(3)，1-90，1997。

蔡茂寅，財政作用之權力性與公共性──兼論建立財政法學之必要性，臺大法學論叢，25(4)，53-76，1996。

鄭中人，著作權法的經濟分析，月旦法學雜誌，15，24-30，1996。

謝哲勝,不動產證券化之研究,臺大法學論叢,27(1),265-322,1998。

簡資修,寇斯的《廠商、市場與法律》:一個法律人的觀點,臺大法學論叢,26(2),229-246,1997。

熊秉元
著名法律經濟學家

　　著名法律經濟學家。台大經濟系畢業，於美國布朗大學取得碩士、博士學位後，返回母校任教。現任台大經濟系暨研究所教授，任教於香港市立大學經濟財金系。出版過多本散文，並曾在《經濟日報》定期發表專欄。

　　主要研究領域為法律經濟學和經濟學方法論，除學術論文外，出版過《燈塔的故事》、《尋找心中那把尺》、《大家都站著》、《我是體育老師》、《會移動的城堡》、《熊秉元漫步法律》等書。熊氏是經濟學家，也是散文家，在臺灣經濟學界，他是新四人幫的得力戰將；在華語散文界，他與著名的經濟散文學家「頂俠」張五常並稱，有「巨俠」之譽。

　　他的作品被國內知名文化評論家南方朔譽為「熊氏散文」，其中有兩篇文章被選為臺灣高職國文的課文，在華人經濟學界，僅有熊氏一人獲此殊榮。

國家圖書館出版品預行編目資料

法學的經濟思惟 / 熊秉元著
-- 初版. – 新北市：華藝學術, 2013.04
面；公分
ISBN 978-986-88916-5-4（平裝）
1. 法律經濟學

580.1655　　　　　　　　　　102000367

法學的經濟思惟

作　　者／熊秉元
主　　編／古曉凌
責任編輯／方文凌
美術編輯／薛耀東

發 行 人／陳建安
經　　理／范雅竹
發行業務／楊子朋
法律顧問／立暘法律事務所　歐宇倫律師
出　　版／華藝學術出版社（Airiti Press Inc.）
　　　　　地址：23452 新北市永和區成功路一段 80 號 18 樓
　　　　　電話：(02)2926-6006
　　　　　傳真：(02)2231-7711
　　　　　服務信箱：press@airiti.com
發　　行／華藝數位股份有限公司
　　　　　郵政／銀行戶名：華藝數位股份有限公司
　　　　　郵政劃撥帳號：50027465
　　　　　銀行匯款帳號：045039022102(國泰世華銀行　中和分行)
ISBN ／ 978-986-88916-5-4
出版日期／2013 年 4 月初版
定　　價／新台幣 480 元

版權所有．翻印必究　　Printed in Taiwan
（如有缺頁、破損或倒裝，請寄回本社更換，謝謝）